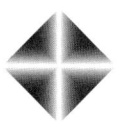

中国
新企業所得税制
の実務

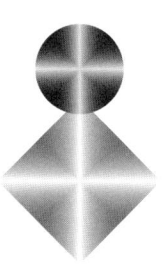

清文社

「中国新企業所得税制の実務」発刊に寄せて

(財) 日中経済協会理事長　清川　佑二

　2007年の日中貿易は、総額ベースで2,366億ドルと、過去10年間で3倍に増加し、中国は日本にとって米国を抜き最大の貿易相手国となりました。また、日本の対中国投資をみると、2006年までの進出日系企業は22,650社に及び、中国にとって日本は米国に次ぐ第2位です。また、2007年末の累計投資実行額は616億ドルであり、中国の日系企業は直接・間接に約1,000万人に及ぶ雇用を創出しているといわれます。

　一方、日中両国は、戦略的互恵関係の具体化に向けて新たな歩みを始めております。省エネ・環境分野での協力、中西部・東北地区開発への協力、ハイテク・中小企業間協力、アジアとグローバル経済での協力の4分野が最も重視されています。日中両国政府と経済界は、これに向かって全力をあげているといっても過言はありません。

　このように、日中経済関係の緊密化が進む中で、中国ビジネスを展開する際の基本ルールである税法の重要性が一層高まっているといえます。主要税法である中国企業所得税法は2007年に改正され、2008年から施行されております。この法改正により内資・外資を問わず統一のルールが定められ、外資優遇策が見直し・調整されたのは大きな変化です。同時に、国際標準に符合した法整備が進み、透明性が向上することが期待されます。

　本書は、長年にわたり中国税務の実務・現場で活躍する専門家が、中国の税制の歴史と変遷をふまえながら、このたびの企業所得税法改正のポイントをわ

かりやすく解説しており、中国ビジネスを円滑に進める上で必読の実務書であるといえます。本書が、日中ビジネスに携わる皆様ばかりでなく、研究者、学生も含め、広く皆様に活用され、日本と中国の経済貿易関係の緊密化に貢献することを強く期待します。

「はしがき」

　1978年12月の改革開放政策採択から30年、中国経済は急速な発展を遂げ、今や日本経済のみならず世界経済にも大きな影響を与える国家へと成長し、今後も一層の影響力を持つ存在へ成長していくと注目されている。無論、この経済発展も単純な努力の成果ではない。政治体制としての社会主義と経済体制としての市場経済主義の融合という難問への挑戦から生じた成果であり、この挑戦は現在中国が抱える諸矛盾の解消を通じて一層の発展を目標に継続されると思っている。

　ある調査で1992年に中国企業数社を訪問したのが編者の最初の訪中である。その調査の際に、ある企業（大都会に所在）で経営幹部に「貴社は国営企業か、それとも私営企業か？」と質問したところ、「私営企業である。」との明瞭な答えを得た。どうも意味が通じていない、との印象を受けたので、「それでは、貴社の最終利益は誰に帰属するのか？」と追加質問したところ、経営幹部（5名ほどおられたと記憶している）は急に相談を始め、十数分の相談の結果、「最終利益は国に帰属する。」との答えを得た。即ち、その時点でも公営と私営との区別が一般には明確になっていない状態であった。

　また、他の大企業（この大企業は、外見からも少なくとも実質的には国営企業）では、人件費（給与・賃金等）の数倍の労務副費が計上されていた。それは、その企業内に従業員のための住居、病院、保育所、食堂、商店等が整備され、従業員の生活を丸抱えしているための現象であった。

　それから15年、中国は2007年12月に従来併存していた内資企業に対する所得税法（企業所得税暫定条例（旧内資企業所得税法））と外資企業に対する所得税法（外商投資企業と外国企業所得税法（旧外資企業所得税法））を統合化した企業所得税法を創設し、内資・外資に共通した所得税法を適用することとした。

　この統合は、中国が2001年に念願のWTO加盟がなり、WTOの規約による制約の面もあるが、同時にこの間に国営企業（1993年以降は国有企業と呼ばれ

るようになった）を含む内資企業の経営体質の改革が進み、競争力が強化されたことの自信の表れでもあると判断している。

　企業所得税法は、統合法であるため、外国人にはなじみの薄い旧内資企業所得税法の規定も取り入れており、国有企業も視野に入れた法となっている。例えば、福利（厚生）費や労働組合費・教育費が給与費用の一定パーセントを損金算入限度額としているのは、前述のごとき国有企業の経緯も踏まえたものと思われる。

　しかし、一方では中国経済の方向性を明確に指向した税法でもある。すなわち、従来の単純加工型産業構造から高付加価値創造型産業構造への転換を図るための税優遇措置（従来の地域優遇策からIT、省エネ、知財を中心とした業種優遇策への転換。ただし、内陸部と沿岸部との経済格差是正のために一部地域優遇策も残されている）の導入、中国企業の国外進出を見据えた間接外国税額控除制度やタックス・ヘイヴン対策税制の導入等である。

　また、今回の税制改正では、WTOルール、OECDルールを尊重すると同時に諸外国の税制を検討し、その成果を立法に反映していることが明確である。本書の監修・執筆をしてもらった国家税務総局税収科学研究所の劉佐所長や財政部の幹部の方々と数年前にお話した際に、「現在進行中の税制改正や今後の租税条約の締結・改訂に際しては、OECDルールのみならず、諸外国の良い制度は積極的に参考にする。」と発言されていたことが反映されている。

　本書は、トーマツ・グループの長年にわたる中国財政部・国家税務総局との良好な関係に基づき、企業所得税法の内容を紹介するに止まらず、申告や罰則規定も記述し、これ一冊で中国税務の実務に耐えられることを目的として、グループの中国税務実務の担当者である藤森康一郎、鄭林根、板谷圭一、安田和子の四氏が執筆したものである。一人でも多くの読者のお役に立てれば執筆者一同の喜びである。

　また、劉佐所長には、中国の企業所得税制の変遷に関して執筆してもらい、この企業所得税法制定までに至る過程を明らかにしてもらった。これを見るに、中国税制の変遷が利害調整の歴史であると同時に現代中国の大きなうねりが感

じられる一遍の歴史書の趣を呈している。

　読者もお気づきのごとく、企業所得税法及びその実施条例は日本の法・施行令に比べると条文数も少なく、その内容も詳細ではない。したがって、今後多くの管理規程・通達等が出され実務の指針となると思われる。また、組織再編等これから補充しなければならない規定も多数残されている。

　そのため、本書をご利用の皆様は実務適用に際しては、必ず最新の情報を中国税務の専門家に確認していただく必要がある。この確認作業は、税務局によって解釈や手続の相違がある事項もあるため、中国税務実務において必須の作業である。

　日中企業間の経済交流は益々活発化し、深化していくであろう（それだけに、日中間の移転価格問題を初めとする税務上の問題も現在以上に深刻化していく）。トーマツ・グループでは、それらの中国税制及び税務実務の動きを常時ウオッチし、皆様にお伝えしていく所存である。

　最後に本書の出版に際し、清文社の橋詰氏の叱咤激励をいただくとともに、税理士法人トーマツのキャロル・ガンさん、デロイト中国の日系企業サービスグループのビビアン・ウーさん（現在、税理士法人トーマツにて勤務）には、原文の検索及び翻訳、中国の諸制度の調査・説明に多大な協力をいただき、心から感謝しております。

2008年10月

税理士法人トーマツ
理事長　須田　徹

目　次

発刊に寄せて
はしがき

第1編　中国企業所得税制の歴史と変遷

第1章　中国所得税制の発展 …………2
1．中国所得税制の起源　2
2．新中国所得税制の制定　4
3．改革開放後の外資企業所得税制の発展　9
4．国営企業所得税制の制定とその他内資企業所得税制の改善　12
5．国営企業所得税制の発展と内資企業所得税制の統一　17
6．内資企業所得税制と外資企業所得税制の統合　19

第2章　新企業所得税制の要点と評価 …………25

第2編　企業所得税法の解説

第1章　納税義務者 …………32
1．中国における企業形態の分類　32
　(1)　出資者の国による分類　32
　(2)　会社法上の分類　32
　(3)　会社法以外の個別法による分類　33
　(4)　外資系企業の分類　34

2．納税義務者　36

　　(1)　中国国内企業（「居住者企業」）　36

　　(2)　中国国外企業（「非居住者企業」）　37

　　(3)　事業を行う一定の機構・場所（「恒久的施設」；PE：Permanent Establishment　37

　　　❶　企業所得税　38

　　　❷　営業税　38

　　　❸　個人所得税　39

第2章　課税所得額 ……………………………………40

1．企業所得税の基本構造　40

　　(1)　基本構造　40

　　(2)　中国会計制度の概要　42

2．課税対象所得の範囲　46

3．収入（益金）の認識基準と評価　47

　　(1)　収入の範囲　47

　　(2)　貨幣性及び非貨幣性収入　49

　　(3)　非課税収入　49

　　(4)　非居住者企業の課税所得　50

　　(5)　収益（益金）の認識基準　50

　　(6)　みなし販売による収益認識　51

4．費用（損金）の認識基準と評価　52

　　(1)　費用（損金）の認識基準と要件　52

　　(2)　損失の取扱い　53

　　(3)　損金不算入項目　53

　　(4)　従業員の賃金・給与　54

　　(5)　保険料　54

　　(6)　支払利息　55

⑺　福利（厚生）費　　57
　　⑻　労働組合費　　57
　　⑼　従業員の教育費　　57
　　⑽　接待交際費　　57
　　⑾　広告費及び業務宣伝費　　58
　　⑿　管理費（マネジメントフィー）　　58
　　⒀　公益性寄附金　　59
　　⒁　試験研究費　　60
　　⒂　修繕費・改良費　　60
　　⒃　環境保護等の費用　　60
　5．棚卸資産　　60
　　⑴　棚卸資産の取得原価　　60
　　⑵　棚卸資産の評価方法　　60
　　⑶　棚卸資産の評価損失引当金　　61
　6．固定資産　　61
　　⑴　固定資産の取得原価　　61
　　⑵　減価償却費　　62
　7．無形資産　　65
　　⑴　無形資産の取得原価　　65
　　⑵　無形資産の償却方法　　66
　8．生産性生物資産　　66
　　⑴　生産性生物資産の取得原価　　66
　　⑵　生産性生物資産の減価償却　　66
　9．繰延資産　　67
　10．既存資産の取扱い　　68
　11．資産・財産の譲渡損益の算定　　68
　12．欠損金の繰越し控除　　68
　13．外貨換算　　69

第3章　税収優遇措置 ……………………………………… 70

1．優遇措置の改正　70

(1) 旧税法における優遇措置の概要　70

❶ 地域優遇税率　71

❷ 期間減免税　71

(2) 旧税法における優遇措置の問題点　72

(3) 優遇措置改正の基本方針と概要　73

❶ 改正の基本理念と原則　73

❷ 優遇措置の概要　74

2．免税収入　76

(1) 免税収入に関する概念の導入　76

(2) 免税とされる収入　76

❶ 国債利息収入　76

❷ 居住者企業間の株式利子・配当金等の権益性投資収益　77

❸ 中国国内に機構・場所を設立している非居住者企業が居住者企業から取得した、当該機構・場所と実質的に関連する株式利子・配当金等の権益性投資収益　78

❹ 非営利組織の収入　79

3．免税又は半減税率が適用される所得　80

(1) 農業所得の免税・半減税率の適用　80

❶ 免税とされる農業所得　81

❷ 半減税率が適用される農業所得　81

(2) 技術譲渡所得の免税・半減税率の適用　81

(3) 3条3項所得の免税・半減　82

❶ 3条3項所得に対する免税・半減税率の適用　82

❷ 免税とされる3条3項所得　83

❸ 3条3項所得の免税処理の経過措置　83

4．期間減免税　　84

　(1)　「3免3減」　　84

　　　❶　「3免3減」の特徴　　85

　　　❷　インフラ整備事業による所得　　85

　　　❸　環境保護などの事業による所得　　86

　(2)　他の期間減免税　　86

5．低減税率適用企業　　87

　(1)　20％の軽減税率　　87

　　　❶　小規模低利益企業　　87

　　　❷　小規模低利益企業の条件　　87

　(2)　15％の軽減税率　　88

　　　❶　ハイテク企業　　88

　　　❷　ハイテク企業の認定基準　　89

　　　❸　ハイテク企業の既定プロセス　　91

　　　❹　ハイテク企業証書の有効期限　　92

　(3)　その他の軽減税率　　92

6．損金の割増算入　　93

　(1)　研究開発費用支出の割増算入　　93

　(2)　特定の従業員雇用に対する給与支出　　94

　　　❶　障害者雇用への給与支出　　94

　　　❷　その他の従業員雇用への給与支出　　95

　(3)　ベンチャー投資企業の投資額の損金算入　　96

　　　❶　投資額の損金算入　　96

　　　❷　投資額の損金算入の留意点　　96

7．その他の優遇措置　　97

　(1)　加速償却及び耐用年数の短縮　　97

　(2)　収入減額　　99

　(3)　費用処理　　100

(4) 税額控除　　101

第4章　経過措置 …………………………………103

1．軽減税率及び期間減免税　　103
　　(1) 軽減税率の経過措置　　104
　　(2) 期間減免の経過措置　　104
　　(3) 企業所得税経過措置実施表　　105
　　(4) 経過措置の適用における留意点　　110
2．経済特区と上海浦東新区の新設ハイテク企業　　110
　　(1) 経過措置の運用範囲について　　110
　　(2) 経過措置の内容と課税所得額の計算　　111
3．新税法にける再投資税額還付　　111
　　(1) 再投資税額還付廃止後の処理　　111
　　(2) 再投資還付の再付与　　112
4．西部開発に対する優遇措置　　113
　　(1) 適用範囲　　113
　　(2) 具体的内容　　113

第5章　外国税額控除 …………………………………116

1．外国税額控除の基本概念　　116
2．旧税法における外国税額控除制度の概要　　117
　　(1) 旧外資企業所得税法　　117
　　(2) 旧内資企業所得税法　　118
3．新税法における外国税額控除制度の概要　　119
　　(1) 直接外国税額控除　　119
　　(2) 間接外国税額控除　　120
4．新税法における外国税額控除制度に関する定義の詳細　　120
　　(1) 国外で納付した所得税額　　120

         (2) 控除限度額　　122
         (3) 控除限度額の計算　　123
         (4) 5ヶ年度の解釈　　124
         (5) 直接支配と間接支配の基準　　125
         (6) 納税証憑の提出義務　　128
   5．検討のポイント　　129

第6章　徴収管理 …………………………………………132

   1．徴収管理と税収徴収管理法　　132
   2．居住者企業の納税地　　133
         (1) 納税地　　133
         (2) 合算納税への統合　　133
         (3) 居住者企業の合算納税と企業所得税の分配　　134
             ❶ 財予【2008】10号の適用対象　　135
             ❷ 合算納税と企業所得税の配分　　136
             ❸ 所在地予納について　　137
             ❹ 確定申告　　139
   3．非居住者企業の納税地　　140
         (1) PEに実質的関連を有する所得（企業所得税法第3条第2項所得）　　140
         (2) 2ヶ所以上の機構・場所の合算納税　　140
         (3) 企業所得税法第3条第3項所得　　141
   4．納税年度　　141
         (1) 納税年度　　141
         (2) 外資企業の納税年度の見直し　　142
   5．予納と予納申告　　143
         (1) 企業所得税の予納　　143
         (2) 小規模低利益企業の予納　　143

(3) 予納の経過措置　　144

　　(4) 予納申告書　　145

6．確定申告と納税資料　　148

　　(1) 確定申告の期限　　148

　　(2) 確定申告書　　148

　　(3) 年度途中終了と清算所得の取扱い　　152

　　(4) 納税資料　　153

7．納付手段　　153

　　納付通貨　　153

8．更生及び税務時効　　155

　　(1) 税務機関による税額の査定　　155

　　(2) 税務調査権限　　156

　　　❶ 租税徴収法による規定　　156

　　　❷ 合理的事業目的のない取引　　156

　　(3) 税務時効　　156

　　　❶ 過大納付　　156

　　　❷ 未納付または過小納付　　157

　　　❸ 合理的事業目的のない取引　　157

　　　❹ 移転価格　　157

　　(4) 延滞金（延滞税）　　158

　　　❶ 原則　　158

　　　❷ 合理的事業目的のない取引　　158

　　(5) 罰則　　158

　　　① 租税徴収法に定める罰則　　158

第7章　源泉徴収　　161

1．源泉徴収課税の収入範囲と計算方法　　161

　　(1) 源泉徴収の対象　　161

⑵　課税所得額の計算　162

　　⑶　総収入額　163

　2．源泉徴収義務者　164

　　⑴　支払者　164

　　⑵　支払方法と支払額の認識　164

　　　　❶　貨幣による支払いと非貨幣による支払い　165

　　　　❷　支払額の認識　165

　3．源泉徴収義務者の指定　166

　　⑴　指定の必要性　166

　　⑵　指定可能の状況　167

　　⑶　指定権限と告知義務　167

　4．源泉徴収の補完措置　167

　　⑴　申告納税　167

　　⑵　所得の発生地　168

　　⑶　未納付の措置　168

　5．源泉徴収税額の納付及び報告義務　169

第8章　過少資本税制 …………………………………………172

　1．過少資本税制に関する規定　172

　2．過少資本税制導入の目的　173

　3．債権性投資と権益性投資の概念　175

　　⑴　関連者から受ける債権性投資の概念　175

　　⑵　権益性投資の概念　177

　4．関連者の債権性投資と権益性投資の比率基準　177

　　⑴　登録資本金と投資総額の比率（外商投資企業）　177

　　⑵　その他の関連規定との関係　178

　　⑶　中国内資企業に対する旧税法下の規定　180

　　⑷　過少資本税制が外資企業及び内資企業に与える影響　180

5．特別納税調整管理規程（試行）における関係規定の内容　182

　(1)　債権性融資及び権益性融資の比率の計算方法　182

　(2)　控除できない利息支出、配当と見なされる利息支出　183

　(3)　同時資料の準備義務　184

　(4)　関連者の定義　185

6．ケース・スタディ　185

第9章　被支配外国企業 …………………………… 190

1．被支配外国企業に関する規定　190

2．中国居住者の定義　192

　(1)　個人納税義務者の分類　193

　(2)　国内に1年以上居住する個人　194

　(3)　1年以上5年以下居住する個人の取扱い　194

　(4)　5年超居住する個人　194

3．支配の定義　195

　(1)　実施条例第117条の規定　195

　(2)　支配関係の基準　196

　　❶　居住者企業と中国居住者が共同で持分支配を行う基準　196

　　❷　実質支配関係に関する基準　198

4．低税率の判定基準　199

5．被支配外国企業の規定の影響と不明点　201

6．特別納税調整管理規程（試行）における関係規定の内容　202

　(1)　被支配外国企業の概念　203

　(2)　持分比率の計算方法　203

　(3)　株主の申告義務と税務機関の審査、徴収　204

　(4)　みなし配当所得の計算　204

　(5)　外国税額の調整等　205

⑹　みなし配当課税の例外規定　205
7．ケース・スタディ　206
8．日本のタックス・ヘイヴン対策税制との関係　208
　⑴　タックス・ヘイヴン対策税制の概要　208
　⑵　適用除外要件　209
　⑶　中国関係ビジネスの影響　209
　　❶　香港子会社を通した委託加工（来料加工）ビジネスモデル　209
　　❷　中国特殊会社（傘型企業）を用いたビジネスモデル　210
　　❸　販売会社（卸売）を用いたビジネスモデル　211

第10章　租税条約 212

1．租税条約に関する規定　212
2．日中租税条約における投資所得の課税　213
　⑴　旧税法・新税法下での投資所得に対する課税　213
　⑵　配当所得に対する課税　215
　⑶　利子所得に対する課税　216
　⑷　使用料所得に対する課税　218
　⑸　その他の投資所得に対する課税　219
3．日本における外国税額控除制度の概要　219
　⑴　居住地国課税と源泉地国課税　220
　⑵　二重課税排除の方法　220
　⑶　外国税額控除制度　221
　⑷　みなし外国税額控除制度（タックス・スペアリング・クレジット）　221
　⑸　1991年の交換公文の概要　223
　⑹　新企業所得税法施行後の「みなし間接税額控除」の適用継続　223

4．ケース・スタディ　226

第3編　組織再編税制

1．中国における企業再編　232
    (1) 持分譲渡　232
    (2) 合併と分割　233
    (3) 清算　234
    (4) 中国国内企業の買収　235
2．旧外資企業所得税法における企業再編に関する規定　235
    (1) 持分譲渡　237
    (2) 資産譲渡　238
    (3) 合併　239
    (4) 分割　240
3．企業所得税法における企業再編に関する規定　241
    (1) 企業所得税法における原則的規定　241
    (2) 実施条例における「企業再編」に関する規定　242
4．企業再編及び清算に係る所得税の処理方法（検討用草稿）　245

第4編　移転価格税制

1．総論　254
2．独立企業間原則　258
3．移転価格算定方法　260
    (1) 独立価格比準法　261
    (2) 再販売価格基準法　262
    (3) 原価基準法　263
    (4) 取引単位営業利益法　264

        (5) 利益分割法　　265
    4．利益水準指標　　268
        (1) 営業資産営業利益率　　268
        (2) 売上高営業利益率　　268
        (3) 総費用営業利益率　　269
        (4) ベリー比　　269
    5．非経常要因の排除　　270
    6．四分位範囲　　271
    7．同時資料作成義務　　271
    8．移転価格調査　　280
    9．追跡管理期間　　283
    10．機能・リスクチェックリスト　　284
    11．時効　　288
    12．進料加工や来料加工会社の利益水準　　288
    13．事前確認制度　　290
    14．コストシェアリング　　296
    15．国内法上の救済手続及び相互協議　　297

資料　…………………………………………………………………301
    新企業所得税法・実施条例　　302

索引　……………………………………………………………………351

第1編

中国企業所得税制の歴史と変遷

第1章　中国所得税制の発展

1．中国所得税制の起源

　20世紀初め、中国は欧米と日本の所得税制の影響を受け、初めて所得税制度を設立した。清の時代の宣統年間（1910年頃）に、「所得税章程」が起草された。そのうち、企業の所得だけではなく、個人所得に対する課税内容も含まれていたが、実行できなかった。

　1911年に、辛亥革命が勃発し、中華民国が成立した。上記の章程に基づいて「所得税条例」が制定され、1914年に公布されたが、その後20年余りの間も実際に執行することができなかった。

　1936年7月21日、国民党政府は「所得税暫定条例」を公布し、異なる課税項目に基づき、同年の10月1日と翌年の1月1日から執行された。これが、中国歴史上初めての所得税の徴収であった。上記の条例によると、"所得税は、営利事業所得、給与報酬及び証券預金からの収益を取得する者を納税者とする。

　営利事業所得は、純利益を課税基準とする。所得と資本金の比例によって税率を確定し、3％から10％までの5級全額累進税率（一定額を超過した場合、超過額部分だけでは無く、全体額をより高税率で課税する累進税制）で課税す

る；給与報酬は月次ベースで課税され、0.5％から20％の10級超額累進税率（一定額超過部分のみを高税率で課税する累進税制）に適用する；公債、社債、株と銀行預金の利息所得は発生ベースあるいは決済時の利息を課税ベースとし、5％の税率で課税する；営利目的ではない法人所得、毎月の所得が平均30元未満の個人及び小学校教員の給与、年金、補助金、政府機関の貯金預金の利息、公務員及び労働者の強制貯金の利息、教育、慈善機関あるいは団体の基金預金の利息、教育貯金の利息が年間100元を下回る場合、所得税が免税される。"

　1943年2月17日、国民党政府は「所得税法」を公布した。これは中国歴史上初めての所得税法である。上記の条例と比べ、一般営利事業所得の税率を4％から20％までの9級全額累進税率に、給与報酬所得の税率を0.1％から30％までの17級超額累進税率に改正したとともに、非政府機関の発行した証券と非国家金融機関の貯金利息に対する所得税率を10％に改正（その後5％に復帰）した。　1946年、当法が修正された際は、課税項目に財産の賃貸所得と一時所得を加えた（多級超額累進税率による課税）。また、営業年度の収入総額から実際の支出、貸倒れ額、償却額、棚卸消耗額（売上原価）及び公課額を差し引いた後の純利益を営利事業所得とし、営利事業所得の最高税率を30％に引き上げ、給与報酬所得の税率を0.7％から10％までの10級超額累進税率に改正し、証券預金所得の税率を10％に引き上げた。また、個人の所得総額が60万元を超える場合について、5％から50％までの12級超額累進総合所得税を徴収した。

　1948年、当法を改正した際、営利事業については、納税者の年ごとの収益総額から各項の原価、費用あるいは損失を差し引いた後の純利益を所得額とし、かつ所得額によって税率を確定するように修正し、最低税率を5％に引き上げ；報酬と給与所得の税率を1％から4％までの超額累進税率に修正し、利息所得、財産賃貸所得と一時所得の税率をそれぞれ5％、4％と6％に調整、総合所得税率の最高税率を40％に引き下げた。1949年、当法を修正した際、報酬と給与所得の最高税率を6％に、一時所得の税率を10％に引き上げた。

　しかしながら、当時の中国政府の政治腐敗、経済力がないなどの原因により、金持ちが巨額の脱税をし、貧乏人は税金を納めるお金がなかったため、所得税

法は確実に実施することができなかった。1937年、国民党政府の所得税税収はわずか1,874万元であり、税収総額と財政収入総額に占める率はそれぞれ4.2%と0.9%である。1946年、国民党政府の所得税収入は5,386億元であり、税収総額と財政収入総額に占める率はそれぞれ4.1%と0.8%であった。

2．新中国所得税制の制定

1949年、中華人民共和国の成立から、1978年の改革開放までの30年間、中国の所得税制の発展は、曲折な道を歩んできた。

1949年10月1日、新中国が成立し、全国範囲で新しい税収制度を創設する前に、財政収入を確保、また経済を安定させるため、中国共産党中央の指示により、旧解放区の人民政府は暫定的に引続き現地政府の制定した税法に基づき、徴税できることになった。新税法が制定されていなかった新解放区は、暫く旧国民党政府が実施した利用できる税法（所得税法の関連法規を含む）を引続き使用することになった。

1949年11月の末から12月の初めに、新中国の第1回全国税務会議が行われた。当会議において、全国の税収制度を統一する、税収政策の方針及び今後可能な主要税法の基本法案を確定した。そのうち、企業所得（経営所得と利息所得などを含む）と個人所得（経営所得、給与報酬所得と利息所得などを含む）について徴税する案も含まれている。

1950年1月30日、中央人民政府政務院は、新中国の税制創設にかかる綱領的な文書「全国税制実施要則」を公布した。当要則では、全国において14種類の税収を設置することを規定した。これらの税収の中に、所得にかかる税種は工商業税（所得税部分）、銀行預金利息所得税及び給与報酬所得税の3つの税収が規定されている。

1950年1月30日、中央人民政府政務院は「工商業税暫定条例」を公布し、即日実施された。工商業税の納税者は中国国内で営利目的とする工商事業であり、徴税対象は納税者の営業収入である。所得税は、営業年度ごと、或いは経営期

間の収入総額から、原価、費用と損失を差し引いた後の残額を納税所得額とし、5％から30％までの14級全額累進税率で課税する。国家専売、専制事業、貧困労働者と家庭副業、非営利目的の事業については、中央政府の批准を経て、工商業税が免除できる。国家が奨励する産業（製造業、鉱業、電気業、運送業、出版業など）について、10％から40％までの所得税が低減できる。公営企業は利益を国に納入する制度が適用され、所得税が課税されなかった。

同年12月19日、政務院は「利息所得税暫定条例」を公布し、即日実施された。条例の規定により、利息所得税の納税者は利息の取得者とし、利息所得額に対し税率5％の所得税が課税される。教育、文化、公益、救済機関あるいは団体的な事業基金の利息収入は、その預金利息が全て本事業に使われる場合、金銭業の貸与及び総分機構あるいは同業往来業務の利息所得や、投資先企業から取得する配当所得や、個人間の金銭貸与による利息所得については、毎回の利息が5,000元以下（旧人民元10,000元＝新人民元1元）である場合は、利息所得税が免除される。

実施段階において、私営企業、集団企業及び個体工商経営者の生産、経営所得について、1950年から所得税の徴収を開始して以来、徴税方法は何度も修正されたが、徴収を停止することはなかった。しかし、独立、完備かつ統一的な企業所得税法制度を形成することはできなかった。その他にも、当時の経済、計画、財政、企業財務管理体制に合わせて、国営企業は利益を国に納付し、企業所得税は課税されなかった。利息所得税は、1950年に徴収を開始して以来、徴税範囲の縮小、また銀行の利息低減に合わせたため、1959年から停止された。また、当時、給与報酬に係る所得税も徴収されなかった。1952年から1956年までの間、中国は個人所得税の徴収問題について何度も研究したが、結局、徴収開始には至らなかった。その後も当該問題について言及していない。

1958年の税制改革後、工商業税のうち、営業税部分は工商統一税に入り、所得税はようやく独立の税収となり、工商所得税と呼ばれてた。しかし、徴税制度は従来の制度を利用したままであり、新しい法規を制定しなかった。

1963年4月29日、個体経済の所得税負担は集団企業の税負担より低く、合作

商業の所得税負担は、その他の集団企業の所得税負担より軽いという現状を変え、また個体経済を制限するとともに、集団経済を強化するため、国務院は「工商所得税負担の調整及び徴収方法の改善に関する試行規定」を公布し、当月から施行した。当規定では、"個体経済の負担は集団経済より重くあるべき、合作商業の負担は手作業合作社と交通運送合作社及びその他の集団経済より重くあるべき、集団経済の間の負担は大抵平衡であるべき"という原則に基づき、個体経済と集団経済について異なる徴税方法を採用し、それぞれ異なる税率を設定した。個体経済に対しては、依然として全額累進税率により徴税し、税率級数を従来の21級から14級に修正し、最低税率を7％に、最高税率を62％に引き上げた。さらに高収入者に対して、1から4割までの税金を追徴する（実際の最高税率は86.8％）ことができることとした。個体手作業者と個体運送業者の所得税を商売人より低くするため、減税優遇政策を与えることができることとした。合作商業に適用する税率は、21級の全額累進税率から9級の超額累進率に修正され、最低税率が7％に、最高税率は60％に引き上げられた。さらに高収入者に対して1から4割までの税金を追徴する（実際の最高税率は84％）ことができることとした。供買合作社（生活協同組合に類似する組織）は、引続き1962年に規定されていた39％の税率で徴税された。手作業合作社の適用税率は、21級の全額累進税率から8級の超額累進率に修正され、最低税率を7％に、最高税率を55％に引き上げられた。交通運送合作社に適用する税率は、1961年に規定された20％から30％までの比例税率から、超額累進税率に修正され、税率が手作業合作社と同じになった。しかし、交通運送業の発展を奨励するため、20％から30％までの減免税の優遇措置が適用される。その他、新設の手作業合作社と交通運送合作社について、1年の減税あるいは免税の優遇政策が適用された。

この時期において、当時の中国の所有制構造、財政分配体制及び税制構成に基づき、国家の経済は主に国有経済を主としていた。財政収入に最も重要な源泉は、国営企業が納付する利益であった。租税収入の財政収入に占める率は比較的小さく、約50％しかなかった。その租税収入は、物品の国内販売にかかる

税収と役務提供にかかる税収（最初は工商業税、貨物税、商品流通税であり、その後工商統一税、工商税に改正）を主体としていた。それらは税収総額のほぼ70％以上を占め、所得税（特に工商所得税）の収入が税収総額に占める割合は非常に低かった。例えば、1956年、1965年と1975年において、中国の租税収入が財政収入に占める割合は、各々49.0％、43.2％と49.4％であり、そのうち所得税の比率は極めて低かった。従って、所得税が国家の経済に与える影響は非常に小さかった。具体的には**表1**の通りである。

表1：1978年前年度における中国工商所得税の収入状況

年度	工商所得税収入（億元）	工商所得税収入が税収総額に占める比率（％）	工商所得税収入が財政収入に占める比率（％）	工商所得税収入がGDPに占める比率（％）
1950	1.2	2.4	1.8	0.2
1958	14.8	7.9	3.8	1.1
1965	14.3	7.0	3.0	0.8
1973	29.4	8.4	3.6	1.1
1978	54.0	10.4	4.8	1.5

　20世紀の70年代末から、中国において改革開放政策が始まった。同時に、税制の建設も新たな発展時期に入った。それ以降、租税収入はしだいに政府の財政収入の最も主要な財源となり、また国家がマクロ経済を調整するための重要な手段ともなってきた。この30年間における中国の対外資政策を現在の視点から見てみると、次の如くに変遷・発展している。

　第1段階は、改革開放政策が採択された1978年から1990年台初めの間である。この段階は外資導入の実験的初期段階であり、特定地域における経済特区、開放都市、開発区等の指定がなされ外資による投資の促進策がとられた。一方では、国内企業保護の観点から外資に対する各種の制限・規制がなされた。

　1990年台初めから2001年のWTO加盟までの十数年間が第2段階であり、外資に対する門戸開放が進展した時期である。すなわち、外資に対する各種制限・規制の緩和、税優遇措置の導入、開発区の拡大等であり、外資による主として沿岸地域に対する製造業を中心とした投資が促進された。

中国がWTOに加盟した2001年から2000年台半ばの間が第3段階である。WTO加盟及び国内消費の拡大に伴う国内市場の開放、一部業種を除く外資100％（独資）の認容をはじめとする各種規制の大幅な緩和がなされた。その結果、外資による対中国投資は大幅な進展がなされた。同時に、第2段階、第3段階の間に国営企業をはじめとする内資企業の経営体制等の整理・改革も進められた。

第4段階は、2000年台半ばから始まり、今までの外資による低コスト・単純大量生産という量を目的とする投資から、高付加価値、技術開発、環境、サービス業への質的転換を目指す段階である。同時に、内資による対外投資の進展と促進も視野に入っている。

このような外資及び内資の活動状況の変遷に対応して、中国の所得税制度は大きな発展を遂げた。それは、主に以下3つの段階に分けられる。

第1段階は、80年代初期である。当該時期の税制改革で特筆すべきは、中国対外開放の重要な措置としての渉外所得税制度（中外合資経営企業所得税、外国企業所得税と個人所得税）の導入があげられる。それは中国の所得税制度改革の始まりを表している。

第2段階は、80年代中期から80年代後期までである。当該時期の税制改革において、国営企業所得税の徴収は、中国の農村改革が成功した後、都市改革及び国家と企業の分配関係の改革の重要な措置として公布され点にある。それは中国企業所得税制度の改革の全面的な展開を表している。その後、集団企業所得税制を完備し、私営企業所得税制を制定した。個体経済の発展に合わせ、個人収入を調節するため、都市農村個体工商業者所得税と個人収入調節税の徴収を開始した。

第3段階は、90年代初期から現在（内外資税法統合前）に至る期間である。当該時期の税制改革において、所得税制の改革は、中国改革開放の成果が発展した勢いに応じて、"税法統一、税制簡単化、税負担公平、競争促進"という原則を示している。具体的な実施措置として、企業所得税の改革を3つに分けて行う。外資企業所得税の統一、内資企業所得税の統一、外資企業所得税と内

資企業所得税の統一を相次ぎ完成させ、個人所得税徴税制度の統一は1994年に完成させた。それは、中国の所得税制の改革が、"法制化、科学化、規範化、合理化"に向けて重要な進歩を遂げたことを表している。

そして、後述する内外資税法統合が第4段階の始まりである。

3．改革開放後の外資企業所得税制度の発展

20世紀の70年代末から80年代の初めにかけて、中国の対外開放、外資利用のニーズに応じて、財税部門は外資企業に対して所得税を徴収する案を提出し、中国共産党中央、国務院と全国人民代表大会の批准を得た。

1980年8月26日、第5回全国人民代表大会常務委員会第15次会議において、「広東経済特区条例」が批准され、即日執行された。当該条例は、深圳、珠海、汕頭の3市に設置する経済特区に適用される。当該条例によると、経済特区の企業所得税税率は15％である。当条例が公布してから2年以内に設立される企業、投資額が500万米ドル以上である企業、または技術性が高い、かつ資金の回転が比較的長い企業については、特別な優遇政策を受けることができる。規定に従って、外商投資企業は企業所得税を納付した後の税引利益を銀行を通して外貨送金ができる；外商企業は得た利益を特区に再投資し、かつ5年以上である場合、再投資部分に該当する所得税の減免について申請できる。

同年9月10日、第5回全国人民代表大会第3次会議において、「中華人民共和国中外合資経営企業所得税法」が通過、同日に中華人民共和国全国人民代表大会常務委員委員長令の形で公布された。それは、新中国が設立してから制定された初めての企業所得税法である。

中外合資企業所得税の納税者は、中国国内で設立する中外合資経営企業とされ、課税対象は納税者の取得する生産、経営所得及びその他の所得とされる。納税者の納税年度収入総額から、原価、費用、損失を差し引いた後の額が課税所得額とされる。税率は30％であるが、所得税額に対して10％の地方所得税も課される。合弁企業の外国出資者は、企業から得た利益を海外に送金する場合、

送金額について10%の所得税が課される。新設の合営企業について、予定合営期間が10年以上である場合、承認を得た後、利益獲得初年度から、1年目の企業所得税が免除、2年目と3年目の企業所得税が減半される（「期間減免制度」の導入）。そのうち、農業、林業など利益率が比較的低い合弁企業及び経済が発達していない辺遠地区に設立した合弁企業は、さらに多くの減税優遇政策を享受することができる。合弁企業の出資者は、企業から分配された利益を中国国内で再投資し、且つ期間が5年以上である場合、関連する承認を取得してから、再投資部分に該当する所得税額の40％が還付される。合弁企業に欠損が生じた場合、最長5年間繰り越され、繰越期間中の所得で損失を補填することができることとした。

同年10月7日、国務院は福建省人民政府に、福建省アモイにて経済特区設立問題について返答し、アモイ経済特区条例は「広東経済特区条例」を参照して、所得税税率を広東省と一致させ15％で施行した。

1981年12月13日、第5回全国人民代表大会第4次会議において、「中国人民共和国外国企業所得税法」が通過し、同日に中華人民共和国全国人民代表大会常務委員会委員長が公布、1982年の1月1日から施行された。

外国企業所得税の納税者は、中国国内で生産経営所得とその他の所得を得る外資企業であり、徴税対象は納税者が得る生産経営及びその他の所得である。課税所得は、納税者の納税年度ごとの収入総額から、原価、費用、損失を差し引いた後の金額とされる。税率は20％から40％までの5級超額累進税率の上、課税所得額の10％の地方所得税も徴収される。農業、林業、牧畜業など利益率が比較的低い産業に従事する外資企業で、その予定経営期間が10年以上である場合、承認を得た後、利益獲得初年度から、1年目の企業所得税が免除、2年目と3年目の企業所得税が減半され、その後10年以内に、所得税額の15％から30％まで免除される。外資企業に欠損が発生した場合、最長5年間繰り越され、繰越期間中の所得で損失を補填することができる。

外国の企業及びその他の経済組織が、中国国内で機関（事業所）を設立せず、中国国内から配当、利息、賃料、特許権使用料及びその他の所得を得る場合、

20％の所得税が課される。ただし、国際金融組織が中国政府と中国国家銀行に借款を提供する際の利息及び、外国銀行が優遇利率で中国国家銀行に借款を提供する際の利息は、企業所得税が免除される。

外資企業所得税とその他の渉外税収（国際課税による税収）は、比較的完備された渉外税収制度が形成され、中国の対外開放初期において、国外資金、技術、人材の導入、対外経済技術合作の展開の需要に応じ、非常に重要な役割を果たしてきた。

中国対外開放政策の展開と外資利用の発展とともに、中外合資経営企業所得税法と外国企業所得税法が、その形勢の発展と適応していない矛盾を解決するため、1991年4月9日、第7回全国人民代表大会第4次会議において、中外合資経営企業所得税法と外国企業所得税法を統合し、「中華人民共和国外商投資企業と外国企業所得税法」を制定した。同日、中華人民共和国主席令の形で公布し、同年7月1日から施行された。

外商投資企業と外国企業所得税の納税者は、外商投資企業と外国企業となり、課税対象が納税者の生産、経営所得とその他の所得となる。外商投資企業と外国企業は、中国国内で設立された、生産経営に従事する機構、場所の納税年度ごとの収入総額から原価、経費、損失を差し引いた金額が、課税所得とされる。企業所得税の税率は30％であり、地方所得税の税率は3％である。規定された条件に合致する生産型外商投資企業は、企業所得税が定期免税、減税できる。経済特区、経済技術開発区、沿海経済開放区などの規定地区に設立された外商投資企業及び、規定された地区でエネルギー、交通などの国家が奨励する事業に従事する外商投資企業は、比較的低い税率で企業所得税が徴収される。外商投資が奨励されている事業や項目について、省、自治区、直轄市人民政府は、実状によって地方所得税を減免することができる。外商投資企業の外国投資者は、企業から得る利益を当該企業に再投資する場合、規定によって、納税した所得税額の一部あるいは全部が還付される。納税者に年度欠損が発生した場合、最長5年間繰り越され、繰越期間中の所得で損失を補填することができる。

外国企業が中国国内で機関や場所を設けず、中国国内から配当、利息、賃料、

特許権使用料とその他の所得を得る場合、もしくは中国国内に機関や場所を設けているが、上記の所得が中国国内に設立したそれらと実質的に関連しない場合、20％の所得税が課される。外国投資者が外商投資企業から得る配当、国際金融組織が中国政府と中国国家銀行に借款を提供した利息所得及び、外国銀行が中国国家銀行へ優遇利率で借款を提供した利息については、所得税が免除される。科学研究、エネルギー開発、交通事業の発展、農業林業の生産と重要技術の開発に関する専有技術の提供による特許権使用料については、批准を経た後、10％の低減税率で所得税を徴収する。さらに、技術が先進的であるか、或いは条件が優遇的であれば、所得税が免除される。

外資企業所得税制度の統一は、中国対外開放の拡大のニーズに適応している。中国の経済発展、財政収入の増加について、積極的な役割を果たしてきた。1982年から2006年の間、中国の外資企業所得税収入は0.1億元から1,534.8億元まで増加し、わずかの24年間で15,347倍も増えた。外資企業所得税収は、毎年49.4％の割合で増加し、同期の中国の経済成長速度と税収総額成長速度よりはるかに高率である。また、全国税収総額に占める比率も1982年の0.1‰から2006年の44.1％に上昇し、23年間で44ポイント増え、毎年平均で1.8ポイントの増加を示している。具体的には**表2**の通りである。

4．国営企業所得税制の制定とその他内資企業所得税制の改善

20世紀の70年代末から80年代の初期まで、税制の全面的な改革問題について、中国の財政部門は、大量の調査研究とテスト作業を行った。その結果に基づいて、税制改革の総体ベースを形成したが、その中で、国営企業に対しても企業所得税を徴収することは、一つの重要な内容であった。またそれは、中国共産党中央、国務院と全国人民代表大会の批准を得た。

1983年から1984年にかけて、中国は30年間も続いた国営企業の利益の国庫納付制度を、2つの段階によって、国営企業所得税制度に改正した。"利改税"の第1段階改革と第2段階改革である。

第1章　中国所得税制の発展　　*13*

表2：1982年以後における中国外資企業所得税収入の情況

年度	外資企業所得税収入 （億元）	前年度との増加比率 （％）	外資企業所得税収入 が税収総額に占める 比率（‰）	外資企業所得税収入 がGDPに占める比 率（‰）
1982	0.1	233.3	0.1	－－
1983	0.3	200.0	0.3	－－
1984	0.6	100.0	0.4	－－
1985	1.5	150.0	0.7	0.2
1986	2.8	86.7	1.3	0.3
1987	3.2	14.3	1.5	0.3
1988	4.2	31.3	1.8	0.3
1989	5.7	35.7	2.1	0.3
1990	7.0	22.8	2.5	0.4
1991	11.0	57.1	3.7	0.5
1992	16.8	52.7	5.1	0.6
1993	26.2	56.0	6.2	0.7
1994	48.1	83.6	9.4	1.0
1995	74.2	54.3	12.3	1.2
1996	104.4	40.7	15.1	1.5
1997	143.1	37.1	17.4	1.8
1998	182.5	27.5	19.7	2.2
1999	217.8	19.3	20.4	2.4
2000	326.1	49.7	25.9	3.3
2001	512.6	57.2	33.5	4.7
2002	616.0	20.2	34.9	5.1
2003	705.4	14.5	35.2	5.2
2004	932.5	32.2	38.6	5.8
2005	1,147.7	23.1	39.9	6.3
2006	1,534.8	33.7	44.1	7.3

注1：1991年6月30日以前の外資企業所得税は、中外合資経営企業所得税と外国企業所得税に分けられていた。1991年7月1日以後、中外合資経営企業所得税と外国企業所得税は「外商投資企業及び外国企業所得税」に統合された。

注2：2007年の統計によると、外商投資企業及び外国企業所得税の収入額は1,951.2億元であり、前年度同期より21.7％も増えた。

1983年4月24日、国務院は財政部の提案した国営企業の"利改税"試行弁法に同意した。同月の29日、財政部は「国営企業に対して企業所得税を徴収することに関する暫定規定」を公布した。同年度6月1日から、国営企業に対して"利改税"を適用し、1983年の1月1日から所得税が徴税されることになった。

財政部の公布した上記の規定により、国営企業所得税は独立して決算を行う国営企業を納税者とする。課税所得額は、実際に発生した利益から控除項目を差し引いた後の金額とされる。税率に関しては、大中型企業は55％の税率を適用し、飲食サービス業と営業性のホテル、レストラン、宿泊所は15％の税率、小型企業と県以上の購買販売組合には7％から55％の8級超額累進税率が適用される。納税者が特殊な情況により、規定に基づいて納税することが困難であり、税の減免が必要である場合、申請を提出した後、現地の税務機関により審査され、さらに省級税務局の承認が必要とされる。

1984年9月18日、全国人民代表大会常務委員会の授権を経て、国務院は、通知の形で財務部の提出した「国営企業における利改税の第2段階実行に関する報告」、「国営企業第2段階利改税試行規則」に同意、公表した。また、「中華人民共和国国営企業所得税条例（草案）」と「国営企業調節税徴収規則」を公布し、同年度の10月1日から施行した。

国営企業所得税は、独立して決算を行う国営企業を納税者とする。課税対象は納税者の生産、経営所得とその他の所得である。納税者の納税年度の総収入から原価、費用、国家が認める控除できる税金と営業外支出を差し引いた後の金額を課税所得額とする。大中型企業に適用する税率は55％であり、小型企業、飲食サービス企業と営業性のホテル、レストラン、宿泊所は、10％から55％までの8級超額累進税率が適用される。納税者が特殊な状況により、規定に基づいて納税することが困難であり、税の減免が必要である場合、申請を提出した後、現地の税務機関により審査され、上の税務機関に報告し、承認を得なければならない。納税者に年度損失が発生した場合、最長3年間繰り越され、繰越期間中の所得で損失を補填することができる。

国営企業調節税の納税者は、独立して決算を行う大中型国営企業であり、課

税対象も納税者の生産、経営所得とその他の所得である。税率は財政部門、商企業主管部分により査定される（査定方法：査定する基期利益から55％の税率で計算した所得税と、1983年に合理的に留保した利益の残額が、その後の各期利益に占める率を調節税の税率とする）。

国営企業の"利改税"と工商税制の全面的な改革を行った後、国家と企業の分配関係は大きく改善し、租税収入も著しく増加した。また、租税収入が財政収入と GDP に占める割合も大幅に上昇し、税収の財政機能と経済調整効果も良好に発揮された。改革は成功を遂げ、各方面から大いに評価された。

国営企業所得税制度を制定するとともに、中国は集団企業所得税制度についても重大な改革を行い、私営企業所得税制度も制定した。

1980年10月9日、合作商業の工商所得税負担を適正に低減させるため、財政部は通知を公布し、当月から合作商業は8級の超額累進税率で工商所得税を納付することになった。

1983年9月3日、各種の集団企業の所得税負担の平衡性を改善するため、国務院の批准を経て、国務院弁公庁により財政部の提案した「農村社隊企業と基層供買社の工商所得税税率の調整に関する規定」を公布した。当該規定により、1984年から、農村社隊企業（人民公社に帰属する企業や生産隊であり、人民公社解体後は郷鎮企業と呼ばれるようになった）と基層供買社（農業協同組合に類似する組織）は、8級超額累進税率で工商所得税を納付することになった。ここで、各種の集団企業の所得税制が統一され、税負担は概ね平等となった。

1985年4月11日、国務院は「中華人民共和国集団企業所得税暫定条例」を公布し、当年度から実施すると同時に、集団企業に対して徴収していた工商所得税が廃止された。

集団企業所得税の納税者は、工業、商業、サービス業、建築据付業、交通運送業とその他の産業に従事し、独立決算を行う集団企業である。納税者の納税年度の総収入から原価、費用及び控除できる税金と営業外支出を差し引いた後の金額を課税所得額とする。税率は10％から55％までの8級超額累進税率となる。また、開業初期において、納税が困難である企業、新設の飼料生産企業、

農業用肥料、農薬、農機具修理に直接従事する郷鎮企業；廃水、廃気、廃料などの廃棄物を主要な原料として生産を行う企業、古い革命根拠地、少数民族地区、辺遠地区、貧困地区で設立した確実に経営上の困難性がある郷鎮企業；自然災害あるいはその他の特殊原因により、納税に確実な困難がある企業について、一定の期限内あるいは一定の程度で所得税が軽減、免除される。

集団企業所得税暫定条例の制定は、中国で長い間集団企業所得税の徴収方法が統一されなかったことに終わりを告げ、集団企業所得税制度の統一化、規範化を実現した。

私営企業の発展ニーズに応じ、1988年6月25日、国務院は「中華人民共和国私営企業所得税暫定条例」を発布し、同年度から施行した。

私営企業所得税の納税者は、工業、建築業、交通運送業、商業、飲食業とその他の産業に従事する都市・郷私営企業である。納税者の納税年度ごとの総収入から原価、費用及び国家が認める控除できる税金と営業外支出を差し引いた後の金額を課税所得額とし、税率は35％である。納税者は廃水、廃気、廃料などの廃棄物を主要な原料として生産を行う場合や、風災、火災、水災、震災などの自然災害により、納税に確実な困難が生じる場合、特殊な状況により減税・免税が必要とされる場合には、省、自治区、直轄市、人民政府による確認を経た後、一定期限内で所得税が減税・免税される。納税者に年度損失が発生した場合、最長3年間繰り越され、繰越期間中の所得で損失を補填することができる。

私営企業投資者の収入を調整し、またその投資者の生産発展を奨励するため、国務院は同日に「私営企業投資者の個人収入調節税に関する規定」を公布した。当該規定により、私営企業投資者は、私営企業の税引後利益を個人消費の部分に使え、40％の税率で個人収入調節税が課される。また、生産発展基金を撤回、あるいは企業資産を譲渡し個人消費に使う場合は、個人収入調節税が追徴される。

5．国営企業所得税制の発展と内資企業所得税制の統一

　国営企業は"利改税"を実施した後、中国経済体制改革の発展に伴い、その短所もしだいに明るみに出てきた。1つは、当初国営企業所得税税率を設定する際、財政収入の確保を強調しすぎて、企業の所有権と経営権が充分に分離できず、税率をより高く設定していた。また、一部の企業に対して企業所得税を徴収した際、さらに調節税を課していた。そのほか、企業の留保利益に対して、国家資源交通重点建設基金と国家予算調節基金を徴収することは、国営企業、特に大中型企業に対する税負担が過重であった。2つ目は、納税前に借入金を返済する方式は、国家財政に負担をかけ、固定資産への投資規模の膨張を導き、同時に企業間の税負担のバランスを悪化させた。

　企業改革を促進するために、1987年から中国は国営企業に対して全面的に各種の下請経営責任制度を実施した。この制度は、契約の形で、国営企業が国家に納付する利益の基数を確定させるものである。下請制度の導入により、実質的に国営企業所得税を有名無実にさせた。下請制度の実施は、企業の積極性を高めるのに一定の効果を発揮したが、同時に、基数、比率の確定に関する交渉、利益保証・損失不保証、企業の短期的事業行為、国家租税収入の減少及び国民収入の配分が企業と個人に偏るなどの弊害が生じてきた。

　上記の問題を解決するため、財政・税務・経済体制改革などの担当部門と財税理論界は、理論と実践という2つの方面から、いかに企業所得税と下請制度の長所を結びつけられるか積極的に研究を行った。その結果、"税利分流、税後借入返済、税後下請"という新しい考えを打ち出した。この考えはすぐに中国共産党中央、国務院と全国人民大会の賛同をうけた。国務院の承認を経て、財政部と国家経済体制改革委員会は、"税利分流"の改革を試行した。具体的な内容としては、①企業所得税の税率を下げ、10％から35％までの5級超額累進税率を採用する、②納税前資金からの固定資産投資に関する借入返済を取消す、③税引後利益について、多種の下請け方策を実施し、かつ3年は変更しない、というものである。

"税利分流"改革の研究と試行は、国家と企業の分配関係を正し、企業の経営構造転換の促進に役立ち、かつ次の企業所得税制度改革のための積極的な試みが行え、有益な経験を与えた。

また、国営大中型企業を活性化するために、国務院の承認を経て、国営企業調節税の税額が年度ごとに下げられ、課税範囲もしだいに縮小した。

1992年10月に開催した中国共産党第14次全国代表大会において、社会主義市場の経済体制を建設するという戦略目標が提出された。それは、中国企業所得税制の改革の重要なきっかけとなった。財政部門は、社会主義市場経済のニーズに応じ、税負担を公平にさせ、競争を促進するには、企業所得税制の改革をしなければならないと提案した。実施段階については、2つに分けられる。第1段階は、国営企業、集団企業、私営企業などの内資企業の所得税を統一にする、第2段階は、内資と外資企業の所得税を統一にすることである。当該提案は、中国共産党中央、国務院に承認された。

1993年12月13日、国務院は国営企業所得税、国営企業調節税、集団企業所得税と私営企業所得税を統合し、「中華人民共和国企業所得税暫定条例」（以下「内資企業所得税法」という）を制定し、1994年から施行した。

内資企業所得税の納税者は、中国国内の国有企業、集団企業、私営企業、連営経営企業、株式企業とその他の組織となる。課税対象は、納税者が中国国内、国外から得る生産、経営所得とその他の所得となる。納税者は各納税年度の総収入から、認められる控除項目を差し引いた後の金額を課税所得額とする。一般企業の税率は33％であり、低利益企業は暫定的に27％あるいは18％の税率を適用する。金融、保険企業は暫定的に55％の税率を適用する（1997年以後33％に下がった）。また、国家の関連規定に合致する企業と経営単位に、一定の免税あるいは減税待遇を与える。納税者は年度損失が発生した場合、次年度の所得で補填することができる。次年度の所得が損失補填に足りない場合、補填を延長することができるが、最長5年間となる。

1985年以来、中国の経済発展、税制改革と税制構成の変化に伴い、内資企業所得税の収入が大幅に増加した。内資企業所得税収入が、税収総額とGDPに

占める比率も上昇し、国家の経済に与える影響も大となってきた。しかし、1985年から1994年までの10年間、内資企業所得税収入は600億元前後に止まり、絶対額の下落も幾度となくあった。また、内資企業所得税収入が、税収総額と GDP に占める比率は低くなっていく傾向にあった。それは、内資企業所得税税収の税制構成における地位が不安定であることを反映していた。しかし、1994年から内資企業所得税収入が徐々に増え、1999年から内資企業所得税収入が税収総額と GDP に占める比率は徐々に上昇した。それは企業の生産発展、経営管理の改善、経済効率の引き上げと所得税徴収管理の強化によるものであった。具体的には**表3**の通りである。

6．内資企業所得税制と外資企業所得税制の統合

　20世紀の80年代後期から、中国共産党中央、国務院と全国人民代表大会は、税制改善の要求に応じ、税務部門は即時に内資企業所得税と外資企業所得税を統一する案を提出した。当案は上部機関からの支持を得て、1988年7月2日、国家税務局局長金鑫は、全国税務工作会議で次の意見を明確に述べた。

　「企業所得税の改革は、2つの段階に分けて行う。第1段階は、国内企業所得税条例を早めに統合し、国内企業所得税制を統一するとともに、2つの外資企業所得税法を統合し、外資企業所得税制度を統一する。第2段階は、関連条件を備えてから、国内と外資それぞれ異なる2つの企業所得税法を統合し、統一する企業所得税制度を制定する。」

　1993年12月25日国務院は、国家税務総局の提出した「工商税制改革実施方案」を批准した際に、1994年から内資企業所得税を統一し、次は内資企業所得税と外資企業所得税を統一することを明確に示した。

　1994年の税制改革以降、経済の発展、改革の深化、開放の拡大という要望に基づき、中国は、内資企業所得税制度と外資企業所得税制度を統一する準備を始めた。多くの曲折を経て、3つの5年計画と10年以上の歳月をかけ、ついに実現に至った。

20　第1編　中国企業所得税制の歴史と変遷

表 3：1985年以後における中国内資企業の所得税収入状況

年度	内資企業所得税収入 （億元）	前年度からの増加率 （％）	内資企業所得税収入 が税収総額に占める 比率（％）	内資企業所得税収入 がGDPに占しめる 比率（‰）
1985	612.7	10.4	30.0	68.0
1986	601.5	－1.8	28.8	58.5
1987	556.7	－7.4	26.0	46.2
1988	654.4	17.5	27.4	43.5
1989	647.1	－1.1	23.7	38.1
1990	599.9	－7.3	21.2	32.1
1991	650.4	8.4	21.8	30.0
1992	657.4	1.1	19.9	24.4
1993	608.7	－7.4	14.3	17.2
1994	639.7	5.1	12.5	13.3
1995	753.1	17.7	12.5	12.4
1996	811.5	7.8	11.7	11.4
1997	931.7	14.8	11.3	11.8
1998	856.3	－8.1	9.2	10.1
1999	1,009.4	17.9	9.4	11.3
2000	1,444.6	43.1	11.5	14.7
2001	2,121.9	46.9	13.9	19.4
2002	1,972.7	－7.0	11.2	16.4
2003	2,342.2	18.1	11.7	17.2
2004	3,142.5	34.2	13.0	19.7
2005	4,363.6	38.9	15.2	23.9
2006	5,546.1	27.1	15.9	26.3

　　注1：1993年以前の内資企業所得税は国営企業所得税、国営企業調節税、集団企業所得税と私営企業所得税などの税収を含む。1994年以後、国営企業所得税、国営企業調節税、集団企業所得税と私営企業所得税などの税収は企業所得税に統合された。
　　注2：2007年の統計資料によれば、企業所得税収入は7,723.7億元、前年度同期より39.3％増加している。

　1996年3月17日、第8回全国人民代表大会第4次会議において、「中華人民共和国国民経済と社会発展、"九五"計画と2010年長期目標綱要」が批准された。当綱要では、内・外資企業所得税を統一すると明確に提起されていた。
　"九五"期間において、企業所得税改革が実現できなかった原因は、主に2

つあると判断されている。1つは1994年に内資企業に対して全面税制改革を実施したが、その税制を安定させる期間が必要であった。もう1つは、1997年のアジアにおける金融危機が、中国の経済、特に外商投資と対外貿易に多大な悪影響を与えたため、外資企業の所得税制度についての調整が困難であった。

　2001年3月15日、第9回全国人民代表大会第4次会議において、「中華人民共和国国民経済と社会発展第10次五年計画綱要」が批准され、再度内資・外資企業所得税を統一することを明確した。

　同年11月21日、国務院常務会議において「中華人民共和国企業所得税法（草案）」が討論された。会議では、企業所得税制改革は政策的要素が高く、多くの面に関係しており、情況が複雑であると認識された。また、各部門の意見が一致せず、関連の調整作業も十分にできていないことから、この時点で当該法律を制定するには、条件が不完備で、機が熟さなかった。国務院法制事務室により、各部門の意見を聴衆しながら、引き続き関連の準備作業を行うことが決定された。

　2003年10月14日、中国共産党第16回中央委員会第3次全体会議において、「中国共産党中央の社会主義市場の経済体制完備に関する若干問題の決定」が通過した。その中には、内・外資企業所得税制度の統一を含む各種類の企業税収制度を統一する、との内容が含まれている。

　2004年3月に開催した第10回全国人民代表大会第2次会議以後、541人の全国人民代表が16項目の議案を提出し、内資企業所得税と外資企業所得税を統一するよう要請した。2006年3月に開催した第10回全国人民大会4次会議期間だけで、全国人民代表が提出した8項目の税務に関する議案のうち、6項目は"両法統合"に関するものであった。そのうち、郭広昌代表は3年連続で"両法統合"を提出した。同時に開催した、中国人民政治協議会議第10回全国委員会第4次会議において、中国民主建国会中央の提出した「内・外資企業所得税制度の統一」は、提案1号とされた。楊崇春委員は、2年連続で"両法統合"を提出した。

　2004年、財政部、国家税務総局と国務院法制事務室が共同で「中華人民共和

国企業所得税法（意見募集稿）」を起草し、全国人民代表大会財政経済委員会、全国人民代表大会常務委員会法律工作委員会、予算工作委員会及び各省自治区、直轄市、計画単列市人民政府と、国務院関連部門の意見を書面形式で募った。また、関連部門、企業と専門家と懇談会を行い、直接意見を聴取した。

2005年10月11日、中国共産党第16回中央委員会第5次全体会議において、「中国共産党中央の国民経済と社会発展第11期五カ年計画に関する提案」が通過した。当会議で、各企業税収制度の統一が再度提出された。

同年12月28日、全国人民代表大会常務委員会委員長、呉邦国が開催した委員長会議において、内資企業所得税制度と外資企業所得税制度の統一が2006年の立法計画に入れられた。

2006年3月14日、第10回全国人民代表大会第4次会議において、「中華人民共和国国民経済と社会発展の第11次五カ年計画企画綱要」を批准した。その中には、各種企業税収制度を統一する内容が含まれている。

同年において、財政部、国家税務総局と国務院法制事務室は、再度32箇所の中央部門に企業所得税制度改革に関する意見を募った。関係各所は、企業所得税制改革の進度を速め、早急に統一した企業所得税法を制定し、競争する各企業にとって公平な税制を作ることが必要であると、全面的に認識した。各方面からの意見を十分に吸収したなかで、さらに修正・改善を行い「中華人民共和国企業所得税法（草案）」（以下「草案」という）が作成された。

同年8月23日、国務院常務会議において、「草案」が通過し、全国人民代表大会常務委員会の審議に提出することが決定した。9月28日、国務院は修正後の税法（草案）を全国人民大会常務委員会の審議に提出した。

同年12月29日、第10回全国人民代表大会常務委員会第25次会議において審議を行い、「草案」を2007年3月に開催する第10回全国人民代表大会第5次会議の審議に提出することを決定した。

2007年1月、全国人民代表大会常務委員会事務局は、「草案」を全国人民代表に送り、代表を集めて当草案について計画的に研究、討論を行わせた。そこで全国人民代表大会常務委員会メンバーと全国人民代表は、すでに統一した企

表4．中国の企業所得税制の変遷　（1949年10月中華人民共和国成立後）

(1950年1月)
全国税制実施要則制定
［工商業税］

(1958年)
工商業税を工商所得税と工商統一税（営業税）に分離
［工商所得税］

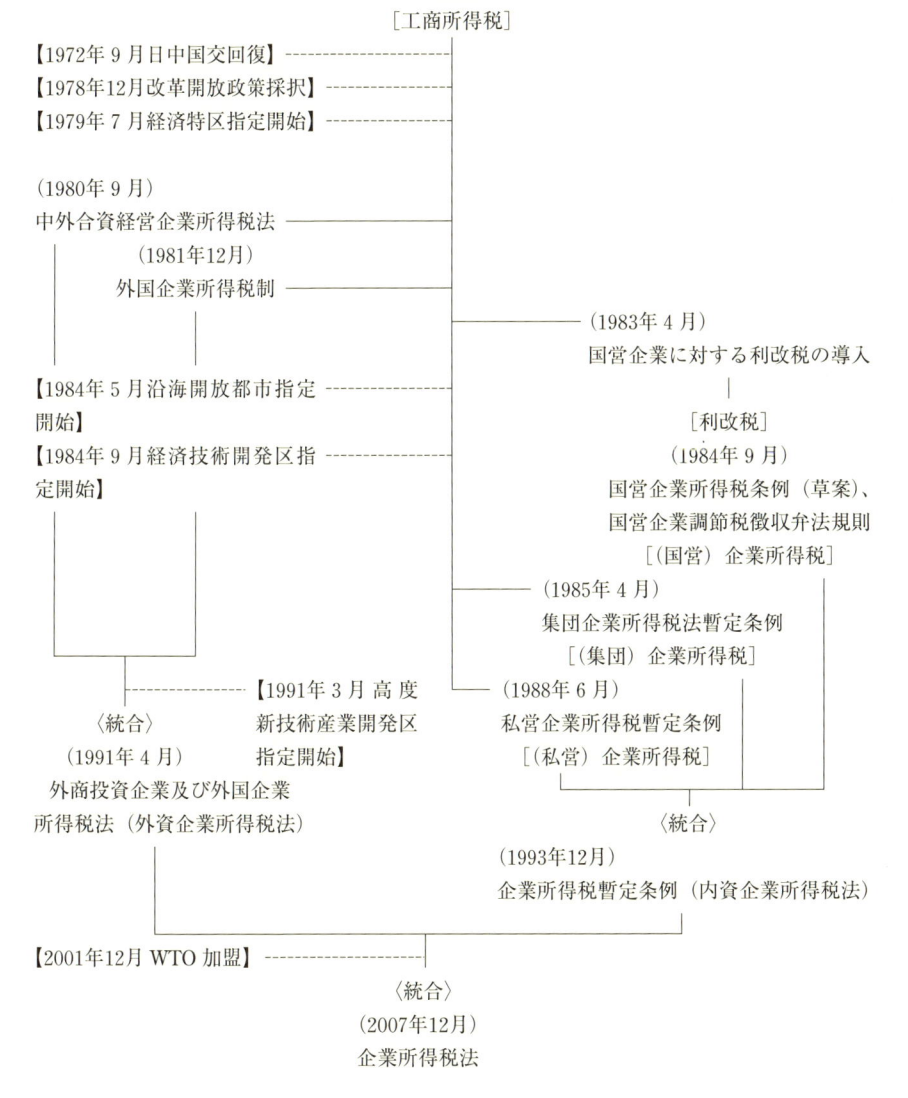

【1972年9月日中国交回復】
【1978年12月改革開放政策採択】
【1979年7月経済特区指定開始】

(1980年9月)
中外合資経営企業所得税法
　　(1981年12月)
　　外国企業所得税制

　　　　　　　　　　　　　　　(1983年4月)
　　　　　　　　　　　　　　　国営企業に対する利改税の導入
　　　　　　　　　　　　　　　　　　［利改税］
【1984年5月沿海開放都市指定開始】
　　　　　　　　　　　　　　　(1984年9月)
【1984年9月経済技術開発区指定開始】
　　　　　　　　　　　　　　　国営企業所得税条例（草案）、
　　　　　　　　　　　　　　　国営企業調節税徴収弁法規則
　　　　　　　　　　　　　　　　［(国営)企業所得税］

　　　　　　　　　　　　　　　(1985年4月)
　　　　　　　　　　　　　　　集団企業所得税法暫定条例
　　　　　　　　　　　　　　　　［(集団)企業所得税］
　　　　　　　【1991年3月 高度　(1988年6月)
〈統合〉　　　新技術産業開発区　私営企業所得税暫定条例
(1991年4月)　指定開始】　　　　　［(私営)企業所得税］
外商投資企業及び外国企業
所得税法（外資企業所得税法）
　　　　　　　　　　　　　　　　〈統合〉
　　　　　　　　　　　　　　(1993年12月)
　　　　　　　　　　　　　　企業所得税暫定条例（内資企業所得税法）

【2001年12月 WTO加盟】
　　　　　　　　　〈統合〉
　　　　　　　　(2007年12月)
　　　　　　　　企業所得税法

業所得税法を制定する時期に来ており、上記の草案は基本的に実行可能であると認識すると共に、いくつかの修正意見も提出した。

　全国人民代表大会常務委員会メンバーと、大会関係部門専門委員会による審議意見及び、大会代表の提出した意見に基づき国務院は、「草案」について再度修正を行い、2007年2月26日に、全国人民代表大会へ「草案審議に関する議案」を提出した。

　2007年3月中旬に開催された第10回全国人民代表大会第5次会議において、修正後の「草案」は、会議に参加する代表の全面的な支持を得た。3月16日、同会議において、高い賛成率で「中華人民共和国企業所得税法」が承認された（会議に参加した2,889人の代表の内、2,826人が賛成票を投票し、支持率は97.8％に達した）。同日、中華人民共和国主席が第63号として公布し、2008年から施行されることとなった。12月6日には、国務院が「中華人民共和国企業所得税法実施条例」を公布し、12月26日には、「企業所得税過渡優遇政策の実施に関する通知」と「経済特区と上海浦東新区で新規設立するハイテク企業についての過渡優遇政策の実施に関する通知」を公布した。その後、財政部、国家税務総局も相次ぎ関連の文書を発表した。

第2章　新企業所得税制の要点と評価

　新企業所得税の納税者は、企業とその他所得を取得する組織となる。居住者企業は中国国内及び国外の収入について課税され、非居住者企業は状況によって、中国国内、国外の収入を区別して課税される。課税所得額は、企業の納税年度ごとの収入総額から、非課税収入、免税収入、各控除項目と認められた繰越欠損金を差し引いた後の金額であり、基本税率は25％が適用される。納税年度に発生した損失は、以後年度の所得により補填することができ、繰越期間は最長5年間である。

　国債利息収入、条件を充足する居住者企業間の株式利子、配当金などの収入及び、中国国内に機構、場所を有している非居住者企業が、居住者企業から取得した当該機構、場所と実際に関連している株式利子、配当金等の収益、条件を充足する非営利組織の収入については免税される。

　農業、林業、牧畜業、漁業に従事することによる所得、国家が重要視するインフラ整備事業への投資経営所得、条件を充足する環境保全、省エネルギー・節水事業に従事することによる所得、条件を充足する技術譲渡による所得などは、企業所得税の免除あるいは減税対象となる。条件を充足する小規薄利企業については20％、国家が重要視する高新技術企業に対しては15％の軽減税率に

より企業所得税を徴収する。民族自治地方の自治機関は、本地区の企業が納付すべく企業所得税の中の地方税部分について、減免或いは免除を決定できる。

非居住者企業が中国国内で機構、場所を設立せず、あるいは中国国内で機構、場所を設立したが、収入が当該国内機構、場所と実際に関連しない場合、中国国内から得た収入について20％の所得税が課され、かつ国内法もしくは中国が締結した租税条約の規定に基づいて減税、免税できる。

今回の企業所得税改革の主な内容は、5つに分けられる。

第1に、内資企業及び外資企業に適用される税法を統一（"税制一本化"）した。税制一本化により、税負担を公平かつ税制を簡略化し、中国・外資企業ともに同じ税法に基づいて所得税を徴収することにより、いずれの形態の企業も平等に競い合うことができ、組織構造の合理化を促進することができる。さらに、徴収管理の強化と税収コストの低減にも有利である。

第2に、課税ベース（税引き前）を統一した。この統一により、課税所得額の計算がより合理的で規範的かつ公平になり、税負担の合理化及び国家の政策方向体現に役に立つ。

第3に、法定税率を統一し、33％から25％に大幅な軽減をした。これにより、大部分の企業の所得税負担が軽減され、企業の税引後利益が増加し、企業の発展、従業員待遇の改善、税源の育成にも役立てることが可能になる。

第4に、税収優遇政策を変更した。新優遇政策は、産業優遇を主とし、旧来の地域優遇もある新税収体制である。これにより、経済構造の優良化、産業のアップグレード、技術の進歩と地域発展の調整を促進することができ、企業の発展にも役に立てることが期待されている。

第5に、徴収管理制度の統一である。これにより、徴税制度がより一層科学的、規範的になり、国家の税収入を確保しながら、企業の権益を守ることができることとなる。

企業所得税制度改革実行の可能性と負担能力の観点から見ると、近年の中国経済は高度成長時期にあり、企業の経営状況が全面的に改善され、経済効率も上昇し、売上高、収益ともに大幅に伸びていた。企業所得税を含む各種の税収

も年々急激に増加している。海外諸国の税制改革の経験を参考にすれば、国家の財政と企業の負担能力も比較的強い現在の経済環境下で税制改革を推進することは、改革の導入・実行に有利な時期であったと判断される。

　財政部の試算によると、2008年の新企業所得税制度の実施により、従来の企業所得税制度と比べ、財政収入は約930億元減少する（私の試算では、当該金額は2007年の企業所得税収入の9.6％、全税収入の2％に相当）。そのうち、内資企業所得税収は約1,340億元減少し、外資企業所得税は約410億元増加すると推計される。旧税法において享受された税務優遇政策に関する経過措置の影響を考慮すれば、新税法の実施初年度における財政収入の減少額はもっと多くなると考えられるが、現在の財政で負担できる範囲内である。なお、もし動態的に計算し、経済成長、課税範囲の拡大、徴収管理の強化などの要素を考慮すると、2008年の企業所得税収入は、2007年より減少するどころか増加すると考えられる。さらに、直接減免される企業所得税の大部分は、投資、消費と個人所得（例えば、生産設備の購入、従業員の福祉改善、個人投資者への配当）に振替えられ、企業所得税を含む多種類の税収総額の直接或いは間接的増加につながることも期待される。その他にも、新税法の実施により、2007年と2008年の税負担の差額が大きいことから、一部の企業は2ヶ年度の原価、費用、利益を調整することにより、全体的な企業所得税負担を軽減することも考えられる。これも2008年の企業所得税収入が、2007年の収入を超えると予想させる1つの重要な要素である。

　上記のごとく、新企業所得税制度実施以降には、外資企業の所得税負担が増加する。しかしながら、それは一部の人が心配しているような、外国企業による中国への投資に支障が生じる、あるいは中国からの外資の大量流出を引き起こすことになる、というような情況にはならないと認識している。というのもまず初めに、今回の新企業所得税の税率は25％であり、それは世界においても中以下のレベルであるとこと。203の国と地域の現行企業所得税率を調査したが、そのうちの82（約40％）の国と地域の税率は25％以下である。また、周辺27の国と地域のうち14カ国の税率が25％を超え、6つの国と地域の税率は25％

であり、わずか7つの国と地域の税率が25％を下回っているにすぎない。

第2に、すべての外資企業の適用税率が上がり、優遇政策がなくなり、所得税負担が増えるわけではない。一部の外資企業は引き続き所得税の優遇政策を享受することができ、一部の外資企業所得税の適用税率が下がり、一部の外資企業の受ける所得税減免優遇政策が増えるケースもある。従って、現在の税負担が維持され、さらに低減される可能性も考えられる。

第3に、税制と租税政策の連続性、安定性、または新企業所得税制度の順調な実施を保証するため、旧法上の企業所得税優遇政策を一定期間継続させるための経過措置を取っている。それには一定期間の緩和効果がある。

第4に、中国の企業所得税制度改革の意向と新税法の内容は、以前から社会に公表されているため、外資企業は比較的充分な準備と覚悟ができている。今現在、新税制に対する恐慌や、強力な異議申立はない。逆に、多くの外資企業は、当該改革に肯定的な意見を持っている。

第5に、外資を誘致するには、企業所得税優遇政策の効果は限定的であるという点にある。多くの外国企業が重視しているのは、企業所得税の優遇政策の程度ではなく、市場性と投資環境（国家或いは地域の政治、経済、文化環境及び、市場、土地、労働力資源などの要素）、または利益の獲得可能性の程度である。その後が、企業所得税が公平か否か、外国からの投資を差別するか否かである。また、投資者の所在地国あるいは地区が、中国の所得税優遇政策に対して、外国税額控除制度の適用があるか否か、外国投資者が中国で受ける所得税優遇政策から、確実な利益が経済的便益も得られるか否かなどの要素が挙げられる。

中国の広汎な市場と良好な投資環境は、外資の注目を引き、統一後の企業所得税制度は、内・外資企業にとって公平的になるだろう。しかし、一部の国家や地域は、中国の優遇税制に対応する外国税額控除の恩典規定がないため、当該国家、地域の投資者は、中国で受ける所得税優遇政策による税務上の実益は無いが、逆に当該投資者たちの投資行動にはあまり影響を与えない。それらの理由により、私の予想では、新企業所得税法が実施された後においても、外国

投資者が中国での投資を減少することはなく、引続き急速に増加していくと予想している。

それゆえ、内・外資企業所得税一本化の実現は、中国企業所得税発展史上の新しく、偉大な歴史的意味を持つ一大事であり、必ず中国の経済発展と対外開放を有力に促進させるだろう。同時に、中国の新企業所得税制度も実践を踏みながら、経済発展と対外開放の新たな状況に適応するため、絶えず改正していかれるであろうと思慮される。

主な参考資料

1．全国人民代表大会常務委員会、国務院、財政部、国家税務総局のウェブサイト。
2．《中華人民共和国税収基本法規（2008年版）》、国家税務総局編集、中国税務出版社出版。
3．《税収工作文書法規サマリー》、1979年から2001年各巻、財政部税務総局、国家税務局、国家税務総局編集、中国財政経済出版社、中国税務出版社出版。
4．《中国工商税収法規サマリー》、1992年から2000年各巻、国家税務局弁公室、国家税務総局弁公室、国家税務弁公庁編集、中国財政経済出版社、中国税務出版社出版。
5．《中華人民共和国財政史料》（第四集）、財政部税務総局編集、中国財政経済出版社1982年出版。
6．《中華民国工商税収史》（直接税巻）、金鑫など執筆、中国財政経済出版社1996年出版。
7．《人民日報》、《経済日報》、《中国財経報》、《中国税務報》、《中国財政年鑑》、《中国税務年鑑》、《国家税務総局公報》などの新聞紙。

第2編

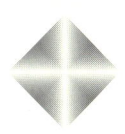

企業所得税法の解説

第1章　納税義務者

1．中国における企業形態の分類

　新企業所得税制を解説するに先立ち、その解説の理解を容易にするために中国における企業形態の概要解説を行う。企業形態の分類には、以下のごとくに各種の分類基準がある。なお、"企業"は、法人格を有する"会社"及び法人格を有しない個人企業等を含む広範な概念である。

(1)　出資者の国による分類

　出資者が中国の政府機関・企業・居住者である内資企業と外国資本である外資企業、及びその両方を出資者とする企業の3形態に分類される。前述のごとくに、中国においては、新企業所得税法が制定されるまでは、内資企業と外商投資企業・外国企業（法人）には各々異なる税法が適用されていた。

(2)　会社法上の分類

　2006年1月1日から施行されている会社法上の会社等の分類は、次のとおりである（同会社法は、2005年10月27日に第10期全国人民代表常務委員会第18会

議にて改正）。

分類	形態		備考
会社 （公司）	有限責任会社 （有限責任公司）	一人有限責任会社 （一人有限責任公司）	1人の自然人株主もしくは1つの法人株主のみの有限責任会社
		国有独資会社 （国有独資公司）	国が単独で投資し、国務院もしくは地方人民政府が委託した同級人民政府国有資産管理機関が出資者の職責を履行する有限責任会社
		その他の会社	上記以外の有限責任会社
	株式有限会社 （股份有限公司）	上場会社 （上市公司）	株券を証券取引所で上場取引する株式有限会社
		非上場会社 （非上市公司）	上記以外の株式有限会社
分公司 （支店）	中国国内で設立された会社の支店		中国の法人資格を備えない
外国の支店	中国国外で設立された会社の支店		中国の法人資格を備えない

(3) 会社法以外の個別法による分類

下記の分類は、会社法以外の個別法により分類及び規定されているが、それらの管理は日本の法務省登記所に該当する工商行政管理局により行われている。

分類	形態	備考
法人企業	国有企業	原則として、中央政府、地方政府もしくはそれらの補助機関が国有財産を出資して設立した法人企業
	集団所有企業	郷鎮企業等の地域の団体もしくは住民が集団で所有している法人企業
	連合経営企業	形態の異なる企業間もしくは企業と事業単位を構成している社会団体間が共同出資した法人企業
	私営企業	個人の出資により設立した法人企業
	外商投資企業	外資（香港、マカオ、台湾を含む）が入っている法人企業
	その他の法人企業	上記以外の法人格を有する事業を行う団体

事業所	非法人の連合経営企業	日本の共同事業、組合事業のごとくに、法人格を有さず事業活動を行っている者の事業場所
	非法人の事業団体	法人格を有さずに事業を行う団体の事業場所
	個人企業	法人格のない私営企業の事業場所（なお、個人商店等の従業員数が8名未満の私営企業には法人格は付与されない）

(4) 外資系企業の分類

　中国は1978年に改革開放政策を採用し、外資の導入を開始したが、そのための法的基盤を整備するために1979年7月に「合弁企業法」（2001年3月に「中外合弁企業法」に改廃）、1986年4月に「外資企業法」（外国資本100％の中国法人の認可。2000年10月改正）、1988年に「合作企業法」（2000年10月に「中外合作経営企業法」に改廃）を制定した。また、1995年には、商務部が「外国企業の投資による投資性公司設立に関する暫定規定」（2003年6月に「外国企業の投資による投資性公司設立に関する規定」に改廃し、2004年2月に改正）を公布し、外資による持株会社制度を認めた。

　それら各種の外資系企業の形態は、次のとおりである。なお、下表の"外商投資企業"は、外国資本比率が25％以上の企業をいうが、当該比率が25％未満の場合でも会社の登記上は"外商投資企業"と称される（正しくは、"外資比率25％未満の外商投資企業"と記載される）。ただし、その場合は、外商投資企業の待遇（優遇措置など）を享受することができない（「外国投資者の国内企業買収に関する規定」【2006】8号令）。

大分類	形態	備考
外商投資企業	外資企業	100％外国資本の企業であり、"独資企業"と呼ばれている。なお、国内企業保護の観点から、100％外資では認められない事業がある。
	合弁企業	"中外合資経営企業"と称され、国内資本と外国資本の合弁会社である。
	合作企業	国内資本と外国資本との契約型の共同経営事業であり、日本の組合形式による事業に類似しており、経営期間（契約期間）は

		有期である（合弁企業の場合は、有期でなくともよい）。合作企業には、次の2形態がある。 ①法人型……出資者とは別個の法人格を有する法人企業を設立し、当該法人企業が権利義務の帰属主体となるが、合弁企業と異なる点は、合弁企業が出資割合に応じて議決権、配当、残余財産分配権等が決められるのに対して、合作企業ではそれらの条件は出資割りではなく、合作事業に係わる契約により決定できる点にある。 ②非法人型……出資者とは別個の法人格を有する法人企業を設立することなく運営される共同事業であり、日本の任意組合型事業形態である。事業自体は合作企業名で行われるが、当該共同事業に係わる財産権や権利・義務は契約条件に従って、出資者に帰属することとなる。なお、法人格がないので、出資者である国内資本と外国資本の各々の事業所として登記されることとなる。
外商投資企業	持株会社	"投資性公司"と称され（もしくは傘型企業とも呼ばれ、傘下の企業を傘下企業とも呼ぶ）、独資若しくは国内資本との合弁形態がある。外国資本の算入が認められる産業分野への持分投資の他に傘下企業に対する管理・教育・代理業務等のサービス提供、R&D活動等を行うことができる。
外国法人		上記4形態が中国現地法人企業であるのに対して、外国法人が中国国内に直接進出する形態である。それには、次の4形態がある。 ①支店……外国企業が中国国内で外国企業として事業活動を行うためには、所轄監督官庁の認可、商業登記（すなわち、営業許可証の入手）が必要であるが、中国政府は外国企業の中国国内での事業所開設を制限している。すなわち、2005年10月改正の「会社法」は、外国企業の中国支店の設立を認めているが、その審査手続が明確にされておらず、実務上は銀行・損害保険業務のみが支店として認められているに過ぎない。 ②事業所……支店が外国企業の一部としてかなり広範な事業活動（中国では"生産経営活動"と表記している）を長期間行えるのに対し、事業所は短期の一定期間だけ限定的活動の場として行う場所である。事業所の開設が認められるのは、資源開発（石油及び他の鉱物資源の開発）、建築請負（ただし、中国政府から建設企業資質証書を入手していない外国企業は、国際入札以外の案件を中国国内で請負うこ

とは出来ない)、経営管理請負（外商投資企業の経営管理に限定）、その他の国が特に認めた活動に対してのみであり、事業所の開設も極めて限定的である。なお、事業所開設には、それらの活動の監督官庁による承認が必要である。
③駐在員事務所……支店、事業所と相違し、事業活動を行うことが出来ない駐在員事務所（"常駐代表機構"と表記されている）を開設する場合は、受入保証先（"接待単位"と表記され、商社は対外貿易公司等、業種毎によりほぼ決まった中国側受入機関もしくは取引先である中国企業）を決定し、認可機関である該当業種の主管部門に認可申請することが必要である。
④非法人型合作企業……この契約型合作企業（非法人型）の外国出資者となる形態である。

2．納税義務者（企業所得税法第1条、2条、実施条例第2条から5条）

企業所得税の課税対象者は、中国国内企業（新税法上は、「居住者企業」という）と中国国外企業（同じく、「非居住者企業」という）であり、両者は、それぞれの事業活動に応じた所得に対して企業所得税を納付する。

(1) 中国国内企業（「居住者企業」）

中国国内企業とは、中国の法律に基づいて中国国内で設立された企業と、外国（及び地域）でその外国（及び地域）の法律に基づいて設立されたにもかかわらず、実質的な管理機構を中国国内に有する企業をいう。具体的には、従前の内資企業（外資25％未満企業）と独資企業（外資100％企業）、合弁企業（外資25％以上と中国資本との合資企業）、合作企業（契約型合弁企業）が含まれるのは無論のこと、外国（及び地域）で設立された外国法人が中国国内で企業の生産経営活動（すなわち、事業活動）や人事、会計及び資産について実際にその全体の管理やコントロールを行っている場合も居住者企業として取り扱われる。すなわち、英国と同様の設立根拠法主義と管理支配地主義を併用している。

そのような居住者企業は、中国国内源泉所得のみならず国外源泉所得も課税対象に含まれることになる。なお、中国の法律に基づいて中国国内で設立されたにもかかわらず、個人独資企業やパートナーシップ企業(非法人型合作企業)は企業所得税法の適用を受けず、出資者に対して課税がなされる。

(2) **中国国外企業（「非居住者企業」）**

中国国外企業とは、外国（及び地域）の法律に基づいて設立された中国国内に上述の実質的な管理機構がない企業、そのような管理機構に該当しない事業を行う一定の機構・場所（一般的に言われるところの「恒久的施設」；PE：Permanent Establishment）を有している企業、もしくはそのような場所を設けていないが中国源泉所得を有する企業をいう。

(3) **事業を行う一定の機構・場所（「恒久的施設」；PE：Permanent Establishment）**

前述の事業を行う一定の機構・場所とは、管理・営業・事務機構、工場や天然資源の採掘現場、建設等の現場及び営業代理人（受注や販売契約の専属的権限を付与された受託者）いう。

日中租税条約（正式には「所得に対する租税に関する二重課税の回避及び脱税の防止のための日本国政府と中華人民共和国との間の協定」、1984年発効）は、第5条において、「PE：Permanent Establishment；恒久的施設」とは「事業を行う一定の場所」であり、企業がその事業の全部もしくは一部を行っている場所と定義しており、具体的には、次の通りとなる。

内容	原則	例外
①具体的な施設	事業の管理の場所、支店、事務所、工場、作業場、天然資源の採取場所等	その活動内容が、 1）本社商品の在庫の保管、 2）本社のための商品購入、情報収集 3）本社のための準備・補助的活動

		は PE 課税取引とされない。
②工事現場 PE	6ヶ月超の期間存続する工事現場（プラント建設・組立・据付工事の監理活動を含む）	
③役務提供 PE	使用人による単一の工事または複数の関連する工事について12ヶ月の間に6ヶ月超の期間にわたるコンサルティング役務提供契約	機械・設備の販売又は賃借に係るコンサルティングについてはPE課税取引とされない。（注）
④代理人PE	①企業を代理し契約を締結する権限を有し、当該権限を常時行使する者（常習代理人） ②専らまたは主として当該企業または当該企業にコントロールされる他の企業のために反復して注文を取得する者（注文取得代理人）	独立的な地位を有する代理人はPEとされない。

(注)「日中租税条約　議定書」第1条

　中国においては、PE の認定基準が明確ではなく、時には駐在員事務所や長期出張者の活動が国内法の適用を受けて PE 課税を受ける場合もあるため、充分な備えが必要である。また、PE 認定がなされた場合には、税務局がそのサービス内容により、推定利益率を判定することになるが、いったん、利益率の判定が行われた場合は、それを覆すことは不可能に近い。なお、PE 認定を受けた場合は、以下の課税が行われることになる。

❶　企業所得税

> 企業所得税額＝報酬額×推定利益率（10％～40％）×企業所得税率（25％）

❷　営業税

　営業税（サービス取引や無形資産・不動産譲渡取引に対して課される税金。なお、動産の販売、修理代等に対しては増値税）も課されることになる。この理由は、営業税は中国国内におけるサービス取引が課税対象となるため、PE

認定された取引は、明らかに営業税課税対象取引と判断されるためである。

❸ 個人所得税

個人所得税に関しては、中国での暦年による滞在期間が183日以下で次の条件に該当した場合、日中租税条約第15条の規定により、中国での課税が免除される"短期滞在者免税"。

① 給与の支払いが中国国外の者から行われている。
② 給与の負担が中国国内の者より行われていない。

PE認定を受けた場合は、PE認定の業務関連で中国へ出張した個人の給与が、実際に当該PEで負担されているか否かにかかわらず、「中国国内（PE）で負担されている」とみなされるため、上記②の条件に該当しないことになる。よって、上記の免税措置が適用されない。当該個人の給与のうち、同業務に関連する業務の対価に相当する部分については、個人所得税の対象となり、具体的には、当該年度の給与額を基準にして、中国滞在日数に応じて個人所得税が算定されることになる。

なお、PE認定により企業所得税や個人所得税を中国で納税した場合は、日本において外国税額控除の適用を受けて、その一部を取り戻すことは可能であるが、そのための税務上の諸手続が必要である。

第2章　課税所得額

1．企業所得税の基本構造

(1) 基本構造

　確定申告方式による企業所得税の税額算定に至る基本構造は、次図に示したとおりである。

企業所得税の基本構造

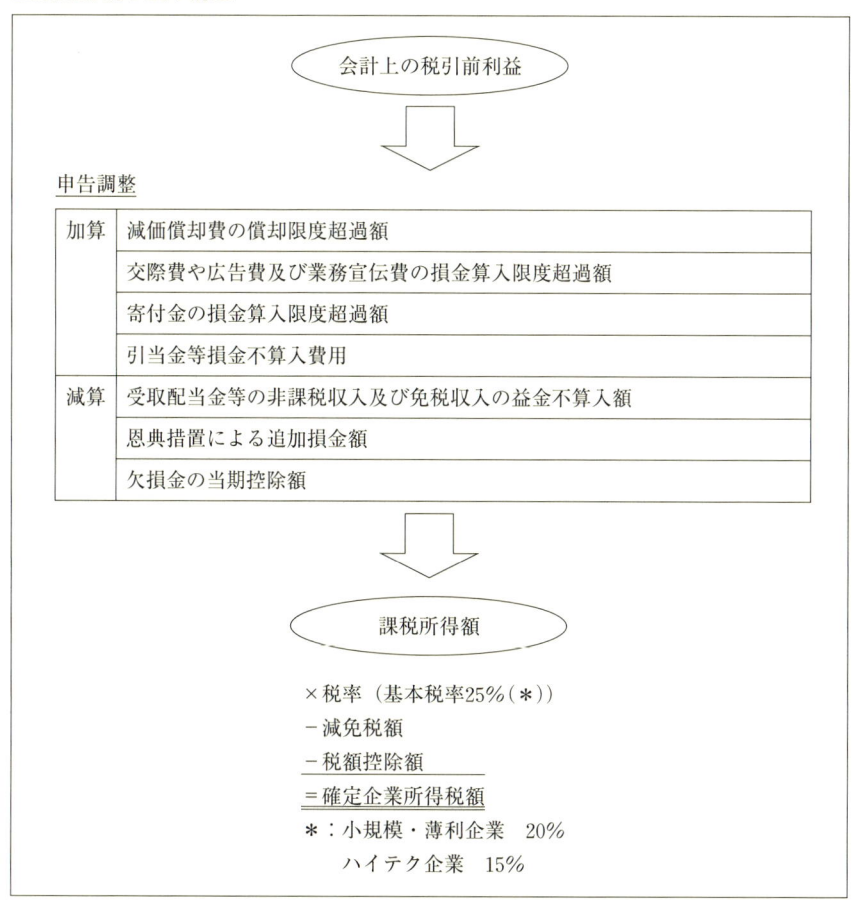

```
           会計上の税引前利益
                 ↓
申告調整
┌────┬──────────────────────────────┐
│ 加算 │ 減価償却費の償却限度超過額          │
│    ├──────────────────────────────┤
│    │ 交際費や広告費及び業務宣伝費の損金算入限度超過額 │
│    ├──────────────────────────────┤
│    │ 寄付金の損金算入限度超過額          │
│    ├──────────────────────────────┤
│    │ 引当金等損金不算入費用            │
├────┼──────────────────────────────┤
│ 減算 │ 受取配当金等の非課税収入及び免税収入の益金不算入額 │
│    ├──────────────────────────────┤
│    │ 恩典措置による追加損金額          │
│    ├──────────────────────────────┤
│    │ 欠損金の当期控除額              │
└────┴──────────────────────────────┘
                 ↓
            課税所得額
         ×税率（基本税率25％（＊））
         －減免税額
         －税額控除額
         ＝確定企業所得税額
         ＊：小規模・薄利企業　20％
            ハイテク企業　15％
```

　課税所得額は、原則として中国の会計基準に基づき発生主義による各納税年度の収入総額から原価、費用及び損失、非課税や免税収入を控除・減額した残額（利益）であり、損失には、補填することが認められる過年度の損失額も含められる。つまり、課税所得額は、益金（税務上の収益）から損金（税務上の費用）を控除して計算されることになるが、実際には別途に算定された益金から損金を控除して計算するのではなく、企業会計上の損益計算書で収益から費用を控除して計算した当期税引前利益に企業会計上の「収益・費用」と企業所得税法上の「益金・損金」の異なる部分を調整（加算、減算）して、企業所得

税の課税所得額を計算することになる。

　なお、企業は年度の監査報告書に申告調整のための納税調整表（様式は法定化されていないが、日本の別表四に相当する。なお、別表五に相当する資料はない）を添付することが義務付けられている。

(2) 中国会計制度の概要

　上述のごとく、企業所得税の課税所得額は、企業会計上の税引前利益額をその算定の基礎としているので、ここで中国の会計制度の概要を述べる。

　中国は、1985年に「会計法」を制定し、1992年に同法を改正するとともに日本の企業会計原則に相当する「(旧) 企業会計準則（基本準則）」及び財務管理の基本原則を定めた「企業財務通則」を定めた。(旧) 企業会計準則（基本準則）の下に16項目の個別事項に関する具体的な会計処理方法を定めた具体準則が定められている。この具体準則には、当時の国際会計基準（IAS）の2号（棚卸資産）、7号（キャッシュ・フロー計算書）、8号（会計方針・会計上の見積りの変更、会計上の誤謬の修正）、10号（後発事象）、11号（工事契約）、16号及び38号（非貨幣取引）、17号（リース取引）、18号（収益）、23号（借入費用）、24号（関連者との取引の開示）、28号及び39号（投資）、34号（中間財務諸表）、37号（偶発事象）、38号（無形資産）、39号（債務再編）が導入されているが、その全てが全企業に適用されるわけではなく、上場企業のみ、もしくは株式会社及び企業会計制度適用対象企業にのみ適用される準則もある。

　さらに、2006年に国際会計基準との統合が図られた「(新) 企業会計準則」が制定され、その中に基本準則と32の具体準則が定められた。この (新) 企業会計準則は、2007年から中国国内上場企業等には強制適用され、その他の企業も適用することが奨励されているが、強制適用ではない。

　以上のごとく、中国では、国際会計基準を尊重しつつも中国固有の事情により国際会計基準と異なる内容を有する固有の会計処理基準が定められており、しかも上場企業と非上場企業に異なる会計準則が適用されているのが現状である。また、外商投資企業に対して、各種の会計制度、処理方法に関する通達が

公布されている。

　なお、企業所得税法及びその実施条例は若干の個別条項に用語の定義を定めているが、それ以外には固有の定義条項が無く、多くが会計法及びその準則等における定義を借用している。

　以下に企業会計制度（多くの企業が現在時点において遵守しなければならない2000年公表の企業会計制度と「（旧）企業会計準則」をベースとする）における、企業の損益に関連する主な事項に対する会計処理基準の概要を示す。

項　目	企業会計制度上の処理
費用・収益の認識方法	発生主義を原則とする。
売上計上基準：①原則	実現主義（販売した製商品に対する所有権・管理権の買手側への完全な移転、売手側への経済的便益の流入、関連する収入及び原価の額の確実な算定が可能である状況）による。
②建設工事契約及び役務提供	工事期間や役務提供期間が2期以上にまたがる場合には、契約結果の見積りに信頼性がある場合（収入額及び原価額の見積り、経済的便益の流入、進捗度の判定に信頼性がある場合）には工事進行基準、信頼性がない場合には、①見積原価相当額の補償が得られる場合は、発生原価と同額を収益及び原価とする、②見積原価相当額以下の補償しか得られない場合は、補償される原価に対応する収入見込額を収入額とし、発生時に原価を費用処理する、③一切の補償が得られない場合は、発生原価を費用処理する。進捗度は、完了済み工事部分、工事総量に占める完了工事部分、または総原価に占める発生原価割合により算定される。
③割賦販売	回収期日到来基準による。
④資産使用権の長期譲渡	利息部分は、契約による使用期間と適用金利による期間計算、使用料は期間按分する。
貸倒引当金	債権の回収可能性に基づき、発生すると見積もられる貸倒損失に対する必要額を計上する。
棚卸資産	(1)　取得原価は、取得形態により次のごとくに算定される。 　　①外部購入……実際の購入価格に仕入付帯費用（ただし、商社では期間費用として処理している）、運送中の合理的な範囲の消耗、検収費用、関税や増値税等を含めた価格 　　②自家製造……実際製造原価 　　③現物出資……投資者が認識した価値相当額

	④代物弁済……対象となる債権額から控除可能な増値税の仕入税額を控除後の差額に対する税額を加算した額 ⑤贈与……贈与者が関連証憑（インボイス、通関証明等）を有する場合は、証票に示された価格に支払うべき税金額を加えた額、関連証票がない場合は、当該物品の適正時価に関連する税金額を加算した額(市場がない場合には、将来実現見込額の現在価値額) (2) 評価の原則は、低価法（取得原価と正味実現可能価格、いずれか低い金額）。商品価値のない棚卸資産は費用処理されるが、低価法適用に伴う取得原価と正味実現価格との差額は、棚卸資産評価損失引当金に計上される。 (3) 評価方法は、先出先出法、総平均法、移動平均法、個別法、後入先出法等による（新準則は、後入先出法の採用は認めておらず、移動平均法も列挙されていない）。
長期投資： ①連結決算	株式公開会社等の連結財務諸表作成義務のある企業は子会社（50％超所有、もしくは実質的被支配企業。ただし、営業停止、破産、短期所有目的等の場合は除外)を連結決算対象とする。なお、合弁企業に関しては、持分相当額の資産・負債・損益等を連結する比例連結となるが強制適用ではない。
②持分法	個別財務諸表においても、議決権割合20％以上、もしくは20％未満でも重要な影響がある企業に対する出資持分は持分法により評価する。なお、新準則では単体財務諸表における持分法の適用はなく、原価法によることとなっている。
③その他	原則として原価法による評価であるが、短期投資は低価法による。なお、減損処理の対象となる。
固定資産： ①取得原価	取得原価は、取得形態による下記項目と当該資産を使用可能な状態にするまでの費用の合計である。 　①外部購入……購入価額に購入付帯費用、据付費用、関税等の関連税金(輸入設備に対する増値税還付額は、取得原価から控除する) 　②自家製造……実際製造原価 　③現物出資……投資者が認識し、資産評価事務所の承認を受けた価額 　④代物弁済……棚卸資産に同じ 　⑤贈与……棚卸資産に同じ 　⑥ファイナンスリース……リース開始時における当該資産に対する貸し手側の帳簿価額と最低リース料総額の現在価値のいずれか少額を取得原価とし、最低リース料総額と取得原価の差額は、未認識金融費用として、リース期間にわたって実際利率法、定額法、級数法等の方法で償却する。なお、ファイナンスリースと

		は、実質的に資産の所有権と関連するリスクの全てが借り手に移転するリース契約と定義されており、その他のリース契約がオペレイティングリリースである。
	②改造費	資産の価値の増加、または使用可能期間の延長をもたらす改造費は、固定資産原価（一部の改造費は無形資産）に計上し、償却により費用化する。
	③減価償却	経済的見積耐用年数に基づき、見積残存価額を控除した額を定額法、200％定率法、生産高比例法、級数法等の方法により償却する。
	④減損処理	遊休・陳腐化・損傷・劣化等の理由で固定資産（建設仮勘定を含む）の回収可能価額が帳簿価額を下回る減損額は、固定資産評価損失引当金に計上される。回収可能価額とは、当該資産の評価時点における純見積処分価額、もしくは使用終了時も純見積処分価額の現在価値のいずれか高い価額であり、個別資産ごとに算定される。なお、新準則は、旧準則で認められていた当引当金の洗い替えを認めず、一旦計上した引当金の戻入れは認められないが、減損額の算定が個別資産単位では困難な場合には、資産グループ単位の評価を認めている。
無形資産： ①内容		無形資産は、企業がその事業目的で所有する実体のない非貨幣性長期資産であり、識別可能な無形資産として、特許権、非特許の技術、商標権、著作権、土地使用権等が含まれ、識別不能な無形資産は他者から購入した営業権（のれん）をいう。従って、自己創設のれんは無形資産を構成しない。
	②取得原価	原則として固定資産の取得原価と同じ。ただし、株式会社の設立時における現物出資にあっては、出資者の帳簿価額を引き継ぐ。
	③償却	予定使用期間（契約、もしくは法律が有効期間を規定している場合には、いずれか短い期間以下であり、期間が規定されていない場合は最長10年）により定額法で償却する。
	④減損処理	無形資産も減損処理の対象となり、減損額は無形資産評価損失引当金に計上する。当引当金に関しても、旧準則は洗い替えを認めるが、新準則では認められない。
長期前払費用： ①原則		原則として、支出・費用発生年度以降にも効果が及ぶ項目は、長期前払費用として効果の及ぶ期間で償却する。
	②開業費	長期前払費用に計上され、各々設立時（営業許可書に記載された設立日）、開業時（実務的には、最初の売上インボイス発行日）の費用とする。
	③試験研究・開発費	原則として、発生時の期間費用であるが、一定の条件を充足する場合には、無形資産に計上可能である。
外貨換算		外貨建取引は、取引日の為替レートまたは期首の為替レートで人民元に換算し、期末における外貨建債権・債務は期末日レートで換算する。為

	替換算差損益は、当期の財務費用にするのが原則であるが、その利息を固定資産等の原価に算入する必要がある借入債務の換算差損益は、借入費用の増減額として処理する。
税効果会計	旧準則では任意適用であるが、新準則では強制適用である。
後発事象	決算日後から董事会が財務報告の提出を承認した日の間に生じた後発事象の内、前期の財務書類を修正すべき事項（資産を減損処理すべき事項の発生、貸倒の発生、負債額増額を必要とする事象等）があれば、前期の財務書類を修正しなければならない。他は注記事項となる。

2．課税対象所得の範囲（企業所得税法第3条、実施条例第6条から8条）

　居住者企業は、全世界所得（中国国内及び国外源泉所得）が確定申告課税の対象となる。

　一方、非居住者企業である中国国外企業は、PEに実質的に関連する中国国内・国外所得は確定申告課税、PEに関連しない中国国内源泉所得は源泉徴収課税の対象となる。

　新企業所得法上の所得源泉地の定めは次のとおりであるが、租税条約に異なる規定がある場合には、租税条約の規定が優先適用される（企業所得税法第58条）。

　なお、非居住者企業に対する源泉徴収課税に関しては、161頁以下を参照。

① 物品販売所得は、取引活動の発生場所（すなわち、帳簿上で売上を計上した場所ではなく、当該売上取引獲得のための活動をした場所である）

② 役務提供所得は、役務の発生地（提供地）

③ 財産譲渡所得は、権益性投資資産（投資持分）の譲渡所得は投資先企業の所在地、不動産譲渡所得は不動産の所在地、動産譲渡所得は動産を譲渡する企業または機構・場所の所在地（従って、中国企業や外国企業の中国支店が有する外国法人株式の譲渡損益は、国外源泉所得となる）

④ 配当所得は、配当を実施する企業の所在地

⑤ 利子、賃貸料、特許権使用料所得は、所得を負担あるいは支払う企業ま

たは機構・場所の所在地であり、それが個人である場合には当該個人の住所所在地
⑥　その他の所得は、国務院財政、税務署轄部門が確定する

　以上のごとく、明解に規定されているが、経済取引の複雑化に伴い当規定どおりの分類が困難となる事態が生ずる可能性が危惧されるが、順次通達等で補充されると思われる。

　なお、「国務院財政、税務所轄部部門」とは、財政部及びその傘下の地方局（国務院財政）と国家税務総局及びその傘下の地方税務局（税務所轄部門）を意味し、それらに対して権限を付与していることとなる。

3．収入（益金）の認識基準と評価

(1)　収入の範囲

　収入（益金）には、以下の貨幣もしくは非貨幣の形式で取得した収入が含まれると規定されている（企業所得税法第6条）。すなわち、以下は限度列挙ではなく、主な収入を示したものであり、前述のごとく、企業会計上の総収入がベースとなると解される。

　①　物品販売収入（実施条例第14条）
　　　企業が商品、製品、原材料、包装物、定額消耗品、及びその他の棚卸資産を販売して取得した収入をいう。
　②　役務提供収入（実施条例第15条）
　　　企業が建築据付、修繕、交通運輸、倉庫保管、賃貸、金融保険、郵便通信、コンサルティング、文化教育、科学研究、技術サービス、教育研修、飲食宿泊、仲介代理、衛生保険、コミュニティサービス、旅行、娯楽、加工などの役務提供サービスに従事して取得した収入をいう。
　③　財産譲渡収入（実施条例第16条）
　　　企業が固定資産（日本では有形固定資産）、無形資産（日本では無形固定資産）、生産性生物資産、出資持分、債権などの財産を譲渡して取得し

た収入をいう。

④　株式利子、配当金（実施条例第17条）

　　企業が権益性投資出資持分に対する投資を行い、被投資者から取得した果実としての収益をいう。ただし、居住者企業または中国国内のPEに実質的に帰属する株式非公開の中国居住者企業からの権益性投資果実は、免税収入となる。また、株式を公開している中国居住者からの配当金収入は、当該企業の発行した株式を12ヶ月以上保有しなければ免税収入とはならない（企業所得税法第26条、実施条例第83条、77頁参照）。なお、当規定は持分割合に関する条件を付しておらず、非公開企業に関しては保有期間の条件を付していない。

⑤　利息収入（実施条例第18条）

　　企業が資金を他者の使用のために提供するが、権益性投資を構成しない、もしくは他者が企業の資金を占有することにより取得した収入をいい、預金利息、貸付金利息、債権利息、延払い金利息などの収入を含む。ただし、国務院財政部門が発行した国債の利息は、免税収入となる（企業所得税法第26条、実施条例第82条）。

⑥　賃貸料収入（実施条例第19条）

　　企業が固定資産、包装物、もしくはその他の有形資産の使用権を貸与して取得した収入をいう。

⑦　特許権使用料収入（実施条例第20条）

　　企業が特許権、非特許技術、商標権、著作権などの使用権を貸与して取得した収入をいう。

⑧　受贈益収入（実施条例第21条）

　　企業が受け入れたその他の企業や組織もしくは個人から無償提供された貨幣性資産と非貨幣性資産をいう。

⑨　その他の収入（実施条例第22条）

　　上記①から⑧以外の収入をいい、具体的には資産の棚卸差益収入、期限を過ぎても返却されない包装物の保証金収入、支払いが不要となった未払

金、貸倒損失の処理を行った後に回収された売掛金、債務再構築による収入、補助金収入、違約金収入、為替差益などが含まれる。

(2) **貨幣性及び非貨幣性収入**（実施条例第12条）

　収入には、貨幣形式で取得した収入（貨幣性収入）と非貨幣形式で取得した収入(非貨幣性収入)が含まれる。貨幣性収入には、現金、銀行預金、売掛金、受取手形、期限到来まで保有される見込みの債券を対価とする収入や債務免除が含まれる。また、非貨幣性収入には、固定資産、無形資産、生産性生物資産、持分投資、棚卸資産、期限到来まで保有される見込みのない債券投資や役務の提供等を対価とする収入が含まれる。

　非貨幣性収入は、対価となった資産や権益の公正な市場価額に基づき評価し、収入額として認識される（実施条例第13条）。ただし、貨幣性収入の評価方法は明示されておらず、債権・債券で回収された場合における実務上の問題が残された。

(3) **非課税収入**（企業所得税法第7条、実施条例第26条）

　益金算入されない非課税収入には、以下の収入が規定されている。なお、税優遇措置としての免税収入に関しては、76頁参照。

① 財政交付金

　各級の政府が予算管理に組み入れられた事業単位や社会団体などの組織に支払う財政資金をいう。

② 法に基づき受け取った財政管理に組み入れられる行政事業性収入や政府関係基金

　行政事業性収入とは、関連規定に基づき、国務院の規定により認可を受けた社会公共管理の実施や公民、法人もしくはその他の組織に対する特定の公共サービスの提供の過程において特定の対象から受け取り、かつ財政管理に組み入れられる費用をいう。

　政府関係基金とは、企業が関連規定に基づき、政府の代わりに受け取る

専用用途を有する財政資金をいう。

③ 国務院が規定するその他の非課税収入

企業が取得する国務院の認可を受けた国務院財政部及び税務局が専用用途を規定する財政資金をいう。

なお、非課税収入に対応する費用及び資産の減価償却費は、税務上の費用（損金）として取り扱うことができない（実施条例第28条第2項）。

(4) **非居住者企業の課税所得**（企業所得税法第19条）

源泉徴収課税の対象となる非居住者企業の課税所得額については、162頁以下参照。

(5) **収益（益金）の認識基準**

収益認識基準は、原則として中国企業会計準則の（権利確定）発生主義によるものとされている。ただし、厳格な権利確定主義や実現主義といった狭い概念で捉えるのではなく、会計実践の中でごく自然に、かつ、公正妥当なものであれば税務上も受け入れると考えていい。内容的には日本の法人税法の収益認識基準に類似する。

すなわち、収益認識基準は原則として、出庫基準等の会計上の収益認識基準に準ずることになる。なお、増値税法上は、代金の回収もしくは回収期日の到来をもって売上増値税の認識が行われるため、増値税法上の売上証憑である「発票」もこの段階で発行されることが多い（つまり、増値税法上の売上認識時期となる）。このように、企業所得税法上の収益（売上）認識時点と増値税法上の売上増値税の認識時期の考え方が実務上必ずしも一致しているわけではないことに留意する必要がある。

また、以下の収入については、税法上その収益認識時期が特に定められている。

収　　　益	収益認識基準
①　株式利子や配当金（実施条例第17条）	被投資者の利益分配決定日
②　受取利息（同18条）	契約書上の約定受領日
③　賃貸料（同19条）	
④　特許権使用料（同20条）	
⑤　受贈益（同21条）	贈与財産の実際の受領日

　上記②～④の収入に関しては、企業会計上は原則として、発生主義により収益認識されており、上記基準と相違するため、申告調整の対象となると思慮される。一方それらの項目の支払者側に関しては、特段の定めがないため、発生主義による費用認識が税務上も認められることとなる。したがって、これらの項目に関しては、税務上の収益認識時点と費用認識時点とが相違することとなる。

　さらに、特殊な販売形態に対しても、その売上形態に応じて収益の認識基準が以下のように定められている（実施条例第23条）。

①　割賦販売：契約書に約定された代金の受取り日基準の適用が認められている。

②　建築工事：1年超の工事（建築、据付、組立工事など）については、工事進行基準の採用が認められている。

③　長期製造：1年超の製造（大型の機械設備、船舶、飛行機などの製造）については、同様に工事進行基準の採用が認められている。

　　なお、工事進行基準における具体的な収益計算方法は、新税法及び会計準則ともに明示されていない。

(6)　**みなし販売による収益認識**（実施条例第25条）

　物品や役務の提供による寄付、広告、債務の返済、サンプルの提供、従業員に対する福利厚生、利益配当及び物々交換（非貨幣性資産の交換）を行う場合には、物品販売やサービスの提供及び資産譲渡が行われたとみなして、収益を

認識しなければならないとされている。このようなみなし販売行為については、従前は、増値税法上で規定されていただけで、外資企業に対する企業所得税法（旧外資企業所得税法及び実施細則）においては、規定されていなかった。このため、従前の実務では、増値税についてはみなし販売行為があったと認められる場合は増値税の課税対象取引として課税されていたが、企業所得税の取扱いについては、明確な指針がないまま、特に課税対象とはされていなかったが、今回の規定によりみなし販売として収益認識することが必要となった。

一方、対象となる費用については控除対象となるのかについては明確にされていないが、理論上は、控除できるものと解される。

4．費用（損金）の認識基準と評価

(1) 費用（損金）の認識基準と要件

費用認識基準は、原則として権利・義務確定主義によるものとされている。具体的には、収入の取得に関連して企業の業務遂行上で発生した原価、費用、損失、税金などの支出について、「債務確定」の概念に基づき、その債務の発生により認識し、支出額を評価、測定することになる。収益認識基準と同様に、内容的には日本の法人税法の費用認識基準に類似する。その基準とは、ある費用としての支出、またはある損失としての支出が、税務上の損金として認められるためには、原則として、次の要件を充たす必要がある（実施条例第27条参照）。

① 企業の収益獲得活動遂行上、必要なものであること
② 通常、適正と認められる金額及び項目であること
③ 益金の額に対応する損金であること
④ 支払義務が確定している債務であること
⑤ 支払義務者に対価物の処分権が与えられていること

なお、中国企業会計制度では減損会計が導入されており、棚卸資産、固定資産、無形資産や投資について評価損計上及び負債性引当金の計上が行われるが、税務上は、原則として、引当金の損金算入は認められない

(2) 損失の取扱い（実施条例第32条）

　企業の生産経営活動過程において発生した流動資産（棚卸資産等）及び固定資産の価値減価、毀損、廃棄に基づく損失及び自然災害等による不可抗力の財産損失は、損金として取り扱うことができる。実務上の取扱いとしては、企業所得税の年度申告を行う際に、損失財産の内容、程度、数量、価格及び損失理由、損失日などを記載した説明書と財産損失証明資料を提出し、税務上の損金として扱うことになるが、その実務指針については、各地域で公布される補足通達や実施細則に委ねられることになる。

　なお、貸倒損失については、従前の外資企業所得税法で定められていたような詳細な規定は新税法では規定されていない。また、既に損失として処理された資産損失や貸倒損失を、以後の納税年度に回収した際には、回収した期の収益として計上しなければならない。

(3) 損金不算入項目（企業所得税法第10条）

　課税所得額の計算上、損金算入が認められていない項目は以下の通りである。

損金不算入支出	損金不算入の理由
① 投資者に支払った株式利子や配当金	資本取引とされる
② 企業所得税額	政策的に損金とされない
③ 税金の滞納金、罰金	制裁目的により損金としていない
④ 違反に係る罰金、没収による損失	
⑤ 寄附金・寄贈（中国国内の公益に資するものを除く）	事業活動との直接的関連性がない
⑥ 賛助支出	
⑦ 未承認の引当金	見積債務であり、確定債務ではない
⑧ 生産・経営業務と関係ない（収入の取得に関係しない）支出	事業活動との直接的関連性がない

　なお、上記表⑦「未承認の引当金」については、特定事業に対しては、今後、ある一定範囲の引当金が損金として取り扱われることが認められる方向にある

(旧外資企業所得税法では、金融機関については債権残高の3％までの貸倒引当金の損金算入が認められていた)。

なお、実際に貸倒れや財産損失が発生した場合には、企業は四半期もしくは年度の企業所得税申告書を提出する際に、当該貸倒損失及び財産損失についての理由説明及び関連証明資料を提出する必要があり、管轄税務当局は納税申告書を審査する際に、これらの資料に基づき審査を行う。審査の結果、資料が不十分と認められる場合には、税務当局が事実確認のための調査を行うため、必要に応じて追加資料の提出を要求される可能性がある。また、当該調査の結果、損金処理された各損失が、計上要件を満たさないと判断された場合には、税務調整（更正）が行われることとなる。

また、上記表以外の費用や原価であっても、適切な証憑（有効な「発票」）がない場合には、原則として、税務上の損金として取り扱うことができない。

以下は、実施条例に示された損金項目（収入と同様に限定列挙ではないと解される）とその内容である。

⑷ **従業員の賃金・給与**（実施条例第34条）

企業で発生した合理的な範囲内の賃金・給与は、全額、損金算入が認められることになっている。ただし、実務上は、従前の取扱いと同様に、年度企業所得税申告書を提出する際に、支払基準などの根拠資料を提出することが求められると考えられる。ここでいう賃金・給与には、雇用されている従業員に対して支払われる現金もしくは非現金性の労働報酬をいい、基本給与、各種手当、補助金、賞与、年末の臨時賞与等が含まれる。

なお、特定の従業員に対する賃金・給与の割増し損金算入の優遇措置に関しては、94頁参照。

⑸ **保険料**

① 法定の社会保険料及び補充養老保険料等（実施条例第35条）

従業員のために支払われる基本養老保険料、基本医療保険料、失業保険

料、労災保険料、生育保険料等の基本社会保険費（法定福利費）及び住宅積立金は全額、損金算入が認められることになっている。なお、その支払比率は、毎年、各省レベルの人民政府により定められ、公布されることになる。そのため、当該比率は中国国内の各地域において異なる。

　なお、補充養老保険費や補充医療保険費については、別途、国務院財政部及び税務局によって定められた範囲と限度額に応じて、損金算入が認められることになる。

　また、中国国内で勤務する従業員に係る中国国外社会保険料については、給与処理を条件として損金処理が認められる（通達1998年国税発101号）。

② 　従業員のための商業保険料（実施条例第36条）

　原則として、企業が任意に民間の保険会社と契約し、支払われる商業保険料（生命保険及び損害保険）は、損金算入が認められないことになっている。しかし、掛け金は現物給与として、従業員の個人所得税の課税所得に含まれることになるため、実務上、企業所得税と個人所得税の二重課税が発生することになる。

　なお、例外措置として、危険作業等に従事する特殊職種の従業員のために支払われる人身安全保険費については、損金処理が認められることになっている。

③ 　財産保険料（実施条例第40条）

　企業が所有する資産に対する財産保険（損害保険）の保険料は、損金として認められる。

(6) **支払利息**（実施条例第37条、38条）

　借入金（運転資金等の借入）に係る支払利息については、合理的利率（金融機関の同期間における同種の貸付金利率）の範囲において、その発生額を当期の損金として算入（期間費用処理）することが認められている。

　なお、固定資産や無形資産の購入及び12ヶ月以上の建造期間を経て販売可能な状況になる棚卸資産の購入もしくは建造のための借入支払利息のうち、当該

資産の使用前に係る部分については、関連資産の取得原価に算入しなければならず、減価償却等により費用化（損金算入）され、発生期の期間費用とはされない。

企業所得税法は、支払利息の原価算入の計算式を規定していないが、旧企業会計準則は、次のごとくに定めている。

① 原価算入対象となる資金は、対象資産の購入・建造に直接に対応する資金（専用のひも付き資金）であり借入金、社債が含まれ、支払利息以外に発行費、為替差損益も原価算入の対象となる。社債が使用前に一時的に預金等の形態で運用されている場合には、運用に伴う利息収入等を社債発行費から控除した後の純資金コストが原価算入の対象となる。なお、新会計準則ではひも付き資金ではない一般資金であっても、購入・建造に充当された場合には、その資金コストも原価算入の対象となる。

② 各会計年度に資産化すべき資金コストの算定式は、次のとおりである。

"対象資産への支出累計の加重平均額(A)×資本化率(B)"

(A)の支出累計の加重平均額＝（対象資産への支出額×当該支出の当期末までの日数（または月数）(*)／当会計期間の日数（または月数）

＊：従って、期首現在の支出累計額の当期末における日数は、365日となる（減額された場合、もしくは期中に完成・取得した場合を除く）。

(B)の資本化率は、当該資金の実質利率であり、複数の資金が使用されている場合は、加重平均利率を使用する。

なお、社債発行費用（及び発行差金）は、当該社債の期間及び残高に応じて償却し、各会計年度の償却額を含む実質金利で利率を算定する。

③ 対象資産の製造等が非経常的理由により3ヶ月以上中断された場合には、中断期間中の資金コストは原価算入の必要はなく、期間費用として処理する。

過少資本規定に関しては、172頁を参照。

(7) 福利（厚生）費（実施条例第40条）

従業員の福利厚生のために支出される費用については、従業員の賃金・給与総額（外国人の賃金・給与も含まれる）の14％を限度として損金算入することが認められている。

(8) 労働組合費（実施条例第41条）

企業内に設けられた労働組合運営のために支出される費用は、従業員の賃金・給与総額（外国人の賃金・給与も含まれる）の2％を限度として損金算入することが認められている。

(9) 従業員の教育費（実施条例第42条）

従業員のために支出される教育訓練費は、従業員の賃金・給与総額（外国人の賃金・給与も含まれる）の2.5％を限度額として損金算入することが認められている。なお、当年度に控除しきれない超過部分については、翌期以降に繰越控除される。

すなわち、上記の福利費、労働組合費及び後述の接待交際費や公益性寄附金の損金算入限度超過額は打切りとなるが、この教育費及び後述の広告費（及び業務宣伝費）の限度超過額は、翌期以降に繰り越され、繰越期間において同様の限度計算の対象となる。

(10) 接待交際費（実施条例第43条）

業務に関連して発生する交際接待費は、実際発生額の60％相当額を損金算入することが認められる。ただし、当年度売上高の0.5％相当額が控除限度額である。

従前は、外国投資企業においては、限度額を超えない限り、交際費の100％を損金算入することができていたが、今後は、少くとも発生額の40％は損金として認められなくなるため注意が必要である。

(11) 広告費及び業務宣伝費（実施条例第44条）

広告費及び業務宣伝費は、当年度売上高の15％相当額を当期の控除限度額として損金算入することができる。なお、超過する部分については、翌期以降に繰り越すことができる。

また、実施条例上、損金として取り扱われる広告費及び業務宣伝費は、「条件に合致するもの」としか定義されていない。そのため、損金として取り扱われない「賛助支出（スポンサー費）」との違いをどのように認識すればいいのかがポイントになってくる。実施条例第54条によると、賛助支出とは、企業において発生した生産経営活動と関係のない各種の非広告性の支出を指す。この両者の違いについては、従前に内資企業に適用されていた旧内資企業所得税法の補助通達で規定されており、税務当局の見解を理解する上で参考になると思われるため、以下に紹介する。

（国税発【2000】84号「企業所得税税引前控除方法」抜粋）

> 納税人が損金対象とする広告費は、厳格に賛助支出と区分されなければならない。なお、その損金対象となる広告費は、以下の条件を充たさなければならない。
> ・広告は工商部門の認可を受けて設立された専門機関（企業内の広告部門等の組織も対象となる）により制作されたものである。
> ・既に実際に費用が支払われて、発票が取得されている。
> ・一定のメディアを通じて宣伝されている。
>
> 広告費及び業務宣伝費として処理される費目が少なくとも上記の条件を充たしている限りは、「賛助支出」には該当することなく、当期の控除限度範囲で適切に損金処理できると考える。また、取得されるべき「発票」については、「広告業専門発票（広告事業従事者が発行する領収書に該当）」に限らないと解されている。

(12) 管理費（マネジメントフィー）（実施条例第49条）

企業間で支払われた事業経営のための管理費（マネジメントフィー、経営指導料）については、原則として、損金算入することは認められていない。それ

は"管理費"の範囲が明確でなく、利益移転の温床になりやすいという中国税務当局の考え方が反映されている。これにより、関連企業間のみならず、第三者企業間での管理費の付替えに関しても損金不算入となる。よって、企業グループ内で提供される管理性行為については、少なくともそれぞれの会社に対する具体的サービス（例えば、記帳代行、従業員の教育訓練、技術指導等）の提供であることが損金算入の前提となる。

同様の主旨で、外国企業の中国国内PEに対して国外本社から配賦される経費は、本社が発行する費用の集計範囲、配賦基準額、配賦の根拠や方法等の証明書類を提供することが可能で、かつ、配賦経費が合理的な場合、損金算入することができる（実施条例第50条）。

⒀ **公益性寄附金**（企業所得税法第9条、実施条例第51条、第52条、第53条）

企業の寄附金は、税法で規定されている公益性・救済性寄贈以外は、損金とすることができない。損金算入可能な公益性・救済性の寄附金支出とは、企業が中国赤十字等の公益性社会団体もしくは、県レベル以上の人民政府やその関連部門を通じて行われた「中国公益事業寄附金法」に規定する公益事業にもちいられるものをいい、受益者へ直接支出される寄附金は含まれない。

上記の「公益性社会団体」には、次の条件をすべて充たす基金会や慈善団体をいう。

① 法に基づき登記され、法人資格を有すること
② 公益事業の発展を趣旨とし、営利を目的としていないこと
③ すべての資産やその付加価値を所有していること
④ 収益及び運営上の剰余金が主として設立目的に合う活動に用いられていること
⑤ 清算後の残余財産がいかなる個人や営利組織に帰属しないこと
⑥ 設立目的と関連しない事業運営を行っていないこと
⑦ 健全な財務会計制度を有していること
⑧ 寄附を行う者がいかなる形式によってもその財産分配に参与しないこと

⑨ その他、国務院財政部及び税務局が国務院民生部の登記管理部門と共同で規定する条件に合致すること

従来は、該当する団体等のリストが作成公表されていたが、当規定に従って新リストが作成される可能性がある。

なお、損金として認められる公益性の寄附金は、控除限度額が設けられており、会計上の税引前利益額の12%までとされており、限度超過額は打切りとなる。

⑭ **試験研究費**（企業所得税法第30条、実務条例第95条）

試験研究費（開発研究費）及びその割増し損金算入に関しては、93頁以下参照。

⑮ **修繕費・改良費**

64頁参照。

⑯ **環境保護等の費用**

100頁以下参照。

5．棚卸資産

(1) **棚卸資産の取得原価**（企業所得税法第15条、実施条例第72条）

売上原価算定の基礎となる製品または商品、生産過程の仕掛品や半製品、原材料等の棚卸資産の評価は、取得原価主義による。また、取得原価は、棚卸資産の購入価格に関連付随費用（運賃、据付費、税金等）を加算した金額となる。

なお、支払利息の原価算入に関しては、55頁以下参照。

(2) **棚卸資産の評価方法**（実施条例第73条）

棚卸資産の評価方法は、先入先出法、総平均法、個別法の中から選択適用する。すなわち、新企業会計準則の定めを先取りして、後入先出法の採用は認め

ず、移動平均法も認められていない。なお、いったん選択した評価方法は、みだりに変更することはできない旨は規定されているが、選択単位（企業毎か、事業所単位か、製品グループ単位か等）に関する定めはない。

(3) 棚卸資産の評価損失引当金

棚卸資産の破損、全部もしくは一部の陳腐化、または販売価格が原価より低いなどの原因により、棚卸資産の原価が正味実現可能価額（企業が正常経営の過程において、見積販売価格から見積製造原価及び販売に必要となる見積費用を控除後の価額）より高い場合、会計処理上、その差額を棚卸資産評価損失引当金として計上しなければならない。

なお、税務上の取扱いは、損金計上条件を充たさなければ、損金計上ができないため、申告調整対象となる。

6．固定資産 （実施条例第57条）

固定資産とは、企業が製造、役務提供、賃貸または経営管理のために所有し、使用期間が1年以上の建物、構築物、機器、機械、運搬具、及びその他の設備、器具工具等をいい、原則として取得原価により資産計上し、減価償却計算を通じて費用化される（支払利息の原価算入に関しては、55頁以下参照）。

なお、新税法では、旧外資企業所得税法で定められていたような生産経営活動に直接関係しない資産に関する資産化計上基準（2,000人民元以上もしくは2年以上使用する生産経営活動に直接関係しない資産は資産計上し、減価償却を通じて費用化する）は、現時点では規定されていない。

(1) 固定資産の取得原価 （実施条例第58条）

固定資産の取得価額は、取得形態により下記の通りに定められている。

取得形態	取得原価の計算方法
購入	固定資産の購入価格に関連付随費用（運賃、据付費、税金等）を加算した金額
自家建設・製造	固定資産を自ら建設・製造するにあたって実際に支出した額
ファイナンスリース	リース契約上の支払い総額に関係費用を加算した金額
価値の棄損	著しい陳腐化、事故・災害等により価値が棄損した固定資産は、同種の固定資産の再調達価額
贈与、現物出資、交換、債務再編	それらを原因として取得された資産の公正価値（適正時価）に関係費用を加算した金額
改良（リース資産と減価償却済みの固定資産を除く）	改良に支出された金額

なお、原則として、固定資産の購入の際に発生する仕入増値税額（仕入税額）は、売上増値税額（売上税額）と相殺せず、固定資産の取得価額に含められる（大連市を含む東北地方、中西部地域、モンゴル等一部の地域では、仕入増値税として控除できることが認められている）。

(2) **減価償却**（実施条例第59条、第60条）

固定資産の取得原価は、減価償却によりその耐用年数の期間にわたって費用化されることになる。

なお、次の固定資産については、減価償却を行って損金処理することが認められていない（企業所得税法第11条第2項）。

・建物、構築物以外の使用に供していない資産（使用していない建物・構築物は償却可）

・オペレーティングリース方式で賃借した資産（賃貸人の資産として賃貸人が償却するため）

・ファイナンスリース方式で賃貸した資産（賃借人が資産計上し、賃借人が償却するため）

・償却済み資産
・事業活動に関係のない資産
・土地
・その他の償却してはならない資産

① 減価償却方法

　減価償却方法は、「定額法」が原則である。

② 減価償却の開始と停止時期（実施条例第59条）

　固定資産の減価償却は、固定資産の使用開始（事業の用に供した）月の翌月から開始し、使用を停止した月に停止し、翌月以降の減価償却はできない。

③ 残存価額（実施条例第59条）

　減価償却上の残存価額は、中国会計基準と同様に、固定資産の性質や使用状況に応じて、企業自らが合理的に見積り、設定することになる。

　なお、いったん決定した残存価額は、みだりに変更することはできない。

④ 減価償却期間（実施条例第60条）

　固定資産の最短の減価償却期間は、次のように定められている。なお、会計基準上は、耐用年数の定めはなく、企業自らが合理的な減価償却期間を設定することになる。従って、例えば建物を企業会計上で30年で償却した場合、税務上も30年で償却することとなる。ただし、10年定率法で償却した場合、20年定額法による償却費との差額は申告調整可能と思慮される。

固定資産内容	最短償却年数
建物、構築物	20年
航空機、列車、船舶、機器、機械及びその他の生産設備	10年
（生産経営活動に関連する）器具、工具、家具等	5年
車両などの運搬具（航空機、列車、船舶を除く）	4年
電子設備	3年

なお、上記各資産の詳細は定義はされていない。
⑤ 減価償却対象額

減価償却対象額は、当該資産の取得原価から見積り残存価額を控除した額である。従って、年間償却費は、次の額となる。

$$\boxed{(取得原価 － 見積り残存価額) ÷ 償却年数}$$

⑥ 減価償却期間の短縮と加速度償却の適用（実施条例第98条）

固定資産が技術の進歩により陳腐化が進みやすい、もしくは振動、腐食、過度の使用状況のために消耗が激しい等の状況にある場合には、償却期間の短縮が認められている。ただし、上述の最短償却年数の60％より短縮することはできない。

また、減価償却方法も、200％定率法（定額法の償却率の2倍の償却率により定率法償却する方法）や級数法等の加速度償却が認められることになる。

従来は、償却期間短縮の規定はなく、償却方法の変更に関しては、税務当局による事前承認なしに行い、税務調査等の段階で合理的でないと判断された場合に否認を受ける形式であったが、この新法では当規定の運用手続に関する明示はない。

なお、当優遇措置の詳細に関しては、97頁参照。

⑦ 中古設備の耐用年数の取扱い

明文上の規定はないが、従来の取扱いでは、中古設備を取得し、その使用可能期間が最短償却年数より短い場合には、取得後の実際に使用可能な年数で償却することとなる。ただし、年度申告の際に、償却した中古固定資産の取得価格、償却年数、使用可能な年数の根拠などについての説明資料の提出が要求されることになる。

⑧ 修繕・改良費

固定資産を通常の使用状態に維持するための維持・修繕費は発生年度の損金となるが、資産価値の増加、使用可能期間の延長をもたらす改良費に

ついては、繰延資産に計上される下記項目を除き、対応する固定資産の取得原価に算入される（実施条例第57条第6号、62頁参照）。
・償却済み資産の改良費
・リース（オペレーティングリースによる賃借）固定資産の改良費
・大修理支出

7．無形資産

　無形資産とされる特許権、商標権、著作権、土地使用権及び暖簾（のれん）等は、取得原価に基づき資産計上されて、固定資産と同様に償却を通じて費用化される。
　なお、以下の資産については、償却を行い損金に算入することはできない（企業所得税法第12条第2項）。
　① 自らが開発し、その開発費用とすでに損金処理した無形資産
　② 自己創設のれん
　③ 経営活動に関係のない無形資産
　④ その他の償却費を計上し、控除してはならない無形資産

(1) **無形資産の取得原価**（実施条例第66条）
　無形資産は、その取得状況に応じて、取得原価が算定されることになる。

取得形態	取得原価の計算方法
購入	無形資産の購入価格に関連付随費用（運賃、据付費、税金等）を加算した金額
自己開発	無形資産を自ら開発するにあたって資本化要件を充たす予定用途に用いることができるようになるまでに実際に支出した額
贈与、現物出資、交換、債務再編	左記を原因として取得した無形資産の公正価値に関係税金費用を加算した金額

(2) **無形資産の償却方法**（実施条例第67条）

　無形資産は、原則として、10年以上の償却期間に基づき定額法をもって償却することとなる。ただし、譲受けや出資により取得した無形資産で、その使用期間が契約上で明示されている、もしくは法律上に規定されている場合は、その使用期間をもって償却期間とする。この取扱い例としては、「土地使用権」が挙げられる。実務上、土地使用権の償却期間は、その契約期間か企業の経営期間のいずれかを選択して適用されることになる。

　なお、取得された暖簾（のれん）については、その使用期間が不明であるため、償却が認められず、当該暖簾に対応する企業全体の処分もしくは清算時にのみ控除可能となる。また、ソフトウェアの償却期間は、実務上2年間とすることが、現行では認められている。

8．生産性生物資産

　生産性生物資産とは、農産物の生産や役務提供及びリース目的で所有される生物資産をいい、経済林、薪炭林、家畜や役畜等が含まれる。

(1) **生産性生物資産の取得原価**（実施条例第62条）

　原則として、固定資産や無形資産と同様の取得原価で算定される。

(2) **生産性生物資産の減価償却**（実施条例第63条、64条）

　① 減価償却の開始と停止時期

　　生産性生物資産の減価償却は、固定資産と同様に生産性生物資産の使用開始（事業の用に供した）月の翌月から開始し、使用を停止した月に停止し、その翌月からは償却できない。

　② 残存価額

　　減価償却上の残存価額は、固定資産と同様に生産性生物資産の性質や使用状況に応じて、企業自らが合理的に見積り設定することになる。

なお、いったん決定した残存価額は、みだりに変更することはできない。
③ 減価償却方法
減価償却方法は、「定額法」が原則である。
④ 減価償却期間・耐用年数
生産性生物資産の最短の減価償却期間（最短耐用年数）は、次のように定められている。

生産性生物資産内容	最短償却年数
材木類	10年
家畜類	3年

9．繰延資産（企業所得税法第13条、実施条例第68条、69条、70条）

長期前払費用として処理される繰延資産については、以下のように取り扱われる。
① 既に減価償却済みの固定資産の改良支出：固定資産の見積残存使用可能年数に基づき償却される。
② リース固定資産の改良支出：契約上の残存リース期間で償却される。
③ 固定資産の大修理支出：固定資産の残存耐用年数に基づき償却される。
④ その他の繰延資産：支出発生月の翌月以降、3年以上の期間で償却（実務上は3年間で償却）される。

改良により固定資産の耐用年数が延長された場合は、減価償却年数も延長されなければならない（実施条例第68条）。

なお、上記の固定資産の大修理支出とは、次の条件すべてを充たす固定資産の価値を増加させる修理をいう（実施条例第69条）。
① 修理支出が、固定資産の取得原価の50％以上であること
② 修理後の固定資産の耐用年数が2年以上延長されること

また、開業期間中に発生した開業（準備）費については、旧外資税法では長

期繰延資産として取扱われ、償却期間を5年間として定額法償却されていたが、新税法では、上記のその他の繰延資産として、償却期間が3年間に変更される見込みである。しかし、会計上の処理と同様に企業が生産経営を開始した月に一括して損金処理される可能性もあり、今後の取扱いについては、現時点においては明らかになっていない。

10. 既存資産の取扱い

　2008年1月1日以前に取得及び設置されている固定資産や無形資産等については、正式な運用規定が公布されてはいないが、新税法に基づく減価償却方法や償却期間等への修正（調整）は実施せず、従前の旧外資企業所得税法における取扱いが継続して適用されることになるとの見解が国家税務総局から出されている。これは、企業及び税務当局の混乱や業務の煩雑性回避のために講じられた策であると思慮される。

11. 資産・財産の譲渡損益の算定 （企業所得税法第16条、第19条、実施条例第74条）

　資産・財産を譲渡した場合は、譲渡価額から残存簿価額及び譲渡諸経費を差し引いた残額をもって、譲渡損益とする。なお、損金算入が認められた引当金がある場合には、帳簿価額からマイナスされることとなる。

12. 欠損金の繰越し控除 （企業所得税法第18条）

　欠損金が発生した場合には、その欠損金を翌納税年度以降最長5年間繰り越して、繰り越された年度における企業所得課税対象額と相殺控除することができる。ただし、欠損金の繰戻還付は認められていない。

13. 外貨換算 （実施条例第39条）

　外貨建取引及び納税年度末に期末の為替レートの仲値により人民元に換算することにより発生する為替差損益は、各期間の損金または益金として取り扱うことができる。無論、年度中に実現した為替差損益も当該年度の損金または益金となる。

第3章　税収優遇措置

1．優遇措置の改正

(1) 旧税法における優遇措置の概要

　旧税法では内資企業、外資企業に対して異なる優遇税制を設けていた。内資企業に対しては、1994年の「中華人民共和国企業所得税暫定条例」（以下「旧内資企業所得税法」という）及び財税字【1994】001号によりハイテク企業、第三次産業、少数民族、辺境地域などの企業に優遇措置を与え、また一部の小規模企業に対して基準税率の33％ではなく、18％、27％の低減税率を適用してきた。優遇措置は就業促進、社会福利の向上という政策目的に伴うものであった。

　一方、外資企業に対しては、1980年全人大委員会による「中外合弁経営企業所得税法」から外資企業に多様な優遇措置を与え始め、1991年の「中華人民共和国外商投資企業及び外国企業所得税法」（以下「旧外資企業所得税法」という）の公表により、それまで単発的に公表されてきた租税優遇措置が1つにまとめられた。外資企業に与えられた優遇措置を整理すると、下記のとおり地域税率優遇と期間減免税の2つに区分することができる。

第3章 税収優遇措置

❶ 地域優遇税率

外資企業に対する企業所得税の優遇税率

地域別優遇税率	生産型企業	非生産型企業	備考
経済特区	15%	15%	深圳、珠海、汕頭、厦門、海南島の5ヶ所
国家級経済技術開発区	15%	30%	北京、天津、大連、青島、広州などの54ヶ所
国家級ハイテク産業開発区	15%	30%	中関村、天津、威海、広州などの53ヶ所
保税区	15%	30%＊	天津、大連、青島、深圳などの13ヶ所。＊上海外高橋保税区は15％を適用。
上海浦東新区	15%	30%	
沿海経済開放区など	24%	30%	沿海経済開放区、経済特区、経済技術 開発区の所在都市の旧市街地
その他の一般地域	30%	30%	

❷ 期間減免税

外資企業に対する企業所得税の期間減免税

	期間減免税	内容
①	2免3減	生産型企業で経営期間が10年以上のもので、利益の獲得年度から第1年度と第2年度は免税、第3年度から第5年度までは半減。
②	5免5減	1）港湾埠頭建設の合弁企業で経営期間15年以上のもの。
		2）海南特区の基盤設備プロジェクト及び農業の開発経営に従事する企業で経営期間が10年以上のもの。
		3）上海浦東新区において設立された交通建設プロジェクトに従事する企業で経営期間が15年以上のもの。
③	1免2減	1）経済特区に設立されたサービス業の企業で、外国側投資が5百万ドルを超え、経営期間が10年以上のもの。
		2）経済特区並びに中外合資銀行などの金融機関で、外国投資者の投下資本金又は支店への営業資金が1,000万ドル超で、経営期間が10年以上のもの。

		3）上海外高橋保税区の貿易、倉庫などの非生産型企業で、経営期限が10年以上のもの。
④	2年免税	ハイテク産業開発区において設立されたハイテク企業として認定された中外合弁企業で、経営期間が10年以上のもの。
⑤	税率半減	輸出比率が70％以上である企業。ただし、半減後も税率は10％以上となる。
⑥	半減期間の3年延長	1）先進技術企業である場合（一般の減免期間終了後）。 2）中西部地域に所在する奨励類の企業に対し、現行の税収優遇期間満了後の3年間は、15％の税率で企業所得税を徴収できる。
⑦	10年内の減免 （15～30％）	農林、牧畜業に従事する企業に対し、一般の減免期間終了後に適用される。

(2) 旧税法における優遇措置の問題点

旧税法の優遇措置は、中国の改革開放・外資誘致・経済発展の促進に重要な役割を果たしたが、下記のような問題点も明らかになってきた。

① 税負担の不公平性

旧税法では税収優遇に大きな差異が存在し、また損金算入などの規定においても、外資企業に緩く、内資企業に厳しい内容（注）となっており、内資企業と外資企業との税負担は公平とはいえなかった。調査資料（2006年12月24日全国人民代表大会常務委員会第25次会議において財政部部長金人慶による「『中華人民共和国企業所得税法（草案）』に関する説明」）によると、2005年の内資企業の平均実効税率は24.53％、外資企業の平均実効税率は14.89％であり、内資企業の税負担は外資企業より10％近くも高かった。

注：一例として、人件費の損金算入について、内資企業は従業員1人当たり800人民元の損金算入しか認められていなかったが、外資企業は実際支給した人件費に基づく損金算入が可能であった。

② 税収優遇の調整機能の不足

旧税法の税収優遇措置は地域低減税率、期間減免税などの直接的な優遇措置しかなく、追加損金算入、加速減価償却などの間接的な優遇措置はほ

ぼ用いられなかった。その結果、企業に利益が出なければ優遇措置のメリットを享受できず、業種、産業の政策的な誘導における税収の調整機能は十分に発揮されなかった。

税収の調整機能の不足は、東西格差の縮小にも問題が表れた。地域優先の税収優遇措置は、沿海部への優遇が優先されており、内陸部の企業にとっては内陸に位置するというインフラ面の不便性に加えて優遇措置も享受できないという二重のデメリットが存在していた。

③ WTO公約への取込み

中国は2001年に念願のWTO加盟を実現した。WTO加盟に伴い、税制を含む法制度について、WTOルール（内国民待遇原則、輸出補助金の禁止原則など）に合わせて改正する必要があった。しかし、企業所得税制においては内資企業、外資企業に対して異なる税制を適用しており、また輸出企業に対しては規定の減免期間満了後、輸出比率が70％以上の場合に当該年度の所得税が半減されていたので、このような税収優遇はいずれも見直しが必要となった。

④ 税収優遇措置の抜け穴

このほか旧税法の税収優遇措置は、外資導入目的で外国投資者に与えられてきたが、資本の源泉が外国（香港、マカオ、台湾も含む）からの流入であれば、優遇措置が享受可能となっていたため、一部の内資企業は、一旦資金を国外に移してから再び国内に再投資する「迂回投資方式」を採用し、外資企業に対する税収優遇措置を享受していた。このような優遇税制により、国家の税収の流失を招いた。

(3) 優遇措置改正の基本方針と概要

❶ 改正の基本理念と原則

旧税制上の問題点を解決し、近代的な税制を整備するため、中国当局は企業所得税の改正に際し、科学的発展と社会主義市場経済体制の改善を目的とした「簡素な税制・広い課税ベース・低税率・厳格な徴収管理」の税制改革原則に

基づき、海外諸国の経験を参考とし、各種企業に統一的に適用できる科学的かつ規範化された企業所得税制度を確立し、各種企業に公平な市場競争環境を創造することを基本理念として掲げた。

上記の基本理念に基づき、企業所得税制の改正は下記原則に準拠することとなった（2006年12月24日全国人民代表大会常務委員会第25次会議において財政部部長金人慶による「『中華人民共和国企業所得税法（草案）』に関する説明」）。

① 公平な税負担の原則を徹底し、現在の内資・外資企業の税収優遇措置が異なり、税負担の差異が大きいという問題を解決すること
② 科学的発展の原則を着実にし、経済社会と地域の協調した発展を統一的に計画し、環境保護と社会の全面的な発展を促進し、国民経済の持続可能な発展を実現すること
③ 調整・コントロールの役割を果たすという原則に基づき、国家産業政策の要求に照らし、産業高度化と技術進歩を促進し、国民経済を改善すること
④ 国際慣例を参照する原則に基づき、世界各国の税制改正の最新の経験を参照し、企業所得税制度をさらに充実・完全化し、できる限り税法の科学性・完備性と展望性を反映すること
⑤ 配分関係を整理するという原則に基づき、財政受容能力と納税者の負担水準を合わせて配慮し、財政収入を有効的に取りまとめること
⑥ 徴収管理に有利の原則に基づき、徴収管理行為を規範化し、納税者の便宜を図り、税金徴収・納付のためのコストを軽減すること

❷ 優遇措置の概要

上記の基本理念と方針に基づき、諸外国の例を参考とし、新税法は旧税法の優遇措置を見直し、「産業優遇を主とし、地域優遇を補助する」新たな税収優遇体系を打ち出し、新税法の第4章（第25条～第36条）及び実施条例（第82条～第102条）に規定した。また優遇措置の内容も多様化し、これまで黒字企業しか享受できなかった免税、半減、期間減免税、低減税率の優遇措置以外に、

第3章 税収優遇措置

黒字以外の企業も享受可能な優遇措置として、収入・課税所得の減額、損金算入の増額、耐用年数の短縮、加速減価償却などの優遇措置を導入した。その概要は以下のとおりである。

優遇措置	主な内容
免税収入	①国債利息収入（企業所得税法第26条第1号） ②居住者企業間の株式利子・配当金などの投資収益（企業所得税法第26条2号） ③非居住者企業が居住者企業から取得した、当該中国にある機構・場所と実質的に関連する株式利子・配当金などの投資収益（企業所得税法第26条第3号） ④非営利組織の収入（企業所得税法第26条第4号）
免税、半減	①農、林、牧畜、漁業の所得：免除又は半減（企業所得税法第27条第1号、実施条例第86条） ②技術譲渡所得：500万元未満の部分は免税、超過部分は半減（企業所得税法第27条第4号、実施条例第90条） ③3条3項所得（注）：10%（企業所得税法第27条第5号、実施条例第91条）
期間減免税	初回の生産経営収入に帰属する年度から、「3免3減」を適用： ①インフラプロジェクトによる所得（企業所得税法第27条第2号、実施条例第87条） ②環境保護、省エネルギー、節水プロジェクトによる所得（企業所得税法第27条第3号、実施条例第88条）
軽減税率	①小規模低利益企業は20%（企業所得税法第28条第1項、実施条例第92条） ②ハイテク企業は15%（企業所得税法第28条第2項、実施条例第93条）
損金の割増算入	①新技術、新製品、新工程の開発による研究開発費用は150%で損金算入（企業所得税法第30条第1項、実施条例第95条） ②障害者及び雇用奨励するその他の従業員への支給する給与は200%で損金算入（企業所得税法第30条第2項、実施条例第96条）
ベンチャー投資額の損金算入	ベンチャーキャピタルが中小のハイテク企業に投資して2年以上の場合、投資額の70%を課税所得から減額可能。当年度に控除しきれない場合は繰越可能（企業所得税法第31条、実施条例第97条）
耐用年数の短縮など	減価償却年数を短縮し、または加速減価償却を採用可能（企業所得税法第32条、実施条例第98条）
収入の減額	資源の総合利用で、規定に合致する製品の生産による収入は、その10%を減額計算可能（企業所得税法第33条、実施条例第99条）

税額の減額	環境保護、省エネルギー、節水、安全生産のために購入した専用設備への投資額は、その10％を税額から控除可能（企業所得税法第34条、実施条例第100条）

注：非居住者企業が中国国内に機構・場所を設置していない場合、あるいは機構・場所を設置しているが、取得した所得がその機構・場所と実質的に関連しない場合、その中国国内源泉所得について企業所得税を納付しなければならない。（企業所得税法第3条第3項。以下「3条3項所得」という）。

2．免税収入

(1) 免税収入に関する概念の導入

　企業所得税の計算において、収入の認識、確定は課税所得の正確な算出を可能とする前提になっている。しかし、旧税法は収入総額の概念しかなく、非課税収入、免税収入及び課税収入を区別しておらず、収入の認識、免税についても法律ではなく、各種の税務通達により対応してきた。新税法は非課税収入という概念（企業所得税法第7条）と免税収入という概念（企業所得税法第26条）を導入した。なお、非課税収入に関しては、49頁参照。

(2) 免税とされる収入

❶　**国債利息収入**（企業所得税法第26条第1号、実施条例第82条）

　国債利息収入とは、企業が財政部の発行した国債を保有することにより取得した利息収入をいう。すなわち、中国政府が発行した国債の利息収入のみが対象となり、外国政府が発行した国債、企業が発行した社債の利息収入は対象外となる。

　これまでも中国政府は、国債利息収入に対して免税措置をとってきた。1992年に公布された国務院の「中華人民共和国国債条例」では「国債の利息収入は免税待遇を享受する」と定めている（国務院令第95号12条）。また、旧内資企業所得税法実施細則第21条にも「納税者が購入した国債の利息収入は、課税所得額に計上しない」と定められている。このほか、国家税務総局の国税函【1999】818

号では、外資企業の国債の利息収入に対して企業所得税を免除するとしている。

　国債利息収入が免税とされるのは2つの理由が考えられる。1つは国債利息が国の財政資金により支払われ、利息に対して課税すると、その課税部分は国が利息を取り戻したことになる。もう1つは、国債購入者の受取利息が減り、国債購入の動機にマイナス効果を与える点にある。なお、企業が受け取る国債利息は、免税収入になるが、国債の譲渡収入は財産譲渡収入として企業所得税の課税対象となる。

❷　**居住者企業間の株式利子・配当金等の権益性投資収益**（企業所得税法第26条第2号、実施条例第83条）

　居住者企業間の株式利子・配当金等の権益性投資収益とは、居住者企業が他の居住者企業の出資持分の投資果実として取得した投資収益をいう。

　株式利子・配当金等の投資収益は、投資先企業の利益からの配当によるもので、中国企業からの株式利子・配当金等を課税収入に加算し、課税対象とすると二重課税の問題が生じる。旧外資企業所得税法実施細則はこの二重課税問題を解消するため、「外資企業が中国国内においてその他の企業に投資して、被投資企業から取得した利益（配当）は、当該企業の課税所得額に算入しないことができる。ただし、前記の投資に係り発生した費用及び損失は、当該企業の課税取得額から控除することはできないものとする」と定めていた（旧外資企業所得税法実施細則第18条）。新税法は旧税法の免税優遇を活かし、居住者企業と非居住者企業を区別した上で、免税収入として二重課税の問題を解消することにした。居住者企業間の株式利子・配当金等の権益性投資収益については、下記の点に留意する必要がある。

　①　直接投資による投資収益であること

　　　免税収入とされる株式利子・配当金等の権益性投資収益は、直接投資による投資収益に限定される。直接投資とは投資者が資金を企業に直接投資し、現物資産を形成する場合または企業買収をいう。直接投資の場合、投資者は投資先の資産または経営権の全部または一部を取得し、投資先の経

営管理に参加する。
② 持分割合が規定されていないこと
　免税収入となるために必要な持分割合が規定されておらず、たとえ0.1％の持分割合であっても当免除規定が適用されることとなる。
③ 上場株式は連続1年間以上保有すること
　免税収入とされる株式利子・配当金等の権益性投資収益には、居住者企業が公開発行し、かつ上場される株式の保有期間が連続12ヶ月未満の投資収益は含まない。つまり、12ヶ月間未満の上場株式保有は、投機行為と考えられるため、免税収入として認められない。
④ 関連経費について
　新税法は、上述の旧税法と異なり、免税収入に対応する支払利子等の費用の取扱いに言及していないが、いずれ通達等で損金算入制限が明確になると思われる。

❸ 中国国内に機構・場所を設立している非居住者企業が居住者企業から取得した、当該機構・場所と実質的に関連する株式利子・配当金等の権益性投資収益（企業所得税法第26条第3号、実施条例第83条）

　新税法は「非居住者企業は中国国内に機構・場所を設立している場合、その機構・場所において取得した中国国内源泉の所得、及び中国国外で発生したが、その機構・場所と実質的に関連する所得について企業所得税を納付しなければならない。」（企業所得税法第3条第2項）としている。この場合、非居住者企業が居住者企業から取得した、当該機構・場所と実質的に関連する株式利子・配当金等の権益性投資収益を課税収入に加算し課税対象とすると同様に二重課税の問題が生じるので、新税法は非居住者企業が居住者企業から取得した、当該機構・場所と実質的に関連する株式利子・配当金等の権益性投資収益を免税収入とした。

　なお、上記❶と同様、株式利子・配当金等の権益性投資収益に、居住者企業が公開発行し、かつ上場され流通する保有期間が満12ヶ月未満の上場株式から

の投資収益は含まれないので、留意する必要がある。

❹ 非営利組織の収入

　新税法により、非営利組織の収入を免税収入とする新規定が導入された。

　非営利組織の収入について旧税法の場合、通達により免税として取り扱ってきたが、体系的になっておらず、法規範としても低いレベルにとどまった。一例としては、研究機関、学校による技術サービス、学校が投資した工場、教育研修による収入については免税措置があった。なお、1997年10月公布の財政部・国家税務総局の財税字【1997】75号では事業単位、社会団体の免税収入についての規定があった。新税法では、条件に合致する非営利組織の収入を免税収入とし、更に非営利組織の定義、判定基準を明確に定めた（企業所得税法第26条第4号、実施条例第84条）。

　① 非営利組織の条件

　　　条件に合致する非営利組織とは、以下の全条件を満たす組織をいう。

　　1）非営利組織の登記手続を履行すること
　　2）公益あるいは非営利の活動に従事すること
　　3）取得した収入は、当該組織に関連する合理的な支出に用いる以外、全額を登記された、もしくは定款に規定された公益あるいは非営利事業に使用すること
　　4）財産及びその収益を分配に使用しないこと
　　5）登記あるいは定款の規定に基づき、当該組織の登記抹消後の残余財産を公益或いは非営利の目的に用いるか、あるいは登記管理機関が当該組織と性質、趣旨を同じくする組織に贈与し、かつ社会に公告すること
　　6）投資者が当該組織に投入した財産に対していかなる財産権も留保或いは保有しないこと
　　7）業務人員の給与福利支出が規定の割合の範囲内に統制され、形を変えて当該組織の財産を分配しないこと

　　　上記において、1）は登記要件、2）は活動要件、3）～7）は財産管

② 非営利組織の認定管理

非営利組織の認定管理弁法は、財政部・国家税務総局が国務院の関連部門と共同で制定することになっている。

なお、財政部・国家税務総局が別途規定する場合を除き、免税となる非営利組織の収入に、非営利組織の営利活動による収入は含まれない（実施条例第85条）。従って、非営利組織であっても、その営利活動から生ずる損益には、企業所得税が課されることとなる。

3．免税又は半減税率が適用される所得

(1) 農業所得の免税・半減税率の適用

中国は農業大国であり、「三農問題」（農村、農業、農民）をどう解決するかは依然として中国政府の重要な課題になっており、中国の持続的な発展、調和のとれた社会の建設にも関わっている。

外資企業の農業所得に対しては、旧外資企業所得税法でも優遇を与えていた。例えば、旧外資企業所得税法では農業、林業及び牧畜業に従事する外資企業及び経済の未発達な辺境地域に設立された外資企業は、期間減免の規定（注）に基づく免税及び減税措置の期間が終了した後に、企業の申請により国務院の税務主管部門の認可を経て、その後10年以内の期間、継続して納付すべき税額の15％から30％の企業所得税を減税することができる」との規定があった（旧外資企業所得税法実施細則第8条第3項、第72条、第75条、第81条）。

> 注：旧外資企業所得税法第8条第1項：生産型外資企業で経営期間が10年以上のものについては、利益獲得開始年度から起算して、第1年度及び第2年度は企業所得税を免税し、第3年度から第5年度は半減して企業所得税を課税する。ただし、石油、天然ガス、有色希金属、貴金属などの資源開発事業に属するものは、国務院が別途規定する。外資企業で実際の経営期間が10年未満となった場合は、既に免税及び減税された企業所得税の税額を追加納付しなければならない。

新税法は、旧税法の農業所得に対する免税・減税の優遇措置を継続し、農、林、牧、漁業による所得に対し、企業所得税を免除、軽減することができると定めた（企業所得税法第27条第1号）。ただし、農業などの事業であっても国家が発展を禁止、制限するものに該当すれば、免税又は半減の税収優遇を享受することはできない。

❶　免税とされる農業所得（実施条例第86条第1号）
　以下の事業に従事して得た所得に対し、企業所得税を免除する。
　①　野菜、穀物、イモ類、油料、豆類、綿花、麻類、糖類、果物、ナッツ類の栽培
　②　新品種農作物の選択育成
　③　漢方薬材の栽培
　④　林木の育成と栽培
　⑤　家畜、家禽の飼育
　⑥　林産品の採集
　⑦　灌漑、農産品の初期加工、獣医、農業技術の普及、機械化農作業の提供及び補修などの農、林、牧、漁業サービス業
　⑧　遠洋漁業

❷　半減税率が適用される農業所得（実施条例第86条第2号）
　以下の事業に従事して得た所得に対し、企業所得税を半減する。
　①　草花、茶及びその他の飲料作物、香料作物の栽培
　②　海水養殖、内陸養殖

(2)　技術譲渡所得の免税・半減税率の適用
　一納税年度内における居住者企業の技術譲渡による所得は、500万人民元以下の部分については企業所得税を免除し、500万人民元を超える部分については企業所得税を半減して徴収する（企業所得税法第27条第4号、実施条例第90

居住者企業間の技術譲渡所得に関する免税・軽減措置について、旧内資企業所得税法には下記のような規定があった。

企業・事業組織が技術譲渡を行い、技術譲渡の過程で発生した技術譲渡と関連する技術コンサルティング、技術サービス、技術トレーニングによる所得について、年間純収入が30万人民元以下の場合、企業所得税を免除する（財税字【1994】001号）。このほか、大学、研究機関（財税字【1994】001号）、開発区にある認定を受けた内資ハイテク企業（1991年3月6日国家税務総局「国家ハイテク産業開発区の税収政策に関する規定」第7条）に対しても類似の優遇措置が与えられていた。

技術譲渡所得の免税・軽減については、下記の点に留意する必要がある。

① 居住者企業間の技術譲渡による所得に限定

免税・軽減措置は、居住者企業の技術譲渡による所得のみに適用される。非居住者企業の技術譲渡による所得に対し免税・軽減はしない理由として、非居住者企業の中国における納税義務は中国源泉所得に限られ、また3条3項所得に該当する場合は、低減された税率（10%）の適用を受けるため、居住者企業に比べその税負担は、既に国内法または租税条約により軽減されている点にある。

② 技術譲渡による所得に限定

旧内資企業所得税法では免税・減税の適用を受ける所得には、技術譲渡による所得以外、技術コンサルティング、技術サービス、技術トレーニングなどの技術サービスにも含まれていたが、新税法では技術譲渡による所得のみしか優遇措置を享受できないとしている。

(3) 3条3項所得の免税・半減 （企業所得税法第27条第5号）
❶ 3条3項所得に対する免税・半減税率の適用

3条3項所得とは、非居住者企業が中国国内に機構・場所を設立していない場合、あるいは機構・場所を設立しているが、取得した所得がその機構・場所

と実質的に関連しない源泉徴収課税の対象の中国国内源泉所得のことをいう。一般の損益計算原則ではそれら所得の課税所得額の計算が困難であるため、通常その所得の全額が課税対象とされる。諸外国でも3条3項所得のような所得に対して基本税率より低い税率を適用する例があり、旧外資企業所得税法でも3条3項所得について低減税率を適用した（旧外資企業所得税法第19条第1項）。新税法は、旧税法の規定を引き継ぎ、3条3項所得に対する源泉徴収税率について25％ではなく、20％の低減税率を適用するとした（企業所得税法4条第2項）。さらに、旧外資企業所得税法により貸付利息、特許権使用料などの3条3項所得について10％の低減税率を適用してきたことを踏まえて（国発【2000】37号）、新税法も非居住者企業が取得する3条3項所得に対しては、10％の軽減税率により企業所得税を徴収すると定めた（実施条例第91条）。

❷ 免税とされる3条3項所得

3条3項所得について原則として軽減税率である10％税率を適用するが、例外として一部の3条3項所得に対して免税措置を設けている。以下の所得については免税される（実施条例第91条）。

① 外国政府が中国政府への融資により取得した利子所得
② 国際金融組織が中国政府及び居住者企業への融資により取得した利子所得
③ 国務院が認可するその他の所得

ここで留意すべき点としては、旧外資企業所得税法において外国投資者が外資企業から受け取る利益・配当は免税扱いであった（旧外資企業所得税法第19条第2項）が、新税法では配当金に対する免税措置が削除され、それらを含めて10％の税率で課税されることになる点である。

❸ 3条3項所得の免税処理の経過措置

① 利益・配当の取扱い

新税法施行後、旧外資企業所得税法の利益・配当所得免税の経過措置として下記内容の通達（財税【2008】1号）が出されている。

2008年1月1日以前の累積未処分利益を、2008年以降に外国投資者に配当する場合は、旧外資企業所得税法が適用され、企業所得税が免除される。一方、2008年以降に実現した利益を外国投資者に配当する場合には、新税法に基づき企業所得税を納付する必要がある。

② 利息、技術供与による特許権使用料の取扱い

新税法施行後、外国企業の中国への貸付による利息、技術供与による特許権使用料に関する優遇措置の取扱いについて、国家税務総局は国税発【2008】23号の中で、下記のとおり明確にした。

外国企業の中国に対する専有技術の譲渡又は貸付の提供による所得は、関連する契約書が2007年末以前に締結され、かつ旧外資企業所得税法が定めた免税条件に適合し、税務機関より免税の許可を得た場合は、契約の有効期間内において引き続き免税措置を与える。ただし、2007年末前に締結された契約であっても、契約書の延長・補充契約または条項適用範囲の拡張に該当する場合には、免税措置を与えない。

4．期間減免税

新税法は、生産型企業に対する「2免3減」の期間減免税の優遇措置を廃止したが、下記のプロジェクトによる所得について旧税法の期間減免税措置を見直した上で、新たに「3免3減」の期間減免税の優遇措置を設けた。

(1) 「3免3減」

インフラ整備、環境保護などの事業による所得に対し、事業が最初に生産経営収入を取得した納税年度から起算して、第1年度から第3年度までは企業所得税を免除し、第4年度から第6年度までは企業所得税を半減して徴収する（実施条例第87条、第88条）。いわゆる「3免3減」の優遇措置が適用される。

第3章　税収優遇措置　85

❶　「3免3減」の特徴

　新税法の期間減免税（3免3減）は、旧税法の期間減免税（2免3減など）とは、下記2点において異なる。
　①　優遇措置の適用開始年度
　　　優遇措置の開始時は、旧外資企業所得税法では「利益獲得開始年度」（「旧外資企業所得税法」第8条）であったが、新税法では「事業が最初に生産経営収入を取得した納税年度」とした。すなわち、減免期間の開始時期が事業を開始し、売上が計上された年度からとなった。
　②　経営期間の条件
　　　旧外資企業所得税法では、2免3減の優遇措置を享受するには、事業の経営期間が10年以上（旧外資企業所得税法第8条）である必要があったが、新税法では事業の経営期間について規定を設けておらず、適用範囲が拡大された。

❷　インフラ整備事業による所得（企業所得税法第27条第2号）

　3免3減の優遇を享受できるインフラ整備事業は、国家が重点的に支援するインフラ整備事業であり、「インフラプロジェクト企業所得税収優遇目録」に規定する港湾埠頭、空港、鉄道、道路、都市公共交通、電力、水利などのインフラ整備事業に限られる（実施条例第87条第1項）。

　「インフラプロジェクト企業所得税収優遇目録」はまだ公表されておらず、財政部・国家税務総局が関連部門と共同で作成し、国務院の承認を得て公表することになっている。

　インフラ整備事業への投資経営による所得は、3免3減の減免税措置を享受することが可能であるが（実施条例第87条第2号）、整備事業の請負経営、請負建設及び当該企業内部で自己建設、自己使用する場合には、「3免3減」の減免税措置は享受できない（実施条例第87条第3項）。すなわち、該当整備事業の経営主体（施主）となることが必要である。

　旧外資企業所得税法でも「港湾埠頭建設に従事する中外合弁企業」（旧外資

企業所得税法実施細則第75条第1号)、「海南経済特区において設立された飛行場、港湾、埠頭、鉄道、道路、発電所、炭鉱、水利などの基盤設備事業」(旧外資企業所得税法実施細則第75条第2号)、「上海浦東新区において設立された飛行場、港湾、鉄道、道路並びに発電所などの交通建設事業」(旧外資企業所得税法実施細則第75条第3号)などのインフラ整備事業について、いわゆる「5免5減」の優遇措置を与えていたが、新税法の3免3減とは上記で述べた通り「優遇措置の適用開始年度」及び「経営期間」が異なるため、留意が必要である。

❸ 環境保護などの事業による所得（企業所得税法第27条第3号）

3免3減の優遇措置を享受できる環境保護などの事業は、条件に合致する環境保護、省エネルギー、節水事業に限られる。事業には公共汚水処理、公共ごみ処理、メタンガスの総合開発利用、省エネルギー・排出削減のための技術改造、海水淡水化などが含まれる。

事業の具体的な条件と範囲はまだ公表されておらず、財政部・国家税務総局が国務院の関連部門と共同で制定し、国務院の認可を得た後に公表することになっている（実施条例第88条第1項）。

(2) 他の期間減免税

2008年2月22日、財政部・国家税務総局が財税【2008】1号を公表し、ソフトウェア産業などに対して旧外資企業所得税法の「2免3減」、「5免5減」などの優遇措置を復活することを規定した。したがって、優遇措置の適用開始年度は、「3免3減」制度と異なり旧外資企業所得税法の「利益獲得開始年度」となる。

① 「2免3減」

1) 新たに設立されたソフトウェア生産企業・IC設計企業に対し、認可を経た上で、利益獲得年度から起算して第1年度及び第2年度は企業所得税を免除し、第3年度から第5年度までは企業所得税を半減する。

2) 線幅0.8um以下のIC生産企業が認可を経た上で、利益獲得年度から起算して「2免3減」を適用する。ただし、既に「2免3減」の優遇措

置を享受している企業は、重複して優遇措置を享受することはできない。
② 「5免5減」
　投資額80億人民元超、あるいは線幅0.25um以下のIC生産企業で、経営期間が15年以上の場合、利益獲得年度から起算して「5免5減」を適用する。

5．低減税率適用企業

(1) 20%の軽減税率
❶ 小規模低利益企業
　条件に合致する小規模低利益企業に対しては、20%の軽減税率が適用される（企業所得税法第28条第1項）。

　中小企業が中国の市場経済にとって最も活力のあるものになっており、就業などにおいても重要な役割を果たしている（注）が、借入れ難、情報不足、市場開拓能力が不十分などの問題が存在し、特に税負担能力が低い状況にもかかわらず、税制優遇において外資企業に比べ大きな開きがあった。

> 注：2006年10月末現在、中国の中小企業は企業総数の90%を占め、その最終製品価額が国内総生産に占める割合は59%、その納付した税収も税収総額の48%を占めている。2007年2月7日中国税務新聞：「中小企業が『両法』の統合を熱望する」http://www.ctax.org.cn/rdzt/lshy/mtpl/t20070207_287125.htm。）

　そのような中小企業の発展を支援するため、旧内資企業所得税法は中小企業に対して年度課税所得額が3万人民元以下のものには18%の低減税率を適用し、3万人民元超10万人民元以下のものには27%の低減税率を適用した（財税字【1994】9号）。新税法も中小企業の発展を支援する政策を引き継ぎ、小規模低利益企業に対して低減税率の20%を適用することとした。

❷ 小規模低利益企業の条件
　税率20%の適用を受けられる小規模低利益企業は、国家の制限、禁止に該当しない業種に従事し、かつ以下の条件を満たすものである（実施条例第92条）。

会社種類	年度課税所得額	従業員数	資産総額
工業企業	30万人民元以下	100人以下	3,000万人民元以下
その他の企業	30万人民元以下	80人以下	1,000万人民元以下

　旧内資企業所得税法と比べ、新税法では年度課税所得額に関して3万人民元から30万人民元に引き上げられ、また従業員数、資産総額も基準として定めた。

(2) 15％の軽減税率
❶ ハイテク企業
　国家が重点的に支援する必要のあるハイテク企業に対しては、15％の軽減税率が適用される（企業所得税法第28条第2項）。

　国家が重点的に支援する必要のあるハイテク企業とは、コアとなる自主知的財産権を保有し、かつ以下の条件を同時に満たす企業をいう（実施条例第93条）。
① 製品（サービス）が「国家が重点的に支援するハイテク分野」に規定する範囲に属すること
② 研究開発費用の売上高に占める割合が規定の比率を下回らないこと
③ ハイテク製品（サービス）の収入が収入総額に占める割合が規定の比率を下回らないこと
④ 科学技術者の総従業員数に占める割合が規定の比率を下回らないこと
⑤ ハイテク企業の認定管理弁法が規定するその他の条件

　2008年4月14日科学技術部・財政部・国家税務総局の共同による「ハイテク企業認定管理弁法」（国科発火【2008】172号。以下、「認定弁法」という）及びその添付文書である「国家が重点的に支援するハイテク分野」が公表され、対象企業及びハイテク企業の認定基準、手続が明らかにされた。

　上記添付文書に定めるハイテク分野は、電子情報技術、バイオと新医薬技術、航空宇宙技術、新素材技術、高技術サービス業、新エネルギーと省エネルギー技術、資源と環境技術、ハイテクによる伝統産業の改造の8分野である。

　中国では1988年からハイテク産業開発区を設置し、それに合わせて1991年3

月に国家税務総局は、国務院の認可を得て関連する税収政策（1991年3月6日「国家ハイテク産業開発区の税収政策に関する規定」）を公表し、①開発区にある認定ハイテク企業は、認定日から15％の優遇税率を適用する（第4条）、②新設のハイテク企業は、認可を受けて生産開始年度から2年間企業所得税を免除する、③開発区の新設合弁企業に対して、合弁期間が10年以上の場合、利益獲得年度から2年間企業所得税を免除する（第6条）などの優遇措置を与えた（旧外資企業所得税法でも上記と類似の優遇措置を付与した。旧外資企業所得税法実施細則第73条5号、第75条6号。）。2000年7月に科学技術部は、ハイテク企業認定条件及び弁法（2000年7月23日に科学技術部「国家ハイテク産業開発区のハイテク企業認定条件及び弁法」）を公表し、認定基準、指標を明記した。

上記の優遇措置は、国家ハイテク産業開発区に設立され、認定を受けた企業への適用に限定され、開発区外の企業には適用できなかった。これにより一部の企業は優遇措置を享受するため、「区内登録・区外経営」の手法をとり、開発区に登録しているが、実際の経営活動は開発区外で行うといった問題も生じた。

新税法は、旧税法の開発区限定を撤廃し、ハイテク企業の認定基準も見直した。

❷ ハイテク企業の認定基準

ハイテク企業の認定を受けるには、認定弁法によれば以下の基準をすべて満たす必要がある。

① 居住者基準

中国国内（香港、マカオ、台湾地域を除く）で登録され、登録して1年以上の居住者企業であること。

② 技術基準

1）直近3年間に自主研究開発、譲受け、受贈、合併買収などの方式により、あるいは5年以上の独占許諾方式を通じて、主要製品（サービス）のコア技術に対して自主知的財産権を保有していること。ただし、ここでい

う自主知的財産権が特許権などの法律上の権利のみをいうのか、あるいは技術ノウハウ、事業機密なども含まれるのかについては明確にされておらず、別途制定される「ハイテク企業認定管理作業ガイドライン」の中で明らかにされる見込である。

2）製品（サービス）が「国家が重点的に支援する必要のあるハイテク分野」に規定する範囲に属すること。認定弁法の附属文書である「国家が重点的に支援するハイテク分野」では、電子技術情報、バイオ・新医薬技術、ハイテクサービス業、資源および環境技術など8項目に分け、それぞれ該当製品（サービス）を詳細に規定している。

③　技術者基準

大学専科3年（日本の短大に相当）以上の学歴を有する科学技術者が、企業の当年度の従業員総数の30％以上を占め、そのうち、研究開発者が従業員総数の10％以上を占めること。上記の科学技術者の定義は、明確にされておらず、別途制定される「ハイテク企業認定管理作業ガイドライン」の中で明らかにされる見込である。

④　研究開発費基準

1）売上高に占める割合

科学技術（人文、社会科学を除く）に関する新知識の獲得、科学技術の新知識の創意的運用、あるいは技術・製品（サービス）の実質的な改良のために、研究開発活動を継続的に行い、かつ直近3会計年度の研究開発費用総額が売上高総額に占める割合が以下の割合を満たしていること。

	直前1年間の売上高	研究開発費が売上高に占める割合
①	5,000万人民元未満	6％以上
②	5,000万人民元以上2億人民元未満	4％以上
③	2億人民元以上	3％以上

2）研究開発費総額に占める割合

直近3会計年度に中国国内で発生した研究開発費総額の全研究開発費総額に占める割合が60％以上であること。企業が設立されてから3年が経過していない場合には、実際の経営年数に基づき計算する。
⑤　収入基準

ハイテク製品（サービス）収入の当年度の収入総額に占める割合が60％以上であること。

なお、企業の研究開発組織の管理水準、科学技術成果の応用能力、自主知的財産権の件数、売上と総資産の成長性などの指標は別途制定される予定の「ハイテク企業認定管理作業ガイドライン」において明確にされる見込みであり、この「ガイドライン」に定める諸指標の条件を満たす必要がある。

❸　ハイテク企業の認定プロセス

①　認定申請

企業は「ハイテク企業認定管理作業ネットワーク」に登録し、認定弁法に規定する条件に照らして自己評価を行う。認定条件に合致すると判断した場合、認定機関へ認定申請を提出する。ハイテク企業の認定機関は、各省、自治区、直轄市、計画単列市の科学技術行政部門及び同レベルの財政、税務部門の職員により組織される。

認定申請における提出書類は、以下のとおりである。

1）ハイテク企業認定申請書
2）営業許可証副本、税務登記証（コピー）
3）知的財産権証書（独占許諾契約）、生産認可書、新製品又は新技術に関する証明書類、製品の品質検査報告、省レベル以上の科学技術計画立案の証明、その他の関連証明資料
4）従業員数、学歴構成及び研究開発者の従業員に占める割合に関する説明
5）法定監査を経た直近3会計年度の研究開発費用の状況表（経営年数が3年に満たない場合は、実際の経営年数に基づき計算する）

6）法定監査を経た直近3会計年度の財務報告書（貸借対照表、損益計算書、キャッシュフロー計算書を含む。経営年数が3年に満たない場合は、実際の経営年数に基づき計算する）

② コンプライアンス審査

認定機関は、評価審査専門家データベースより専門家を選出し、申請企業に対する審査を行い、認定意見を出す。

③ 認定・公示・届出

認定機関は、認定意見に基づき企業に対して認定を行う。

認定された企業は「ハイテク企業認定管理作業ネットワーク」上で15営業日にわたり公示される。第三者から異議がない場合、「ハイテク企業認定管理作業ネットワーク」上に認定結果が公示されるとともに、企業に「ハイテク企業証書」が交付される。

企業はハイテク企業資格を取得した後、主管税務機関で減税、免税の手続を行う。

❹ ハイテク企業証書の有効期限

ハイテク企業証書の有効期間は3年間であり、有効期間満了の3ヶ月前より再審査の申請を提出する必要がある。再審査では、認定条件のうち研究開発費基準を重点的に審査することになる。

企業は認定を受けた後に経営形態及び内容、生産技術活動などに合併買収、再編などの重大な変化が生じた場合、15日以内に認定機関へ報告する義務があり、認定弁法の基準を満たさなくなった場合には、当該年度よりハイテク企業資格が取消される。

(3) その他の軽減税率

2008年2月22日、財政部及び国家税務総局が財税【2008】1号を公表し、ソフトウェア産業などに対して15％又は10％の軽減措置を与えた。

① 国家計画配置における重点ソフトウェア企業（注）が、当年度に免税の

優遇を受けていない場合は、税率を10%に軽減して企業所得税を徴収する。

> 注：2008年2月26日国家発展改革委員会、情報産業部、商務部、税務総局は「2007年度国家計画配置における重点ソフトウェア企業リスト」（発改高技【2008】513号）を公表し、外資を含むリスト内の全162社に対して企業所得税率を10%に軽減する旨を規定している。

② 投資額80億人民元超、あるいは線幅0.25um以下のIC生産企業のうち、経営期間が15年以上の企業（当該企業に対しては「5免5減」の優遇措置を適用する）を除いて15%の軽減税率で企業所得税を徴収する。

6．損金の割増算入

企業の「新技術、新製品、新工程の開発による研究開発費用」及び「特定従業員雇用による給与」の支出は、課税所得額の計算時に損金を割増算入ができる（企業所得税法第30条）。

損金の割増算入は、直接免税・減税の優遇措置と異なり、企業に対して特定の支出項目の割増算入により、その支出に係る活動を奨励することができる。なお、直接免税・減税の優遇措置は、通常厳しい適用制限、期間制限などを設けているが、損金の割増算入は適用が容易という長所があるので、優遇措置として諸外国でも広く採用されている。

(1) **研究開発費用支出の割増算入**（企業所得税法第30条第1号）

研究開発費用の割増算入とは、企業の新技術、新製品、新工程の開発のために発生する研究開発費用について、無形資産ではなく当期損益に計上する場合には、実際発生額の150%を損金として割増算入する。無形資産に計上する場合には、無形資産原価の150%を償却することをいう（実施条例第95条）。すなわち、企業が100の研究開発費用を支出した場合、150として損金算入できることになる。

旧税法でも税収通達により研究開発費用について類似の割増損金算入の優遇

を与えていた。

　内資企業に対しては、財政部が財工字【1996】41号により、企業の研究開発費用増加幅が10％以上の場合、実際発生額の150％を損金として計上することができると定めていた。しかし、同年9月3日国家税務総局は国税発【1996】152号を公表し、研究開発費用の割増算入の適用対象を利益計上企業に限定した。

　外資企業については、1999年9月19日国家税務総局が国税発【1999】173号を公表し、企業が技術開発に従事し、当期に中国国内で発生した技術開発費が前年より10％以上増加した場合には、税務機関の審査認可を得た上で、当期における技術開発費の実際発生額の150％を損金算入することができるとした。

　上記の内資、外資に対する研究開発費用の割増計上については、2006年9月8日財政部・国家税務総局の財税【2006】88号により統合された。

　新税法は、財税【2006】88号に定めた研究開発費用の割増損金算入を引き継いだ上、企業の研究開発費用の増加割合及び利益の有無を問わないこととした。なお、研究開発費用の支出の結果として無形資産を形成するか否かにより、損金算入と償却額の増額の2形態を整備した。

(2)　**特定の従業員雇用に対する給与支出**（企業所得税法第30条第2号）

❶　**障害者雇用への給与支出**

　障害者雇用に対する給与支出の割増損金算入とは、企業が障害者従業員に対して支給した給与の実際発生額を控除した上で、その支給した給与の100％相当額を割増算入することをいう。すなわち、企業が100の障害者給与を支出した場合、200を損金算入できることになる。

　障害者の範囲については、「中華人民共和国障害者保障法」（注）の関連規定を適用する（実施条例第96条第1項）。

　　　注：1990年12月28日に主席令第36号として公布され1991年5月15日より施行された障害者に関する法律。2008年4月24日の改正「中華人民共和国障害者保障法」が同年7月1日より施行された。2008年の改正は、1991年の施行以来17年ぶり

となり、障害者差別の禁止、障害児出生の予防と早期発見、国家による障害者雇用促進、各級政府による障害者権益の保護強化の4項目を柱としている。

　旧内資企業所得税法でも障害者雇用を促進するため、優遇措置を講じてきた。1994年財政部が財税字【1994】001号により民政部門が設立した福利工場及び街道機構（地域のボランティア組織）が新設した障害者雇用促進企業で、障害者（視覚障害、聴覚障害、言語障害、身体障害）が従業員総数の35％以上を占める場合、企業所得税を免除する。障害者の従業員総数に占める割合が10％超35％未満の場合、企業所得税を半減するとした。

　しかし、この優遇措置は利益を計上していない企業は享受できないという短所があり、また障害者の従業員総数に占める割合で税収優遇の有無を判断するので、見せ掛け雇用の問題も生じていたため、2006年財政部・国家税務総局は財税【2006】111号を出し、損金の割増計上を採用し、企業が実際に障害者従業員に支給した給与の2倍で損金計上できるとしていた。

　なお、新税法では当規定の適用年度が明確にされていない。すなわち、障害者を新規雇用した年度の給与のみであるのか、雇用年度以降の年度における給与にも適用されるのかは明文化されていない。

❷　その他の従業員雇用への給与支出

　国家が雇用を奨励するその他の従業員を雇用した場合、その給与支出についても割増算入することができる。その優遇方法については、国務院が別途規定することになっている（実施条例第96条第2項）。

　旧内資企業所得税法では障害者雇用の優遇以外に、就業促進のため内資企業の特定人員の雇用に対して一連の優遇措置を講じてきた。例えば、無職青年、国有企業の経営形態の転換や政府機関・事業団体の人員削減による失業者、農村戸籍から都市戸籍に変更した人員及び労働改造による釈放人員を雇用した場合、財政部の財税字【1994】001号により当期において失業者などの雇用が従業員総数の60％を占めた場合、3年間企業所得税を免除する。上記の優遇措置も障害者雇用への優遇措置と同様、直接優遇が基本であり、実務上問題になる

ことも少なくなかった。従って、新税法は旧税法の直接免税・減税を廃止し、支出した給与の割増損金計上に切り替えたものである。

(3) ベンチャー投資企業の投資額の損金算入
❶ 投資額の損金算入

ベンチャー投資企業（いわゆるベンチャーキャピタル企業）が、持分投資の形態で未上場の中小ハイテク企業に対して2年以上投資する場合に、持分保有が満2年となった年度にその投資額の70％を課税所得額から控除する制度である。当年度に控除しきれない場合、翌期以降の納税年度に繰り越して控除することができる（企業所得税法第31条、実施条例第97条）。

旧税法でも内資企業のベンチャー投資について優遇措置を講じていた。2007年2月7日財政部・国家税務総局が共同で財税【2007】31号を公表し、「ベンチャー投資企業が持分投資の方式で未上場の中小ハイテク企業に対し2年以上投資し、所定の条件を満たす場合に、その投資額の70％を当該ベンチャー投資企業の損金として算入することができ、当年度に損金算入しきれない場合、以後の納税年度に繰越して損金算入することができる」とした。

新税法は上記の内資企業に対する優遇措置を採用し、かつ外商投資によるベンチャー投資企業（注）にも適用するようにした。

> 注：従来は、外資のベンチャー投資企業に対して上記のような優遇措置がなかった（2003年6月4日国家税務総局「外商投資ベンチャーキャピタルの企業所得税納付の関連問題に関する通知」国税発【2003】61号）。

持分投資は、本来的には損金に算入することができないが、新税法の規定ではベンチャー企業への投資促進のため投資額の一定割合について課税所得額から控除することを認めたものである。

❷ 投資額の損金算入の留意点

投資額に対する一定割合の損金算入については、下記の点に留意する必要がある（実施条例第97条）。

① 投資形態が持分投資に限定されること

　当該優遇措置は、ベンチャー企業投資が持分投資の方法により行われる場合のみ享受できる。
② 未上場の中小ハイテク企業に対し、2年以上投資していること。
③ 持分保有期間が満2年になった年度に損金算入すること。優遇措置を享受できるのは、持分保有期間が満2年になった年度である。旧税法ではこの点について規定がなかった。
④ 損金算入額は、投資額の70％相当額であること。
⑤ 繰り越して損金算入が可能であること。当年度に損金算入しきれない場合、以後の納税年度に繰り越して損金算入することができる。なお、繰越し可能期間に関する定めがなく、無期限の繰越しが可能と判断される。

7．その他の優遇措置

(1) 加速償却及び耐用年数の短縮

　企業の固定資産について、技術の進歩などの理由により、加速償却を行う必要がある場合、耐用年数短縮、あるいは加速償却方法を採用することができる（企業所得税法第32条）。

　旧税法では、内資企業と外資企業の加速償却の優遇措置が異なっていた。

　内資企業に対しては、①科学技術の進歩、環境保護の促進及び国家が投資を奨励する重要設備、及び②常時振動、過度使用あるいは酸、アルカリなどの強力な腐食を受ける機械設備について加速償却方法（200％定率法あるいは級数法）を採用し、証券会社の電子類設備、基準を満たす購入した固定資産あるいは無形資産を構成するソフトウェア、集積回路生産企業の生産性設備については耐用年数を短縮する方法を採用した（国税発【2000】84号、国税発【2003】113号）。

　外資企業に対しては、①酸、アルカリなどの強力な腐食を受ける機械設備及び常時振幅・振動状態にある工場建屋並びに構築物、②使用率を高めることに

より使用強度を強化し、常時昼夜運転状態にある機械及び設備については耐用年数を短縮することができるが、加速償却方法の採用については明確な規定がない（旧外資企業所得税法実施細則第40条）。

新税法は内資企業、外資企業の減価償却に関する優遇措置を統合し、耐用年数の短縮、あるいは加速償却方法を定めた。

① 対象となる固定資産

耐用年数の短縮あるいは加速償却の方法を採用できる固定資産には、以下が含まれる（実施条例第98条）。

1）技術の進歩により、製品のモデルチェンジが早い固定資産
2）常に振動が強く、腐食しやすい状態に置かれている固定資産

② 加速償却と耐用年数短縮の制限

耐用年数を短縮する方法を採用する場合、最短償却年数の60％を下回ってはならない。すなわち、耐用年数を短縮してもそれぞれ下記の耐用年数を下回ってはならない。

	固定資産項目	最短償却年数	短縮後の耐用年数
(1)	建物、構築物	20年	12年
(2)	航空機、列車、船舶、機器、機械及びその他の生産設備	10年	6年
(3)	生産経営に関連する器具、工具、家具など	5年	3年
(4)	航空機、列車、船舶以外の運輸工具	4年	2.4年
(5)	電子設備	3年	1.8年

なお、加速償却方法を採用する場合は、200％定率法あるいは級数法を採用することができる。

③ ソフトウェア産業の耐用年数短縮

2008年2月22日、財政部及び国家税務総局は財税【2008】1号を公表し、ソフトウェア産業などに対して、条件を満たすソフトウェア及び生産設備の耐用年数の短縮を認めた。

1）ソフトウェアの耐用年数の短縮

企業及び事業団体が購入したソフトウェアが、固定資産または無形資産の認識条件を満たす場合、固定資産または無形資産として計上することができ、所轄税務機関の認可を経た上で、減価償却期間を最短2年まで短縮することができる。

2）IC生産企業における生産設備の耐用年数の短縮

所轄税務機関の認可を経た上で、減価償却年数を最短3年まで短縮することができる。

(2) 収入減額

企業が資源を総合的に利用し、国家産業政策の規定に合致する製品を生産することにより取得した収入は、課税所得額の計算時に収入を減額することができる（企業所得税法第33条）。

中国は、80年代半ばから内資企業に対して資源綜合利用の奨励・支援策を打ち出し、税収優遇も実施してきた。1985年9月に国務院の認可を得て旧国家経済委員会（現国家発展和改革委員会）は、国発【1985】117号を公表し、「資源綜合利用目録」に記載する資源綜合利用の製品に対して税収優遇を与えることを明らかにした(注)。また、1994年3月財政部・国家税務総局の財税字【1994】001号において、企業が廃水（工業廃水）、廃気（排ガス）、廃棄物（固体廃棄物）などを原材料として生産を行う場合、5年間企業所得税を免税・半減するとした。

新税法は、旧内資企業所得税法の免税・半減の直接優遇措置を収入減額という間接優遇に切り替え、かつ優遇措置の適用範囲を外資企業にも拡大するとした。

注：資源綜合利用をさらに推進するため1996年8月国務院の認可を得て国家経済貿易委員会などの部門が「更なる資源綜合利用を推進することに関する意見についての通知」を公表し、国の資源綜合利用に関する奨励・支援政策を明らかにした。

収入減額優遇を享受するには、下記の点に留意する必要がある（実施条例第99条）。

① 主要原材料

　税収優遇を享受するため、その主要原材料は「資源総合利用企業所得税収優遇目録」に記載する資源を使用する必要がある（実施条例第101条）。なお、2008年版の「資源総合利用企業所得税収優遇目録」は、財政部・国家税務総局・国家発展改革委員会の共同で2008年8月20日に財税【2008】117号として公布された。

② 製品

　生産した製品は、国家が制限及び禁止（注）をしておらず、かつ国家および業界の関連基準に合致する必要がある。

> 注：2005年12月7日に国務院の認可を得て国家発展及び改革委員会が「産業構造調整指導目録」を公表し、産業を奨励・制限・淘汰の3類に分類した。また、2007年12月1日から改正施行する「外商投資産業指導目録」は、外商投資産業を奨励・制限・禁止の3類に分類した。

③ 収入減額幅

　製品の生産により取得した収入は、90％に減額して収入総額に計上する。すなわち、当規定に該当する場合には、対象製品の売上高の10％相当額が総収入額から減額されることとなる。なお、対応する売上原価等は減額する必要はない。

(3) **費用処理**

　実施条例第45条は、企業が法律、行政法規に準拠して計上した環境保護、生態回復等に用いる専用資金の損金処理を認めている。専用資金の意義・範囲（すなわち、費用項目のみか設備購入資金も含むのか、支出済み金額のみか引当資金も含むのか）に関しては、当該専用資金の根拠となった法令の規定によることとなる。なお、この専用資金を他の用途に充当した場合には、当然のことながら、費用処理の恩典を受けることはできない。

(4) 税額控除

上記(3)の規定に加えて、企業の環境保護、省エネルギー、節水、安全生産などの専用設備への投資額は、その10％相当額を税額控除することができる（企業所得税法第34条、実施条例第100条）。

旧税法下では、財政部・国家税務総局が公表した財税字【1999】290号、財税字【2000】49号において内資、外資企業の技術改造による国産設備の購入に対して税額控除の優遇措置が与えられていた。国産設備には省エネルギー、資源綜合利用及び「三廃」（廃水、廃気、廃棄物）処理、労働保護安全などを目的とする技術改造により購入したものが含まれる。このほか、「三廃」を原材料として生産した製品に対しては5年間、企業所得税が免除されていた（財税字【1994】001号）。

新税法は、旧税法の優遇措置を踏襲し、かつその適用範囲を従来の国産設備から環境保護・省エネルギー・節水・安全生産などの専用設備に拡大した。

投資額の税額控除については、下記の点に留意する必要がある。（実施条例第100条）。

① 対象となる専用設備

　税額控除の対象となる設備は、「環境保護専用設備企業所得税収優遇目録」、「省エネルギー、節水専用設備企業所得税収優遇目録」及び「安全生産専用設備企業所得税収優遇目録」に規定する環境保護、省エネルギー、節水、安全生産などの専用設備である。しかしながら、旧税法が規定していた"国産設備"の要件は削除されている。

　なお、上記の諸目録はまだ公表されておらず、財政部・国家税務総局が国務院の関連部門と共同で制定し、国務院の認可を得た後に公表することになっている（実施条例第101条）。

② 税額控除額

　設備投資額の10％相当額を当年度の納付税額から税額控除できる。

③ 繰越控除

　当年度に控除しきれない場合は、翌期以降の5納税年度内に繰り越して

税額控除することができる。

④ 自社使用

　税額控除の優遇措置を享受するため、企業は専用設備を実際に購入し、かつ自ら使用しなければならない。企業が設備購入後5年以内に他者に譲渡、賃貸した場合、税額控除の適用を停止し、かつ既に控除した税額を追加納付しなければならない。

第4章　経過措置

　新税法の施行後、外資企業に対する優遇措置は廃止されたが、特定の条件を満たす外資企業に対しては移行措置が認められており(企業所得税法第57条)、一定条件の下で優遇措置の継続適用が認められる。

1．軽減税率及び期間減免税

　新税法及び国発【2007】39号により新税法の公布前(2007年3月16日)までに設立を認可された企業(実施条例第131条)の軽減税率及び期間減免税について、下記の経過措置が明らかになった。

　新税法に規定される税収優遇措置に対する過渡的措置について、商務部を中心に新税法公布前に認可を受けて設立した企業だけではなく、2007年12月31日迄に拡大して適用されるべきではないかとの議論がなされていたが、財政部・国家税務総局は国務院の批准を経て2007年8月31日に財税【2007】115号を公表し、2007年3月17日から2007年12月31日迄の期間に登記を経て設立された企業に対しては、過渡的措置を適用しないとの見解を明確に示した。

(1) 軽減税率の経過措置

旧税法の規定に基づいて軽減税率の優遇措置の適用を受けている場合は、新税法施行後5年以内に、段階的に新税法の標準税率に移行する（企業所得税法第57条第1項）。国発【2007】39号により、軽減税率の5年間にわたる段階的な移行は下記のとおりとなる。

① 15％の税率

15％の軽減税率が適用されていた企業に以下の税率を適用し、5年間にわたって標準税率25％に移行する。

納税年度	適用税率
2008年	18％
2009年	20％
2010年	22％
2011年	24％
2012年	25％

② 24％の税率

24％の軽減税率が適用されていた企業は、2008年より標準税率25％が適用される。

軽減税率とその経過措置の詳細は、下記の「(3) **企業所得税経過措置実施表**」を参照のこと。

(2) 期間減免の経過措置

旧税法に基づいて「2免3減」、「5免5減」などの期間減免の優遇措置の適用を受けている場合は、新税法施行後も引き続き期間満了まで優遇措置を継続することができる。ただし、2008年時点で期間減免措置が開始していない企業（まだ利益が出ていない企業）の場合には、新税法の施行年度(2008年)から期間減免措置の起算が開始される（企業所得税法第57条第1項、国発【2007】39号）。

期間減免とその経過措置の詳細は、下記の「(3) **企業所得税経過措置実施表**」

を参照のこと。

(3) 企業所得税経過措置実施表

　国務院の国発【2007】39号は、下記の経過措置実施表を付属文書として添付し、経過措置が適用される優遇措置を公表した。留意すべき点として、以前の税務規定・通達により優遇措置を与えていたとしても、この実施表に明記されていなければ経過措置の適用を受けられないこととなる。

番号	旧根拠法令（軽減税率等）	関連優遇措置の内容
1	旧外資企業所得税法第7条第1項 （15％の軽減）	経済特区に設立された外資企業、経済特区に機構・場所を設立し、生産・経営に従事する外国企業及び経済技術開発区に設立された生産型外資企業は、15％の軽減税率により企業所得税を徴収する。
2	旧外資企業所得税法第7条第3項 （15％の軽減）	沿海経済開放区及び経済特区、経済技術開発区に所在する都市の旧市街区、あるいは国務院が規定するその他の地区に設立された外資企業で、エネルギー、交通、港湾、埠頭または国家が奨励するその他のプロジェクトに属する場合、15％の軽減税率により企業所得税を徴収する。
3	旧外資企業所得税法実施細則第73条第1項第1号 （15％の軽減）	沿海経済開放区及び経済特区、経済技術開発区に所在する都市の旧市街区に設立された、以下のプロジェクトに従事する生産型外資企業は、15％の軽減税率により企業所得税を徴収する。技術集約型、知識集約型のプロジェクト、外商投資が3,000万米ドル相当額以上で、投資回収期間の長いプロジェクト、エネルギー、交通、港湾建設プロジェクト。
4	旧外資企業所得税法実施細則第73条第1項第2号 （15％の軽減）	港湾、埠頭建設に従事する中外合弁経営企業は、15％の軽減税率により企業所得税を徴収する。
5	旧外資企業所得税法実施細則第73条第1項第4号 （15％の軽減）	上海浦東新区に設立された生産型外資企業および空港、港湾、鉄道、道路、発電所などのエネルギー、交通建設プロジェクトに従事する外資企業は、15％の軽減税率により企業所得税を徴

		収する。
6	国務院の上海外高橋、天津港、深圳福田、深圳沙頭角、大連、広州、廈門象嶼、張家港、海口、青島、寧波、福州、汕頭、珠海、深圳塩田保税区に関する返答 （国函【1991】26号、国函【1991】32号、国函【1992】43号【1992】44号、国函【1992】148号、国函【1992】150号、国函【1992】159号、国函【1992】179号、国函【1992】180号、国函【1992】181号、国函【1993】3号など） （15％の軽減）	生産型外資企業は、15％の軽減税率により企業所得税を徴収する。
7	国務院「福建省沿海地区に台商投資区を設立することに関する返答」（国函【1989】35号） （15％または24％の軽減）	廈門台商投資区に設立された台商投資企業は、15％の軽減税率により企業所得税を徴収する。福州台商投資区に設立された生産型台商投資企業は、15％の軽減税率により企業所得税を徴収し、非生産型台商投資企業は、24％の軽減税率により企業所得税を徴収する。
8	国務院の南寧、重慶、黄石、長江三峡経済開放区、北京などの都市の更なる対外開放に関する通知 （国函【1992】62号、国函【1992】93号、国函【1993】19号、国函【1994】92号、国函【1995】16号） （15％の軽減）	省会（首府）都市及び沿江開放都市の以下のプロジェクトに従事する生産型外資企業は、15％の軽減税率により企業所得税を徴収する。技術集約型、知識集約型のプロジェクト、外商投資が3,000万米ドル相当額以上で、投資回収期間の長いプロジェクト、エネルギー、交通、港湾建設のプロジェクト。
9	国務院「蘇州工業園区の開発、建設に関する問題の返答」（国函【1994】9号） （15％の軽減）	蘇州工業園区に設立された生産型外資企業は、15％の軽減税率により企業所得税を徴収する。
10	国務院「外資企業のエネルギー、交通インフラプロジェクトへの従事に対する税収優遇規定の適用範囲拡大に関する通知」（国発【1999】13号） （15％の軽減）	1999年1月1日より、旧外資企業所得税法実施細則第73条第1項第1号第3項目のエネルギー、交通インフラストラクチャー建設に従事する生産型外資企業は、15％の軽減税率により企業所得税を徴収するという規定の適用範囲を全国に拡大する。
11	広東省経済特区条例（1980年8月26日第5期全国人民代表大会常務	広東省深圳、珠海、汕頭経済特区の企業所得税率は15％とする。

第4章 経過措置　107

	委員会第15回会議採択施行） （15%の軽減）	
12	福建省に対する厦門経済特区の建設に関する返答（「80」国函字88号） （15%の軽減）	厦門経済特区の所得税率は15%とする。
13	国務院「海南島の投資開発の奨励に関する規定」（国発【1988】26号） （15%の軽減）	海南島に設立された企業（国家銀行と保険会社を除く）が、生産、経営に従事して得た所得及びその他の所得は、15%の軽減税率により企業所得税を徴収する。
14	旧外資企業所得税法第7条第2項 （24%の軽減）	沿海経済開放区及び経済特区、経済技術開発区に所在する都市の旧市街区に設立された生産型外資企業は、24%の軽減税率により企業所得税を徴収する。
15	国務院「国家観光リゾート区の試験的設置の関連問題についての通知」（国発【1992】46号） （24%の軽減）	国家観光リゾート区内の外資企業は、24%の軽減税率により企業所得税を徴収する。
16	国務院の黒河、伊寧、憑祥、二連浩特市などの辺境都市の更なる対外開放に関する通知（国函【1992】21号、国函【1992】61号、国函【1992】62号、国函【1992】94号） （24%の軽減）	辺境開放都市の生産型外資企業は、24%の軽減税率により企業所得税を徴収する。
17	国務院「南寧、昆明市及び憑祥などの5つの辺境都市、鎮の更なる対外開放に関する通知」（国函【1992】62号） （24%の軽減）	憑祥、東興、畹町、瑞麗、河口の5市（県、鎮）が条件を備えた市（県、鎮）に辺境経済合作区を設置することを許可し、それら辺境経済合作区内の輸出を主とする生産型内聯企業は、24%の軽減税率により企業所得税を徴収する。
18	国務院「南寧、重慶、黄石、長江三峡経済開放区、北京などの都市の更なる対外開放に関する通知」（国函【1992】62号、国函【1992】93号、国函【1993】19号、国函【1994】92号、国函【1995】16号） （24%の軽減）	省会（首府）都市及び沿江開放都市の生産型外資企業は、24%の軽減税率により企業所得税を徴収する。
19	旧外資企業所得税法第8条第1項 （「2免3減」）	生産型外資企業で、経営期間が10年以上の場合には、利益獲得年度から第1年度及び第2年度

		は企業所得税を免除し、第3年度から第5年度までは半減して企業所得税を徴収する。
20	旧外資企業所得税法実施細則第75条第1項第1号 （「5免5減」）	港湾、埠頭建設に従事する中外合弁経営企業で、経営期間が15年以上の場合には、企業が申請し、所在地の省、自治区、直轄市の税務機関の認可を得て、利益獲得年度から第1年度から第5年度までは企業所得税を免除し、第6年度度から第10年度までは半減して企業所得税を徴収する。
21	旧外資企業所得税法実施細則第75条第1項第2号 （「5免5減」）	海南経済特区に設立された、空港、港湾、埠頭、鉄道、道路、発電所、炭鉱、水利などのインフラプロジェクトに従事する外資企業及び農業の開発経営に従事する外資企業で、経営期間が15年以上の場合には、企業が申請し、海南省の税務機関の認可を得て、利益獲得年度から第1年度から第5年度までは企業所得税を免除し、第6年度度から第10年度までは半減して企業所得税を徴収する。
22	旧外資企業所得税法実施細則第75条第1項第3号 （「5免5減」）	上海浦東新区に設立された、空港、港湾、鉄道、道路、発電所などのエネルギー、交通建設プロジェクトに従事する外資企業で、経営期間が15年以上の場合には、企業が申請し、上海市の税務機関の認可を得て、利益獲得年度から第1年度から第5年度までは企業所得税を免除し、第6年度度から第10年度までは半減して企業所得税を徴収する。
23	旧外資企業所得税法実施細則第75条第1項第4号 （「1免2減」）	経済特区に設立された、サービス業に従事する外資企業で、外商投資額が500万米ドル相当額を超え、経営期間が10年以上の場合には、企業が申請し、経済特区の税務機関の認可を得て、利益獲得年度から第1年度は企業所得税を免除し、第2年度及び第3年度は半減して企業所得税を徴収する。
24	旧外資企業所得税法実施細則第75条第1項第6号 （「2免」）	国務院が決定した国家ハイテク産業開発区に設立された、ハイテク企業の認定を受けた中外合弁経営企業で、経営期間が10年以上の場合には、企業が申請し、所轄の税務機関の認可を得て、利益獲得年度から第1年度及び第2年度の企業

第4章 経過措置 109

		所得税を免除する。
25	旧外資企業所得税法実施細則第75条第1項第6号 国務院：「『北京市新技術産業開発試験区暫定条例』に関する返答」（国函【1988】74号）	北京市新技術産業開発試験区に設立された外資企業には、北京市新技術産業開発試験区の税収優遇規定を適用する。試験区の新技術企業は設立日から、第3年度までは企業所得税を免除する。また、北京市人民政府の指定部門の認可を得て、第4年度から第6年度度までは15%あるいは10%の税率により、軽減して企業所得税を徴収する。
26	旧内資企業所得税法第8条第1項	優遇または奨励する必要のある民族自治地方の内資企業で、省級人民政府の認可を得て、期間減税あるいは免税を実行する場合、経過措置の適用期間は5年を超えてはならない。
27		海南島に設立された企業（国家銀行及び保険会社を除く）のうち、港湾、埠頭、空港、鉄道、発電所、炭鉱、水利などのインフラストラクチャーの開発経営に従事する企業及び農業の開発経営に従事する企業で、経営期間が15年以上の場合、利益獲得年度から第1年度から第5年度まで企業所得税を免除し、第6年度から第10年度までは半減して企業所得税を徴収する。
28	国務院「海南島の投資開発の奨励に関する規定」（国発【1988】26号） 27：「5免5減」 28：「2免3減」 29：「1免2減」	海南島に設立された企業（国家銀行及び保険会社を除く）のうち、工業、交通運輸業などの生産型業種に従事する企業で、経営期間が10年以上の場合、利益獲得年度から第1年度及び第2年度は企業所得税を免除し、第3年度から第5年度までは半減して企業所得税を徴収する。
29		海南島に設立された企業（国家銀行及び保険会社を除く）のうち、サービス業に従事する企業で、投資総額が500万米ドル相当額あるいは2,000万人民元を超え、経営期間が10年以上の場合、利益獲得年度から第1年度は企業所得税を免除し、第2年度と第3年度は半減して企業所得税を徴収する。
30	国務院「『国家中長期科学及び技術発展計画要綱（2006-2020年）の若干の付属政策の実施に関する通知』の実施について」（国発	国家ハイテク産業開発区内に新しく設立されたハイテク企業は、厳格な認定を受けて、利益獲得年度から2年間は企業所得税を免除する。

【2006】6号）
(「2免」)

(4) 経過措置の適用における留意点

経過措置が適用される企業であっても、新税法の収入と損金算入の関連規定に基づき課税所得額を計算しなければならない。経過措置はあくまで新税法の下で企業に優遇措置を継続させるものであるので、新税法の収入と損金算入の関連規定に基づき課税所得額を計算する必要がある。

企業に適用される経過措置と新税法の優遇措置が重複する場合は、企業がより有利な優遇措置を選択して適用することができるが、優遇措置を二重に享受してはならない。また、一旦選択したら変更することはできない。

2．経済特区と上海浦東新区の新設ハイテク企業

法律により設置された対外経済協力と技術交流を発展させるための特定地域、及び国務院が既に上述の地域の特別政策を適用することを規定した地域内に新たに設立された、国家が重点的に支援する必要のあるハイテク企業は、経過措置の適用を受けることができ、具体的な方法は国務院が規定することになっている（企業所得税法第57条第2項）。新税法実施後、国務院が国発【2007】40号を公表し、その経過措置の詳細を明らかにした。

(1) 経過措置の適用範囲について

法律により設置された対外経済協力と技術交流を発展させるための特定地域とは、深圳、珠海、汕頭、厦門、海南経済特区をいう。また、国務院が当該特別政策を実施することを規定した地域とは、上海浦東新区をいう。

国家が重点的に支援する必要のあるハイテク企業とは、コアとなる自主知的財産権を保有し、同時に新税法規定の条件を満たし、かつ「ハイテク企業認定管理弁法」により認定を受けたハイテク企業をいう。

(2) 経過措置の内容と課税所得額の計算

　経済特区及び上海浦東新区内において、2008年1月1日以降に登記を完了した国家が重点的に支援する必要のあるハイテク企業が、経済特区及び上海浦東新区内で取得した所得について、最初に生産経営収入を取得した年度から起算し、「2免3減」の優遇措置を継続して適用する。

　新設されたハイテク企業が、同時に経済特区及び上海浦東新区以外の地域においても生産経営に従事する場合、経済特区及び上海浦東新区内で取得した所得を単独で計算し、かつ企業の期間費用を合理的に配分しなければならず、単独で計算していない場合には、経過措置の適用を受けることはできない。

　経過措置の適用期間内において、再審査あるいはサンプリング調査などで不合格となり、ハイテク企業の資格が取り消された場合、資格が取り消された当年度より、経過措置の適用を停止する。その後に再びハイテク企業の認定を受けた場合にも継続して、あるいは改めて経過措置の適用を受けることはできない。

3．新税法における再投資税額還付

(1) 再投資税額還付廃止後の処理

　外商投資を奨励するため、旧外資企業所得税法は再投資の税額還付措置を設けていたが、新税法は再投資による税額の還付措置を廃止した。廃止された再投資優遇は、下記の2つがある。

　① 40％の税額還付

　　外国投資者が外資企業から取得した利益（すなわち、配当金）を直接当該企業に再投資して増資するか、またはその他の外資企業に投資し、経営期間が5年を下回らない場合には、投資者の申請により税務機関の許可を経て、再投資部分に対応する配当払い企業の所得税既納税額の40％の税額を還付する（旧外資企業所得税法第10条、同実施細則第80条〜第82条）。

② 全額税額還付

　外国投資者が中国国内において直接再投資して製品輸出企業または先進技術企業を設立または拡張した場合、及び海南経済特区内の企業から獲得した利益を海南経済特区内の基盤施設プロジェクト並びに農業開発企業に直接投資した場合に、その再投資部分の所得税既納税額を全額還付する。

　再投資税額還付廃止後の経過措置を明確にするため、国家税務総局は国税発【2008】23号において、下記のように定めた。

　外国投資者が再投資を行い、かつ2007年末までに再投資事項を完成し、かつ国家工商管理部門にて変更または登録登記を完成した場合は、旧外資企業所得税法及びその関連規定に基づいて、再投資に対する税額の還付を行う。2007年末以前に2007年度の未処分利益（中間配当）を利用して再投資を行う場合は、税額の還付は行わない。なお、2008年以降の再投資も税額の還付の対象にならない。

(2) 再投資還付の再付与

　2008年2月22日、財政部・国家税務総局は財税【2008】1号を公表し、ソフトウェア産業などに対して2008年1月1日から2010年末まで再投資還付の優遇措置を付与した。

①　一般地域のIC生産企業などへの再投資

　IC生産企業、実装企業（原文：封装企業＝ICのbonding技術とpackaging技術を持つ企業）の投資者が、当該企業からの配当金をもって、当該企業に増資するか、あるいは他のIC生産企業、実装企業を設立し、その経営期限が5年以上の場合、この再投資部分にかかる当該企業の既納付企業所得税額の40％を還付する。ただし、5年未満で撤退した場合には、還付された企業所得税を再納付しなければならない。

②　西部地区のIC生産企業などへの再投資

　国内外の投資者が、中国国内で得た配当金をもって、西部地区のIC生産企業、実装企業あるいはソフトウェア生産企業を設立し、その経営期限が5年以上の場合、当該再投資部分にかかる当該配当支払い企業の既納付

企業所得税額の80％を還付する。ただし、5年未満で撤退した場合には、還付された企業所得税を再納付しなければならない。

4．西部開発に対する優遇措置

　新税法実施後、従来の西部開発に対する企業所得税の優遇措置について、国務院の国発【2007】39号により明らかになった。すなわち、2001年12月30日財政部、国家税務総局、税関総署が共同で公表した「西部大開発の税収優遇措置問題に関する通知」（以下「財税【2001】202号」という）に規定する西部大開発の企業所得税優遇措置は、2008年以降も継続して適用されることになった。

　財税【2001】202号による西部大開発に係る企業所得税の優遇措置は下記のとおりである。

(1) 適用範囲

　優遇措置の適用範囲には、重慶市、四川省、貴州省、雲南省、西蔵自治区、陝西省、甘粛省、寧夏回族自治区、青海省、新疆ウィグル自治区、新疆生産建設兵団、内蒙古自治区及び広西壮族自治区（以下「西部地区」という）が含まれる。なお、湖南省湘西土家族苗族自治州、湖北省恩施土家族苗族自治州、吉林省延辺朝鮮族自治州も西部地区の税収優遇措置を執行することができる。

(2) 具体的内容

①　15％の軽減税率

　　西部地区に設立された国家奨励類産業の内資企業及び外資企業は、2001年から2010年までの期間について15％の軽減税率で企業所得税を徴収する。

　1）内資企業

　　　「国家が当面、重点的に発展を奨励する産業、製品及び技術の目録(2000年改訂)」（1997年12月31日国務院の承認を得て国家発展計画委員会が第

6号令により公表。2000年8月31日国務院の承認を得て改訂）に規定する産業項目を主要業務とし、その主要業務収入が総収入の70％以上を占める企業をいう。

2）外資企業

「外商投資産業指導目録（2007年改訂）」（2007年10月31日国務院の承認を得て国家発展和改革委員会・商務部が第57号令により改訂）に規定する奨励類項目及び「中西部地区外商投資優勢産業目録（2004年改訂）」（2000年6月国務院の承認を得て国家経済貿易委員会、国家発展計画委員会と対外経済貿易合作部が共同で公表。2004年7月23日国家発展和改革委員会・商務部改定）に規定する産業項目を主要業務とし、その主要業務収入が総収入の70％以上を占める企業をいう。

② 減税・免税

省級人民政府の認可を得て、民族自治地方の内資企業は、一定の期間に企業所得税を減税あるいは免除することができ（新税法では類似の減税・免税規定を定めている。企業所得税法第29条）、外資企業は地方所得税（旧外資企業所得税法の地方所得税（3％）は新税法では廃止された）を減税あるいは免除することができる。中央企業の所得税減免の審査認可権限及び手続については、関連規定に基づいて執行する。

③ 2免3減

西部地区に新設された交通、電力、水利、郵政、ラジオ・テレビ企業で、上述の項目の業務収入が企業の総収入の70％以上を占める場合には、企業所得税について以下のような優遇措置を享受することができる。ここにいう新設された交通企業とは、新たに設立された道路、鉄道、航空、港湾、埠頭の運営及びパイプライン運輸に従事する企業をいう。新設された電力企業とは、新たに設立された電力の運営に従事する企業をいう。新設された水利企業とは新たに設立された河川、湖の総合治水、水防、灌漑、水供給、水資源の保護、水力発電、水土の保持、河の浚渫、河・海の堤防建設などの水利開発、水害防止に従事する企業をいう。新設された郵政企業と

は、新たに設立された郵政運営に従事する企業をいう。新設されたラジオ・テレビ企業とは、新たに設立されたラジオ・テレビの運営に従事する企業をいう。

1）内資企業

　　生産経営を開始した日から第1年度と第2年度は企業所得税を免除し、第3年度から第5年度まで企業所得税を半減徴収する。

2）外資企業

　　経営期間が10年以上の場合、利益獲得年度から第1年度と第2年度は企業所得税を免除し、第3年度から第5年度まで企業所得税を半減徴収する。

第5章　外国税額控除

1．外国税額控除の基本概念

　中国の居住者企業（及び中国国内に PE を有する非居住者企業。以下同じ）が外国において稼得した所得については、外国で課税された後、中国において再度課税されることになる。そこでこのような二重課税排除の方策をとる必要がある。外国税額控除制度は、居住者企業が外国において納付した所得税額を居住者企業の納付税額から控除することにより、外国において稼得した所得に対して、外国と本国で二重に課税された所得税額のうち、外国で納付した税額の控除を認めるものである。

　外国税額控除制度において、税額控除の対象になる所得税には、まず居住者企業が外国において直接支払う税金、例えば配当、利子、使用料に課税される源泉税がある（直接外国税額控除）。また外国子会社から配当を受けた場合に、その配当に係る子会社の企業所得税額も、居住者企業が間接的に支払ったものと見なされ、外国税額控除の対象となる（間接外国税額控除）。

　日本、中国とも外国税額控除制度を採用しているが、日本がすべての国外源泉所得を一括して控除限度額を計算する一括限度額方式を採用しているのに対

し、中国は国別に控除限度額を計算する国別控除限度額方式を採用した。また、日本は外国法人に対して外国税額控除制度を適用しないのに対し、中国では、前述のごとく、外国法人の中国国内PEに実質的関連を有する所得に対して認めているのが特徴である。

2．旧税法における外国税額控除制度の概要

外国税額控除制度は、中国において新税法で初めて採用された制度ではなく、旧税法においても限定的に採用されていた。以下、旧税法における外国税額控除制度について概観することにする。

(1) 旧外資企業所得税法

旧外資企業所得税法において、外国税額控除は第12条に規定されていた。

> 第12条（外国税額控除）　外商投資企業が中国国外に源泉を有する所得につき国外ですでに納付した所得税額については、合算して納税する際にその納付額より控除することを認める。ただし、控除税額はその国外における所得につき本法の規定に従って算出される納税額を超えてはならない。

上記のように、旧外資企業所得税法において、外商投資企業が国外所得について納付した所得税額について、中国における外国税額控除が認められていた。これは直接外国税額控除に当るものであり、間接外国税額控除に関する規定はない。

さらに、旧外資企業所得税法実施細則において、上記の「国外ですでに納付した所得税額」の定義を明確にしており、すなわち、旧外資企業所得税法第12条にいう「国外ですでに納付した所得税額」とは、外商投資企業が中国国外源泉所得について国外で実際に納付した所得税額を意味し、一担納付後に還付されたり、他者のために肩替り納付した税額を含まないとしている。

また、「国外における所得につき本法の規定に従って算出される納税額」の

定義については、外商投資企業の国外所得の獲得のために計上すべき原価、費用および損失を控除し、課税所得額を得た後に算出される納付すべき税額を意味するとし、この納付すべき税額、すなわち控除限度額は、国別に分けるものとする。控除限度額の計算式は以下のとおりである。

> 外国所得税税額控除限度額＝国内・国外所得につき納付すべき税額の総額
> 　　　　　　　　　　　×国外源泉所得額／国内・国外所得総額

　外商投資企業が国外源泉所得について国外で実際に納付した所得税額が、上記の算式により算出した控除限度額を下回る場合は、納付すべき税額から国外における実際の納付所得税額を控除することができる。もし控除限度額を超えてしまう場合は、その超過部分は税額控除あるいは費用支出として処理してはならないが、当該年度以後の年度税額から、限度額を超えない金額を控除することができる。ただし、控除期間は最長5年を超えることはできない。

　なお、これらの規定は総機構（本店）を中国国内に設置している外商投資企業に限り適用され、税額控除を受ける際は、国外の税務機関が記入、発行した同年度の納税証憑原本を提出しなければならない。コピー（複本）や異なる年度の証憑をもって税額控除の証明とすることはできない。

(2) 旧内資企業所得税法

　旧内資企業所得税法においても、旧外資企業所得税法と同趣旨の外国税額控除制度が、同じく第12条に規定されていた。

> 第12条（外国税額控除）　納税者が中国国外に源泉を有する所得につき国外ですでに納付した所得税額については、合算して納税する際にその納付額より控除することを認める。ただし、控除税額はその国外における所得につき本条例の規定に従って算出される納税額を超えてはならない。

　旧外資企業所得税法と同じく、規定されているのは直接外国税額控除に関してのみであり、間接外国税額控除については規定されていない。また実施細則

において、上記条文の内容をさらに明確化しているが、その趣旨は既に説明した旧外資企業所得税法実施細則とほぼ同じものであるため、ここでは詳細な説明を省略する。

　新税法における外国税額控除制度の詳細を見る前に、旧税法と新税法の外国税額控除制度の大きな違いを下の表にまとめてみる。

新税法と旧税法の外国税額控除制度の比較

	新企業所得税法	旧外資企業所得税法	旧内資企業所得税法
直接外国税額控除	可能 (控除限度有)	可能 (限定限度有)	可能 (控除限度有)
間接外国税額控除	可能 (控除限度有)	不可	不可

3．新税法における外国税額控除制度の概要

　上記の表のように、新税法においては、旧税法においても認められていた直接外国税額控除に加え、新たに間接外国税額控除の制度も導入された。ここでは、新税法における外国税額控除制度の概要について見ていく。

(1) 直接外国税額控除

　新税法は直接外国税額控除について、第23条で規定しており、旧税法と同じく、国外源泉所得に対してすでに国外で納付した所得税額を、中国企業所得税額の計算において控除する事を認めている。なお、国外で納付した所得税額とは、中国国外源泉所得に対して、当該国の租税法規に基づき、かつ実際に納付した企業所得税の性質を有する税額をいうと定義されている（実施条例第77条）。

(2) 間接外国税額控除

新税法は間接外国税額控除について、第24条で規定している。

これは国外の子会社からの配当に相当する所得に対して、その子会社が国外で課税された所得税を、配当を受けた中国居住者企業が支払ったものと見なして、控除限度額内で税額控除を認めるものである。すでに見たように、間接外国税額控除制度は旧税法には規定がないが、新税法において新たに加えられたものである。

その理由は、中国経済の発展に伴い中国企業による海外進出、外国企業への投資が急速に増大し、かつそのような海外進出を税制面からも奨励するためである。

4．新税法における外国税額控除制度に関する定義の詳細

新税法において規定される外国税額控除制度の内容については、実施条例において、より詳細に定義されているので、それを見ていくことにする。

(1) 国外で納付した所得税額

企業所得税法第23条に規定する外国税額控除対象となる「すでに国外で納付した所得税額」とは、企業の中国国外源泉所得について、中国国外の税収法律及び関連規定に基づき納付すべきであり、かつ実際に納付済みの企業所得税の性質を持つ税金を指す（実施条例第76条）。

当該規定は、旧法である内資と外資企業所得税制度の関連規定から継続されたものである。旧内資企業所得税法実施細則第39条の規定によれば、外国税額控除の国外における既納付税額とは、納税者の中国国外源泉の所得について、国外において実際に納付した所得税額を指すものであり、税減免、または納税した後に補償を受け、または他人が負担を引き受けた税額は含まれないものとしている。しかし、相手国が中国と租税条約を締結している場合には、租税条約の規定が適用される。また、旧外資企業所得税法実施細則第83条の規定によ

れば、外国税額控除の国外における既納付税額とは、外商投資企業が中国国外源泉の所得について、国外において実際に納付した所得税額を指すものであり、納税した後に補償を受けた税額、または他人が負担を引き受けた税額は含まれないものとしている。

　実施条例第77条の規定の要点は、以下のとおりである。

> ①　外国税額控除できるすでに国外で納付した外国税額とは、企業の中国国外源泉の所得につき、中国国外の法律及びその関連規定に基づき納付した税額を指す。

　すなわち、税額控除対象外国税は中国国外の税収法律及びその関連規定に基づき計算されたものであり、中国の国内税収法律及びその関連規定に従うものではない。つまり、第1に重要な根拠は、中国国外の税収法律である。各国は基本的に法律を通じて、企業所得税の内容を規定しているため、中国国外の税収法律は間違いなく企業が中国国外で企業所得税を納付する主要な根拠となる。しかし、税収制度の本来の特殊性及び各国自らの法律制度のアレンジの特殊性により、多くの企業所得税に関する規定は必ずしも税収法律に含まれるものではない。つまり、その他の法律効力を有する関連規定も企業所得税を納付する根拠となる。

> ②　税額控除できる税は、企業所得税の性質を持つ税金に限られている。

　国によって、企業所得税に対する呼び方は様々である（例えば、法人税等）。それらは性質を同じくするものであり、つまりは企業の所得に対して徴収する税収であるため、外国税額控除制度において企業所得税と同じ待遇を与えられる必要があり、また認められるべきものである。逆に、仮に名称は企業所得税であるものの、実質が企業の所得に対して徴収されるものでない場合には、税額控除できる税とすべきではない。よって税額控除できる税は、その名称にかかわらず、その税の特性を考慮したうえで判断される。

③ 税額控除できる税額は、企業の納付すべき税金であり、かつ実際に納付済みの税金に限られている。

　外国税額控除の目的は、企業のある特定の所得につき、二重課税を受けることを実質的に排除するものである。よって控除できる税金は、企業の納付すべき外国税であり、かつ実際に納付済みの税額に限られている。

　したがって、中国国外の税収法律及び関連規定に基づき企業所得税の性質を持つ税金を納付する必要がない場合、いわゆる企業所得税額を納付したとしても、"納付すべき税額"ではなく、その税額を税額控除することはできない。企業は、そもそもその税金を納める義務はないため、二重課税されることもあり得なかったためである。

　次に、企業の実際に納付した税金を指している。これも外国税額控除において求められている実質原則を反映するものある。企業の負う本来の納税義務が、その実際に履行している納税額と食い違いを生じるケースは、各国が特定の経済または社会発展の目標を達成するため、異なる形式と程度の税収優遇政策を規定しており、それら優遇政策の適用を受ける場合に生じる。それらの税収優遇に関する政策は、納税者の法的義務について、国家が財政上で譲歩するものであるとも言える。それらの減免された優遇税額は、税額控除できる税額の範囲にはならない。したがって、"みなし外国税額控除"はない。

　それ以外に、企業の中国国外源泉の所得につき納付した企業所得税が、他の企業から負担あるいは補償を受けられるものであれば、当該企業が実質的に負担すべき税額ではないため、税額控除の範囲にならない。

(2) **控除限度額**

　企業所得税法第23条にいう控除限度額とは、企業の国外源泉所得について、企業所得税法と実施条例の規定に基づき計算した納付税額を指す。国（地域）ごとに所得項目を分けずに計算するものとし（国（地域）別限度計算方式）、その計算式は、以下のとおりである（実施条例第78条）。

> 控除限度額＝企業所得税法及び実施条例に基づき計算される中国国内及び国外所得の総納付税額×某国（地域）に源泉を有する課税所得額／中国国内及び国外課税所得総額

　現在、世界で使われている税額控除方法は、国（地域）別限度額方式、一括限度額方式、所得別限度額方式などがある。国（地域）別限度額方式とは、居住者企業がそれぞれの国（地域）を源泉とする所得を区分したうえ、それぞれの国（地域）の控除限度額を計算する方式である。一括限度額方式とは、居住国で居住者企業の国外源泉の全ての課税所得額を合計したうえ、全体として一括で控除限度額総額を計算する方式である。所得別限度額方式とは、納税者の国外源泉の所得を項目別に分類し、項目毎に控除限度額を計算する方式であり、納税者が各種類の国外所得につき国外で納付した税額は、同じ所得項目の控除限度額内で税額控除される。

　各控除方式は実務においてそれぞれのメリットとデメリットがあり、各国は各要因を総合的に評価した上で、計算方式を定めている。

　一般的には、納税者の国外におけるすべての拠点とも利益が出ている場合は、納税者にとって、一括限度額控除方法を適用したほうが、国（地域）別限度額方式より有利である。国（地域）別限度額方式では、各国（地域）の限度控除額を互いに融通することができず、企業所得税率が居住国より高い国（地域）において納付した税金を全額控除することができない。

　居住国の税収にとっては、国（地域）別限度額方式は、手続が煩雑であるにもかかわらず、納税者が居住国より高税率国において納付した限度額を超える税金をもって、居住国より低税率の国で納付した限度額を下回る税金と通算することを防ぐことはできる。一方、一括限度額方式は、手続が簡単であるが、納税者に多くの租税回避の機会を与える可能性がある。

(3)　控除限度額の計算

　国（地域）別控除限度額の具体的な計算は、以下のプロセスに基づいて行わ

れる。

> ステップ1：企業の国内と国外所得につき、企業所得税法及び実施条例の規定に基づいて納付すべき所得税額総額を算出する。

すなわち、企業の取得する中国国内と国外源泉の各種類の所得につき、企業所得税法及び実施条例の規定に基づいて納付すべき税額を算出することであり、課税所得額の確定、適用税率の確定、具体的な計算方法など、すべて企業所得税法及び実施条例の規定に従うものとし、中国国外の法律と関連規定に準ずるものではない。

> ステップ2：特定の国（地域）を源泉とする課税所得額を算出する。

その課税所得額の計算と確定、すなわち各種費用の損金算入と按分なども全て企業所得税法及び実施条例の規定に従うものとし、中国国外の法律と関連規定に準ずるものではない。

> ステップ3：ステップ1で算出した総所得額と企業所得税額とステップ2で算出した国（地域）別課税所得額に基づき限度額を算定する。

本条に規定する計算方式と計算方法は、一般的な情況下で企業が直接控除できる限度額の計算方式と方法である。企業と所得によって、外国税額控除の情況は複雑になることを考慮し、場合によっては、国家の税収を確保するため、あるいは納税者の税負担バランスをよくするために、本条に規定する控除の計算式に、例外規定が追加される必要がある。従って、国務院財政、税務所轄部門は、国（地域）別限度方式以外の計算方法及びその計算式も規定することができることを実施条例第78条は規定している。

(4) 5ヶ年度の解釈

企業所得税法第23条にいう5ヶ年度とは、企業が取得した中国国外源泉所得について、すでに中国国外で納付した企業所得税の性質を有する税額が控除限

度額を超過した年度の翌年から起算し、連続する5納税年度を指す（実施条例第79条）。

旧内資企業所得税法実施細則第41条の規定によれば、納税者が国外において実際に納付した所得税額が控除限度額を超える場合には、その超過部分は税額控除を行うことはできず、費用支出として計上することもできないと規定していた。また、旧外資企業所得税法実施細則第85条の規定も同様に規定していた。しかし、新税法では次年度以降に限度額の余裕額の範囲内で税額控除に使用することができ、この限度超過外国税額の繰越期間は最長5年とした。

この5年の期限は連続的に計算されるものであり、中途でのいかなる中断も認められず、その計算単位は、企業所得税法と実施条例に規定する納税年度である。また明確にされた点として、5年が繰越しの最長期限であり、5年超過後は打ち切られ、損金に算入することもできない。

(5) 直接支配と間接支配の基準

企業所得税法第24条にいう直接的に支配するとは、居住者企業が直接的に外国企業の20％以上の持分を保有することであり、間接的に支配するとは、居住者企業が間接的持分保有の形式により外国企業の20％以上の持分を保有することを指し、具体的な認定方法は国務院財政、税務所轄部門が別途規定することとされている（実施条例第80条）。

本条は、企業所得税法第24条に規定する間接外国税額控除の「直接支配」及び「間接支配」の定義に関する規定である。企業所得税法第24条によれば、居住者企業が直接あるいは間接的に支配する外国企業から取得した、中国国外源泉の配当金などの権益性投資収益について、外国企業が国外で実際に納付した所得税額のうち当該所得が負担する部分は、当該居住者企業の控除できる国外所得税額として、法第23条に規定する控除限度額の範囲内で控除することができる。

ここでいう「外国企業」とは、他の国（地域）の法律により、中国国外に設立された会社、企業及びその他の経済組織を指す。本法にいう居住者企業と非

居住者企業とは異なる概念である。居住者企業とは、中国の法律に準拠し中国国内に設立された企業、及び外国（地域）の法律に準拠し設立されたが、実際の管理機構が中国国内にある企業とその他の組織をいう。非居住者企業とは、外国（地域）の法律に準拠し設立され、中国国内に実際の管理機構を有していないが、中国国内に機構と場所を設立している企業、あるいは中国国内に機構と場所を有していないが、中国国内源泉の所得がある企業をいう。

すなわち、外国企業は中国の居住者企業である可能性もある。当該外国企業が居住者企業に直接的にあるいは間接的に支配されることについて、いかに規定するかは、居住者企業の控除税額に影響を与えるものである。ただ、この問題は実際取扱い上の経験に基づき確定あるいは調整される必要があるため、企業所得税法は、それに対して具体的に規定しないものとした。

実施条例の草案においては、法第24条にいう居住者企業より直接あるいは間接に支配される外国企業は、以下の企業を含むものとされていた。

(1) 単一の居住者企業により直接あるいは間接的に25％以上の持分を保有される外国企業
(2) 本条第(1)項に規定する外国企業により直接的に25％以上の持分を保有され、そして単一の居住者企業が1つあるいはいくつかの前述の外国企業を通して、間接的に25％以上の持分を保有する外国企業
(3) 本条第(1)項あるいは第(2)項に規定する外国企業より直接的に25％以上の持分を保有され、そして単一の居住者企業が1つあるいはいくつかの前述の外国企業を通して、間接的に25％以上の持分を保有する外国企業

草案の内容に対して意見を求められた際に、草案における外国企業に関する定義は、やや複雑で、理解し難いものであり、構造もはっきりしておらず、それに25％の持分保有比率も高過ぎ、国内企業の外国進出にとってあまり有利といえず、国際的に通用している基準ともあまり一致していないと、多くの企業と専門家から指摘された。

例えば、アメリカ、カナダ、イギリス、オーストラリア、メキシコなどの規定では、国内法人が直接あるいは間接的に外国法人の10％以上の議決権を有す

る持分を保有すれば、国内法人が当該外国法人から取得した配当金は、外国税額控除を享受できるものとしている。日本とスペインでは、控除を受けられる持分比率を25％以上と規定している。中国が締結している租税条約（例えば、アメリカ、イギリス、マレーシア、日本等）によれば、間接税額控除を受けられる条件として、相手国の法人の10％以上の持分を保有するものとされている。

　規定の筋立てをはっきりさせるため、草案の内容が簡略化された。すなわち、直接支配と間接支配に分けて定義し、持分保有の比率について、国内企業の海外進出を奨励するため、国際的に通用している基準を参考にしながら、実施条例において初めて被支配子会社の概念を採用したことも考慮したうえ、持分保有比率を5ポイント引き下げ、20％にすると規定した。

　本条の規定について、以下のごとくに理解することができる。

① 　企業所得税法にいう居住者企業により直接的に支配される外国企業とは、居住者企業により直接的に20％以上の持分を保有される外国企業をいう。企業が他の企業を通して間接的に投資する外国企業は、ここには含めない。さらに、この持分は議決権の有無に関係なく、居住者企業が当該外国企業の持分を20％以上保有すれば、居住者企業に直接的に支配される企業と認定され、企業所得税法及び本条例に規定する間接外国税額控除が適用される。

② 　企業所得税法にいう居住者企業により間接的に支配される外国企業とは、居住者企業が間接的保有の方式により、その外国企業の20％以上の持分を保有することをいう。間接的に支配される外国企業に対する定義は、直接的に支配される外国企業の定義より、比較的複雑なものであり、また、各国の実務上の取扱い方法も一致していない。

　本条に規定する間接的に支配される外国企業について、以下のごとくに理解することができる。まず、ここでは居住者企業が外国企業の持分を保有する方式は間接保有に限られており、直接的な投資関係と明確に区別される。また、実施条例では、草案段階で規定されていた具体的な投資ストラクチャーを削除し、国務院財政、税務所轄部門が実際の状況に応じて、

別途規定するものとした。次に、居住者企業が間接的に外国企業の20％以上の持分を保有すること。この持分は議決権の有無を問わない。これは多くの海外諸国の基準と一致しておらず、制限にゆとりがあるもので、この間接外国税額控除を適用できる居住者企業の範囲を拡大するためである。また、20％の持分保有比率は総合的な比率要求である。つまり、最終的に間接的に被支配外国企業の持分の20％を居住者企業に所有されるのであれば、この居住者企業がいくつの外国企業を通して本条例に規定する外国企業を間接に支配するかを問わず、居住者企業に間接的に支配される外国企業となる。したがって、この間接持分割合を充足すれば、孫会社以下の外国企業も含まれることとなる。

(6) 納税証憑の提供義務

企業が企業所得税法第23条、第24条の規定に基づき外国税額を税額控除する場合、国外の税務機関が発行した税額の帰属年度の納税証憑を提供しなければならない（実施条例第81条）。

本条は、企業が税額控除する際の証拠提供義務に関する規定である。企業所得税法第23条、24条は外国税額控除について規定しているものの、外国税額控除の具体的な控除プロセスなどについて規定していない。外国税額控除の実施可能性を向上させるため、実施条例においてそれに対して規定する必要がある。

本条の規定は、旧内資と外資企業所得税法に相応の規定はなかったもので、新しく追加された内容である。内容から見れば、それは税収徴収管理に関するものであり、税収徴収管理法を参考にすることができるだろうと考えられるが、実際、税収徴収管理法に規定されるのは、あくまでも税収徴収管理の一般的な問題に過ぎないため、実施条例は本条を通してその内容について規定するものとしたものである。

外国税額控除において、税務機関の徴収管理権限及び徴収管理能力などの要素を考慮すれば、中国の税務機関は居住者企業の国外における納税情況を正確に把握することが難しく、居住者企業の国外で納付した企業所得税の性質を持

つ税金に対する調査は実務上も実行可能性が低い。一方、居住者企業は、自ら国外で行った活動の結果について入手できる情報や資料が比較的容易であるため、その活動に関する疎明資料を提出することが可能である。また、中国における納付税額に関する資料を自らが提供するのは、実務上も実行可能であり、また比較的合理的なものと考えられる。よって、本条は居住者企業が外国税額控除を受ける際に、関連の証明資料を提供する義務があると規定しているものである。

また、これらの納税証憑は国外の税務機関が発行したものでなければならないと規定している。各国は国家機関の設置、機能配置、言語文字などにおいて大きな差異があるため、ここにいう「税務機関」は税収徴収管理の機能を有する国外の機関なら、名称はどのようであろうとも、本条に規定する国外の税務機関に属するものと考えられる。

そのほか、各国の納税証憑の様式、内容、管理などは千差万別であるため、簡単に一律に規定することは不可能である。よって、本条に求められる「関連納税証憑」とは、具体的に納税証憑の名称と形式について規定せず、中国の税務機関が実際の徴収管理において、個別に認定する。居住者企業が本条の規定に基づき、中国国外の税務機関が発行した税額の帰属年度の関連納税証憑を提供できない場合には外国税額控除の恩典を受けることができない。

5．検討のポイント

これまでご紹介した外国税額控除に関し、企業が検討すべきポイントを以下に述べる。

① 現状、中国における外国税額控除制度が日本企業又は日本企業の中国子会社に与える影響は、極めて限定的と言える。日本企業の中国子会社が、中国外の国や地域に投資を行って海外の会社を直接的あるいは間接的に支配し、あるいは海外の企業から配当、利子、使用料等を受け取るケースは多くないためである。

② 日本企業にとってまず考慮すべきことは、むしろ日本側の外国税額控除であろう。中国の新企業所得税法の施行、旧外資企業所得税法の廃止、それに伴い日中租税条約の適用に与える変化を注意深く検討する必要がある。例えば、1991年に日中両政府間で締結された交換公文に基づくみなし税額控除に与える影響など（これについては、日中租税条約の項（224頁、228頁）を参照されたい）である。

③ 事例はあまり多くないが、日本企業が中国に投資を行う際、海外に子会社を持つ中国の会社に資本参加をするようなケースでは、新企業所得税法に基づく、外国税額控除制度（直接外国税額控除、間接外国税額控除）にも注意する必要がある。

④ 旧税法（内資企業所得税法、外資企業所得税法）に規定されていなかった、間接外国税額控除制度が新しい企業所得税法に導入されたことで、中国企業にとっては、海外投資におけるタックス・プランニングの余地が以前より拡大したと言える。

⑤ 外国税額控除制度の整備は、新企業所得税法の他の諸規定と相まって、中国企業の対外進出を税制面から促進することになるだろう。一方で、中国企業は、被支配外国企業（CFCルール）などの新たなコンプライアンス上の課題に直面する事になる。

⑥ 中国企業の対外進出の増加によって、日本に投資し、日本企業を子会社化する、あるいは日本に子会社を新たに設立する中国企業も増加していく可能性がある。日系企業の中国進出という形で拡大してきた日中間のビジネスは新たな局面に入り、中国系企業の日本における移転価格問題など、新たな税務上の問題が発生するかもしれない。

⑦ 間接外国税額控除を享受するための重要な条件は、直接または間接に外国企業の20％以上の持分を保有することであるから、海外投資を行う中国企業にとっては、海外の投資先企業に対し20％以上の持分を維持することが、間接税額控除による税務上のメリットを享受し続けるために重要となる。

⑧　中国企業が間接的に外国企業の20％以上の持分を持つことに関し、他の国や地域の税制も考慮しながら、外国企業に対する最適な持株構造を検討することになるだろう。

⑨　中国企業にとっては、中国と他の国家あるいは地域とが締結した租税条約（協定）を利用して、日本におけるみなし外国税額控除の適用を検討することも重要となる。

以上、企業所得税法及び実施条例に規定する外国税額控除制度の内容を検討したが、以下の諸点が不明確であり、今後の通達等による補完が必要であると思われる。

①　持分割合の計算方式。すなわち、外国企業が種類の異なる株式を異なる価格で発行している場合における持分割合の算定基準（発行済み株式数、資本金割合等）や間接持分割合の算定式が明示されていない。

②　国外源泉所得額の算定方法の詳細。特に間接外国税額控除に際して、管理費や支払利息を配賦する必要の有無及び必要な場合の算定方法が不明である。

③　税額控除限度の余裕額の繰越しの可否。

④　間接外国税額控除における控除対象外国税額の処理方法。すなわち、所得加算（グロスアップ）の要否が明文化されていない。

第6章　徴収管理

1．徴収管理と税収徴収管理法

　新税法は企業所得税の徴収管理について章を設けて居住者企業、非居住者企業の納税地、納税年度、予納及び予納申告、確定申告、納付手段などの企業所得税の徴収管理について定めている。

　税収の徴収管理については、「中華人民共和国租税徴収管理法」（2001年4月28日全国人民代表大会常務委員会が採択、改正。以下「租税徴収法」という）があり、徴税管理、税金の徴収、税務調査、罰則などの規程が盛り込まれている。法律上の位置づけとしては、税収徴収管理に関する一般法に相当する。新税法の徴収管理規定と租税徴収法との関係では、特別法に相当する。従って、特別法である新税法の徴収管理規定が優先適用され、新税法に規定がない場合には、租税徴収法の徴収管理規定が適用されることとなる（企業所得税法第49条）。以下、新税法の徴収管理について解説する。

2．居住者企業の納税地

(1) 納税地

　旧内資企業所得税法では、国家が別途規定する場合を除き、納税者はその所在地の所管税務機関で企業所得税を納付すると規定されていた。納税者の所在地とは、その登録地ではなく、納税者が実際に経営管理を行う場所の所在地をいい、鉄道運営、民間航空輸送、郵便通信企業などについては、その経営管理及びコントロールに責任をもつ機構が納付すると定めていた（旧内資企業所得税法第14条。旧内資企業所得税法実施細則第43条）。

　新税法は、居住者企業と非居住者企業の概念を導入したため、納税地も居住者企業と非居住者企業を区分し、それぞれその納税地を規定した。すなわち、税収法律、行政法規に別途規定がある場合を除き、居住者企業はその登録地を納税地とする、ただし、登録地が国外である場合、その実際の管理機構の所在地を納税地とすると規定された（企業所得税法第50条1項）。ここでいう登録地とは、企業が国家の関連規定に基づき登録した住所所在地をいう（実施条例第124条）。

　中国では登記機関の登記を経た企業の住所は1ヶ所しかないため（「会社登記管理条例」国務院令第451号第12条）、登録地の判断は比較的に簡単であるが、実務上は居住者企業が低税率の地域を登録地として登録し、他の地域で実際の経営管理を行うことが散見される。登録地と実際の経営管理地が異なる場合、登録地を納税地とすると、税収の地域間の移転の問題（注）が生じる恐れがあるため、新税法では下記で説明する合算納税方法により地域間の企業所得税の配分問題を解決することとした。

　　　注：旧税制における地方財源（独立採算制企業による現地納付、3％地方企業所得
　　　　　税の廃止など）を確保するためには、地域間の企業所得税の配分問題を解決す
　　　　　る必要がある。

(2) 合算納税への統合

　合算納税とは、居住者企業がその本部機構（本店）と分支機構（"分公司"と

も呼ばれ、支店・工場等の本店以外の事業単位)の経営所得を合算して、本部機構で統一して申告納税することをいう。合算納税を通じて分支機構間の利益と欠損を相殺することにより企業の税負担を軽減することができる。居住者企業が中国国内に法人格を有しない営業機構を設立する場合は、その本部機構が企業所得税を一括で計算し、納付しなければならない（企業所得税法第50条2項）。

旧税法では、内資企業と外資企業とで異なる納税方法を規定していた。旧内資企業所得税法では、独立採算制を採用する企業または組織が、その所在地の所管税務機関に納付することとし（旧内資企業所得税法第2条、旧内資企業所得税法実施細則第43条）、分支機構でも独立採算制をとっていれば所在地で納税することになっていた。外資企業については、中国国内に分支機構を設立した場合、本部機構の所在地で合算申告して所得税を納付し、営業機構ごとに異なる税率を適用して納税する場合には、各営業機構の課税所得額を合理的に区分計算し、異なる税率により所得税を納付しなければならないとされていた（旧外資企業所得税法実施細則第91条から第93条）。したがって、同一企業内であっても独立採算制を採用している場合（内資企業）、または地域毎に異なる税率を適用する場合（外資企業）には、各単位の損益を他単位の損益と通算することができなかった。

新税法は、旧内資企業所得税法と旧外資企業所得税法を統合し、同一の納税方法（合算納税）を採用した。このように、新税法は居住者企業の本部機構と分支機構間、また非居住者企業の中国における2ヶ所以上の機構・場所の合算納税を認めたが、国務院が別途規定する場合を除いて企業間の連結納税は認められていない（企業所得税法第52条）。なお、現時点では別途の規定は定められていないため、企業グループによる連結納税を行うことはできない。

(3) 居住者企業の合算納税と企業所得税の分配

新税法の合算納税に関する規定を細分化し、さらに新税法実施後における中央と地方の企業所得税財源の分配を調整するため、2008年1月15日に財政部は財予【2008】10号を公表し、省市を跨いだ居住者企業の合算納税及び地域間の

企業所得税の配分について明らかにした。

なお、財予【2008】10号の適用対象とならない企業の予定納税手続に関しては、143頁以下を参照。

❶ 財予【2008】10号の適用対象

① 省市を跨いだ居住者企業が適用対象となる。省市を跨いだ居住者企業とは、複数の省（自治区、直轄市及び計画単列市）を跨いだ法人格を有しない営業機構（支店、工場等）を設置している企業。省市を跨いだ法人格を有しない営業機構を設置していない居住者企業には、従来の規定を適用し、財予【2008】10号は適用しない。

② 中央と地方の共有収入に該当する企業所得税を納付する居住者企業。具体的には、鉄道運輸企業（広鉄集団及び大秦鉄道会社を含む）、国有郵政企業、中国工商銀行株式会社、中国農業銀行、中国銀行株式会社、国家開発銀行、中国農業発展銀行、中国輸出入銀行、中央匯金投資有限会社、中国建設銀行株式会社、中国建銀投資有限会社、中国石油天然ガス株式会社、中国石油化工株式会社及び海洋石油天然ガス企業（香港、マカオ、台湾及び外商投資、外国海上石油天然ガス企業を含む）などが含まれる。納付する税収入が中央と地方の共有収入とされていない企業には、財予【2008】10号を適用しない。

③ 主要生産経営機能を有さず、かつ現地で営業税、増値税を納付しない製品のアフターサービス・内部研究開発・倉庫保管など、企業の内部補助的な二級分支機構及び前年度に条件に合致した小規模低利益企業及びその分支機構には、財予【2008】10号を適用しない。

④ 居住者企業が中国国外で法人格を有しない営業機構を設立した場合には、財予【2008】10号を適用せず、本店所在地での予納は行わない。したがって、企業が財予【2008】10号に基づき、企業所得税を計算・予納する際には、その実際の利益額、納税額及び分担する査定要素額に国外の営業機構は含められず、それらは確定申告においてのみ反映されることとなる。

❷ 合算納税と企業所得税の配分

居住者企業が納付する企業所得税は、「統一的に規範し、本部機構と分支機構所在地の利益を共に考慮する」との原則に基づき、「統一計算、分級管理、現地予納、確定申告、財源配分」の徴収管理方法が採用された。

① 統一計算

居住者企業がそれぞれの法人格を有しない営業機構を含む企業の全課税所得額、納付税額を統一的に計算することをいう。本部機構・分支機構に適用される税率が相違する場合には、各々の課税所得額と納税額を分けて計算し、それぞれの税率にて納税額を算定する。

② 分級管理

本部機構・分支機構が所在地の主管税務機関によりそれぞれ監督管理されることをいう。本部機構・分支機構所在地の主管税務機関は、各々の機構に対する監督管理責任を有し、本部機構・分支機構はそれぞれ税務登記を行い、所在地の主管税務機関の監督管理を受ける。

③ 所在地予納

本部機構・分支機構が規定の比率に基づき、月ごとまたは四半期ごとにそれぞれの所在地の主管税務機関に申告、予納を実施することをいう。

④ 確定申告

年度終了後に、本部機構が企業所得税の年度確定申告を行うことをいう。確定申告において、本部機構は統一的に計算した当該年度の課税所得額、納税額に基づき、本部機構・分支機構が現地において予納した税額を控除した後、本部機構が過大納付分について還付を受け、過少納付分は追加納付する。なお、実務上は過大納付の還付には長期間を要するので留意が必要である。

⑤ 財源配分

財政部が定期的に中央国庫に納入される企業所得税の未分配収入を査定された係数に基づき、地方政府へ調整・配分することをいう。

❸ 所在地予納について

　所在地予納は、暫定的に本部機構及び主要生産経営機能を有する二級分支機構（金融機関を含む全国規模の国有企業等において、省レベルの母店的機能を有する事業所。なお、その母店の傘下にある県レベル事業所が三級分支機構、市レベル事業所が四級分支機構となる）のみに適用される。三級以下の分支機構は、その経営収入、従業員給与、及び資産総額などを二級分支機構の数値に算入する。

① 予納方式

　　居住者企業は、査定された納税額に基づき、本部機構・分支機構がそれぞれ月ごと、または四半期ごとに所在地で予納する。予納方式には、各予納期間の会計上の税引前利益（原則的方法）、前年度の課税所得額、または税務当局が指定する利益率に基づく予納税額算定の3方式があるが、一旦確定した方式を当該年度において変更することはできない。

② 所在地での予納

　　本部機構は、企業の利益額、納税額を統一計算し、本部機構・分支機構ごとにそれぞれ予納する。

③ 分支機構の予納税額及び計算

　　本部機構は、毎月または毎四半期終了後の10日以内に、前年度（1－6月は一昨年度、7－12月は前年度)における各省市の分支機構の経営収入、従業員給与と資産総額の3つの要素に基づき、統一計算した企業の当期納税額の50％相当額を各分支機構間で分担納付する。各分支機構（当年に新設された分支機構は翌年から分担に加わり、当年に閉鎖した分支機構は翌年から分担計算から除外する）は、分担税額に基づき所在地予納の手続を行い、納付された税収は中央と地方に60：40の割合で配分される。

1）分支機構の経営収入

　　経営収入とは商品販売、または役務提供などの経営において実現した全ての営業収入を意味し、生産経営企業の経営収入は商品販売、役務提供などにより取得した全収入、金融業の経営収入は取得した利息と手数

料などの全収入、保険業の経営収入は取得した保険料収入などの全収入をいう。

2) 分支機構の従業員給与

従業員給与とは、企業が従業員の提供する役務の対価として支出した、各種形式の報酬及びその他関連支出をいう。

3) 分支機構の資産総額

資産総額とは、企業が前年度（1-6月期は一昨年度末現在、7-12月は前年度末現在）に保有または支配する無形資産以外の貨幣価値をもって計算される経済資源総額をいう。

④ 計算式

各分支機構の分担予納総額は、以下の公式により計算する。

> 各分支機構の分担予納総額＝全分支機構の分担予納総額×当該分支機構の分担比率

全分支機構の分担予納総額＝統一計算した企業の当期納税額×50％

当該分支機構の分担比率＝（当該分支機構の経営収入／各分支機構の経営収入総額）×0.35＋（当該分支機構の従業員給与／各分支機構の従業員給与総額）×0.35＋（当該分支機構の資産総額／各分支機構の資産総額の合計）×0.30

計算例：

居住者企業Ａ社の、当該納税年度における本部機構・分支機構の予納総額は2,500千人民元であり、また所在地予納義務のある分支機構2ヶ所を保有し、営業収入、給与総額、資産総額は、それぞれ下表の通りとする。上記の算式で計算した結果、本部機構、分支機構Ｂ、分支機構Ｃの四半期予納額は、それぞれ312.5千人民元、229.97千人民元、82.53千人民元となる。

単位：千人民元

	予納総額	本部機構	分支機構計	分支機構B	分支機構C
予納額分担（50%）	2,500	1,250	1,250		
分支機構分担額					
営業収入			4,200	3,500	700
分担率（35%）				0.29	0.06
給与総額			1,300	900	400
分担率（35%）				0.24	0.11
資産総額			10,400	7,000	3,400
分担率（30%）				0.20	0.10
分担比率				0.74	0.26
分担予納額		1,250	1,250	919.87	330.13
所在地予納年間		1,250	1,250	919.87	330.13
四半期		312.5	312.5	229.97	82.53

⑤　本部機構の予納

1）所在地への予納

　　本部機構は、統一計算した当期納税額の25％を所在地で納税し、納付された税収は中央と本部機構の所在地に60：40の割合で分配される。

2）中央国庫への予納

　　本部機構は、統一計算した当期納税額の残りの25％を所在地の中央国庫に納税する（実際に所在地予納を行うとき、本部機構が所在地予納税額と中央国庫への予納税額を合算して所在地で納付手続を行う）。60％は中央収入とし、40％は財政部が2004年から2006年の3年間に各省市へ実際に分配された企業所得税の地方分配総額に占める割合に基づき、各省市に分配される。

❹　確定申告

確定申告は、本部機構が関連規定に基づき本部機構所在地の税務機関に対し

て行い、各分支機構は確定申告はしない。企業は一括計算した年度税額に基づき、本部機構と国内の各分支機構の予納済み税額を控除し、過大納付分について還付受け、過少納付分を追加納付する。

3．非居住者企業の納税地

(1) PEに実質的関連を有する所得（企業所得税法第3条第2項所得）

非居住者企業の中国国内に有する機構・場所に実質的関連を有する国内及び国外所得は、その機構・場所の所在地が納税地となる（企業所得税法第50条1項）。

(2) 2ヶ所以上の機構・場所の合算納税

非居住者企業が中国国内に2ヶ所以上の機構・場所を設立している場合には、税務機関の審査認可を経て、主たる機構・場所が企業所得税を合算納税することを選択できる（企業所得税法第51条）。

① 主たる機構・場所の条件

旧外資企業所得税法でも外国企業の営業機構の合算納税に関する類似規定があった（旧外資企業所得税法実施細則第89条）。新税法は、旧税法の規定をそのまま引き継ぎ、以下の条件を同時に満たす機構・場所を主たる機構・場所としている（実施条例第126条）。

1）その他の各機構・場所の生産経営活動に対する監督管理責任を負うこと

2）帳簿、証憑を完備し、各機構・場所の収入、原価、費用及び損益の状況を正確に反映することができること

② 税務機関の審査認可

2ヶ所以上の機構・場所の合算納税に関する審査認可は、各機構・場所の所在地の税務機関に共通する上級税務機関が行う（実施条例第127条第1項）。

旧外資企業所得税法では、2ヶ所以上の機構・場所の合算納税の審査認可について、合算申告納税に係る各営業機構が同一の省、自治区並びに直轄市に設立されている場合には、省、自治区並びに直轄市税務機関が認可し、2ヶ所以上の省、自治区並びに直轄市に設立されている場合には、国家税務総局が認可することとなっていた（「旧外資企業所得税法実施細則」第90条）が、新税法はこれを上級税務機関に統一した。

　非居住者企業が合算納税の認可を得た後に、機構・場所の増設、合併、移転、停止、閉鎖が必要になった場合、合算納税を行う主たる機構・場所が事前に所在地の税務機関に報告する義務があり、また合算納税を行う主たる機構・場所の変更が必要な場合にも、規定の手続に基づき税務機関の審査認可を得る必要がある（実施条例第127条2項）。

(3) 企業所得税法第3条第3項所得

　非居住者企業が企業所得税法の第3条第3項所得を取得した場合には、前述のとおり、源泉徴収義務者の所在地が納税地となる。

4．納税年度

(1) 納税年度

納税年度について、新税法は下記のとおり規定した。
① 西暦年度

　　企業所得税は、納税年度ごとに計算する。納税年度は、会計法の規定を受けて西暦の1月1日から12月31日までである（企業所得税法第53条第1項）。したがって、企業は会計年度や納税年度を独自に決定することはできない。
② 開業又は事業終了時の納税年度

　　企業が一納税年度の途中で開業、あるいは経営活動を終了させ、当該納税年度の実際の経営期間が12ヶ月に満たない場合は、実際の経営期間を一

納税年度としなければならない（企業所得税法第53条第2項）。

③　清算期間の納税年度

企業が清算するときは、清算期間を一納税年度としなければならない（企業所得税法第53条第3項）。

(2) 外資企業の納税年度の見直し

新税法の納税年度に関する規定は、旧内資企業所得税法と同様であるが、旧外資税法とは異なっている。旧外資企業所得税法では、納税年度は原則として西暦の1月1日から12月31日までであったが、外国企業が西暦納税年度に基づいて課税所得を計算することが困難な場合には、申請書を提出して所轄税務機関の承認を受けた後、本社の12ヶ月を満たす会計年度を納税年度とすることができるとしていた（旧外資企業所得税法実施細則第8条第2項）。新税法は「中華人民共和国会計法」（第11条）との整合性を取るため、居住者企業、非居住者企業を問わず、すべての会社に対して西暦納税年度を適用することにした。

実務上は、旧外資企業所得税法に基づき本社の12ヶ月を満たす会計年度を納税年度として認可を受けた外資企業があるため、従来の納税年度から新納税年度への経過措置が必要となった。このため、国家税務総局は、国税函【2008】301号を公表し、その取扱いを下記のとおり明確にした。

「旧法の規定に基づき、主管税務機関の認可を経て、満12カ月の会計年度を以って納税年度とする外国企業は、その2007年から2008年までの納税年度を2007年12月31日までとし、かつ旧税法に定めた税率に基づき企業所得税を計算・納付する。2008年1月1日より、外国企業は一律に西暦年度を納税年度とし、新税法に定めた税率に基づき企業所得税を計算・納付する。」

5．予納と予納申告

(1) 企業所得税の予納

省市を跨いだ居住者企業の予納については、134頁以下に示した財予【2008】10号に定めた納税手続に従うが、その他の企業の予納手続は下記のとおりである。

① 予納期限

企業は月ごとまたは四半期ごとに予納する（実施条例第54条第1項）。しかし、月ごとの予納を行うか、それとも四半期ごとの予納を行うかについては、税務機関が具体的な査定を行う（実施条例第128条第1項）。

企業は、査定された月または四半期の終了日から15日以内に、税務機関に企業所得税予納申告表を提出し、税金を予納する（実施条例第54条2項）。

旧税法では、内資企業と外資企業について異なる予納期限を実行していた。内資企業に対しては、月ごとまたは四半期ごとに予納するとされ（旧内資企業所得税法第15条）が、外資企業に対しては、四半期ごとに予納するものとし（旧外資企業所得税法第15条）、月ごとの予納は実施していなかった。新税法では、内資企業と外資企業の予納期限を統一し、月ごとまたは四半期ごとに予納するとした。

② 予納税額の計算

月ごとまたは四半期ごとの予納税額は、月次または四半期の会計上の税引前利益額に基づき計算するが、利益額に基づく予納が困難な場合は、前納税年度の課税所得額に対する税額の1／12（月次予納の場合）、または1／4（四半期予納の場合）の額、または税務機関が認めるその他の方法により予納額を計算することができる。予納方法は一旦確定した後、当該納税年度内において変更することはできない（実施条例第128条第2項）。

(2) 小規模低利益企業の予納

国家税務総局は、小規模低利益企業の所得税予納問題について以下のとおり

通知した（国税函【2008】251号）。

① 申告書の記入

前年度に小規模低利益企業の条件に合致している企業が、当該年度の利益額に基づき予納する場合には、「企業所得税月（四半期）度納税申告書（A類）」（国税函【2008】44号、付属文書1）に記入する際は、「利益総額」の5％の相当額を、「減免税額」内に記入する。

② 従業員数、資産総額について

「従業員数」は、企業の年間平均従業員数に基づいて計算し、「資産総額」は、企業の年初と年末の資産総額の平均に基づいて計算する。

③ 証明資料の提出

企業が当期初回の企業所得税を予納する際は、主管税務機関へ前年度において小規模低利益企業条件に合致することを証明する関連証明資料を提出しなければならない。

主管税務機関が、企業が提出した関連証明に対する照合を行った結果、企業が前年度に小規模低利益企業条件に合致しないと認定した場合、当該企業は小規模低利益企業として当期の申告を行うことはできない。

④ 事実確認

納税年度終了後、主管税務機関は企業の当期の関連指標に基づいて、企業が当期に小規模低利益企業の条件に合致するか否かを事実確認しなければならない。

企業の当期関連指標が小規模低利益企業の条件に合致しないにもかかわらず、小規模低利益企業の減免税所得額により計算した場合は、年度の確定申告時に追加納付する必要がある。

(3) **予納の経過措置**

企業所得税の予納業務を滞りなく行うため、2008年1月30日に国家税務総局は国税発【2008】17号を出し、予納に関する経過措置を公表した。

① 2008年1月1日以前にハイテク企業と認定された企業については、新税

法の関連規定に基づき改めてハイテク企業として認定を受けるまでは、暫定的に25％の税率で予納する。上記の企業が新税法に定めるその他の優遇措置及び国務院が規定する経過措置を適用する場合は、関連規定に従う。

② 深圳市、アモイ市経済特区以外の企業及び上海浦東新区内の非生産型外資企業及び内資企業が、月ごとの予納方式を採用していた場合は、2008年の第1四半期は四半期ごとの予納に変更する。

③ 認可を経て合算納税を行っていた企業が、月ごとの予納方式を採用していた場合は、2008年第1四半期は四半期ごとの予納に変更する。

(4) 予納申告書

2008年1月9日に国家税務総局は、新税法に準拠した新たな納税申告書類を公表した（国税函【2008】44号）。各種申告書の様式とその記入方法の詳細については、国家税務総局のURLにて確認することができる。

http://www.chinatax.gov.cn/n480462/n480513/n480902/7419739.html

なお、企業所得税の予納申告の具体方法について、例えば、上海市は企業所得税の予納申告を四半期ごととし、推定利益課税方式を適用する居住者企業については暫定的に月ごとに予納申告を行う旨を規定しており（滬国税所一【2008】39号）、所在地の税務機関の関連規定も合わせて確認する必要がある。

予納申告書には、A類申告書とB類申告書がある（A類、B類申告書は次頁参照）。

A類申告書は、実際所得課税方式を適用する居住者企業及び中国国内に機構を設立する非居住者企業の月（四半期）ごとの予納申告に用いる。

B類申告書は、推定利益課税方式を適用する納税者の月（四半期）ごとの予納申告に用いる。

146 第2編 企業所得税法の解説

中華人民共和国
企業所得税月（四半期）度予納申告書（A類）

税額帰属期間： 年 月 日至 年 月 日
納税者識別番号：□□□□□□□□□□□□□□□
納税者名称： 　　　　　　　　　金額単位：人民元（角、分まで記入）

番号	項　目	当期金額	累計金額
1	一、実際利益額に基づく予納		
2	営業収入		
3	営業原価		
4	利益総額（注）		
5	税率（25%）		
6	納付税額（4番×5番）		
7	減免税額		
8	実際納付済み税額		―
9	追加（還付）税額（6番－7番－8番）		―
10	二、前納税年度の課税所得額に基づく予納		
11	前納税年度課税所得額		―
12	当月（四半期）課税所得額（11番÷12または11番÷4）		
13	税率（25%）	―	―
14	当月（四半期）納付税額（12番×13番）		
15	三、税務機関が決定するその他方法に基づく予納		
16	当月（四半期）決定する予納額		
17	本部・分支機構納税者		
18	本部機構	本部機構の分担税額（9番、14番または16番×25%）	
19		中央財政が集中分配する税額（9番、14番または16番×25%）	
20		分支機構の分担税額（9番、14番または16番×50%）	
21	分支機構	分担比例	
22		分担税額（20番×21番）	

　声明：この納税申告書は《中華人民共和国企業所得税法》、《中華人民共和国企業所得税法実施条例》および国家の関連税収規定に基づき記入され、偽りのない、信頼できる、完全なものである。
　　　　　　　　　　　　法定代表者（署名）：　　　　年　月　日

納税者公印： 会計主管： 記入日：　年　月　日	代理申告中介機関公印： 取扱者： 取扱者執業証番号： 代理申告日：　年　月　日	主管税務機関受理専用印： 受理者： 受理日：　年　月　日

国家税務総局監制

注：国税函【2008】44号により公表された本申告書は、本欄の記載に誤りがあり、国税函【2008】635号によりその誤りと今後の対処方法を明かにした。すなわち、本欄の「利益総額」を「実際利益額」にあらためるが申告書様式の変更は困難なため、使い切るまで、取り敢えず現行の申告書を使用し、記載は国税函【2008】635号に基づき記載することになった。

中華人民共和国
企業所得税月（四半期）度予納申告書（B類）
税額帰属期間： 　年　月　日至　年　月　日

納税者識別番号：☐☐☐☐☐☐☐☐☐☐☐☐☐☐☐

納税者名称：　　　　　　　　　　　　金額単位：人民元（角、分まで記入）

項　　　目		番号	累計金額
課税所得額の計算	収入総額に基づく課税所得額	収入総額	1	
		税務機関が決定する課税所得率（％）	2	
		課税所得額（1番×2番）	3	
	原価費用に基づく課税所得額	原価費用総額	4	
		税務機関が決定する課税所得率（％）	5	
		課税所得額「4番÷（1－5番）×5番」	6	
	経費支出に基づく課税所得額	経費支出総額	7	
		税務機関が決定する課税所得率（％）	8	
		経費支出換算による収入額「7番÷（1－8番）」	9	
		課税所得額（8番×9番）	10	
納付税額の計算		税率（25％）	11	
		納付税額（3番×11番、6番×11番または10番×11番）	12	
		減免税額	13	
追加（還付）税額の計算		予納済み税額	14	
		追加（還付）税額（12番－13番－14番）	15	

声明：この納税申告書は《中華人民共和国企業所得税法》、《中華人民共和国企業所得税法実施条例》および国家の関連税収規定に基づき記入され、偽りのない、信頼できる、完全なものである。　　　　　法定代表者（署名）：　　　　年　月　日

納税者公印： 会計主管： 記入日：　年　月　日	代理申告仲介機関公印： 取扱者： 取扱者執業証番号： 代理申告日：　年　月　日	主管税務機関受理専用印： 受理者： 受理日：　年　月　日

国家税務総局監制

6．確定申告と納税資料

(1) 確定申告の期限

　企業は年度終了日から5ヶ月以内（すなわち、翌年の5月31日まで）に、税務機関に年度企業所得税納税申告書を提出して確定申告を行い、納付すべき税額、還付されるべき税額を精算しなければならない（企業所得税法第54条第3項）。

　確定申告の期限について、旧税法下では内資企業と外資企業とで期限が異なっていた。内資企業は年度終了後4ヶ月以内に確定申告が必要であった（旧内資企業所得税法第15条）が、外資企業は年度終了後5ヶ月以内に確定申告を行うことになっていた（旧外資税法第15条）。新税法は、確定申告の期限を内資企業、外資企業とも5ヶ月に統一した。

(2) 確定申告書

　現時点において新税法下における予納申告書の様式は公表されているが、確定申告書様式は公表されていない。しかし、参考までに旧外資企業所得税法における確定申告書様式及び別表（附表）の表題を以下に示した。

（旧外資企業所得税法上）

中華人民共和国
外商投資企業及び外国企業所得税年度申告書（A類）

納税者識別番号：

徴収管理番号：

納税年度：自　年月　日　　　　至　　年　月　日

金額単位：人民元

企業名称		香港・マカオ・台湾		郵便番号		電話番号	
住　　所		生産、経営開始日	年　月　日	経済類型コード及名称			
経済業種コード及名称		利益獲得年度		銀行名称及口座番号			
項　　目		帳簿金額		法に基づく申告金額		備　考	
収入額の計算	1、主営業務収入						
	2、主営業務原価						

控除額の計算	3、主営業務税金及び附加			
	4、営業費用			
	5、管理費用			
	6、財務費用			
課税所得額の計算	7、主営業務利益(欠損)額 $7=1-2-3$			
	8、その他業務利益(欠損)額			
	9、営業外収支純額			
	10、その他損益純額			
	11、利益(欠損)総額 $11=7+8+9+10-4-5-6$			
	12、その他納税すべき項目の増(減)額			
	13、規定に基づき補填可能な過年度欠損額			
	14、課税所得額 $14=11+12-13$			
	15、技術開発費の税引き前追加控除			
	16、実際の課税所得額 $16=14-15\geq 0$			
納付すべき税額の計算	17、適用税率(30%、24%、15%)			
	18、納付すべき企業所得税額 $18=16*17$			
	19、実際の徴収率(%)			
	20、実際納付すべき企業所得税額 $20=16*19$			
	21、減(免)企業所得税額 $21=18-20$			
納付すべき地方所得税額の計算	22、適用税率(3%)			
	23、納付すべき地方所得税額 $23=16*22$			
	24、実際の徴収率(%)			
	25、実際納付すべき地方所得税額 $25=16*24$			
	26、減(免)地方所得税額 $26=23-25$			
追加(還付)税額の計算	27、実際納付すべき所得税額 $27=20+25$			
	28、国外追加納付所得税額			
	29、国内外実際納付すべき所得税額 $29=27+28$			
	30、政策性所得税控除額			
	31、政策性所得税控除額を控除後実際納付すべき所得税額 $31=29-30\geq 0$			
	32、全年予納済み企業所得税額			
	33、全年予納済み地方所得税額			
	34、実際追加(還付)すべき所得税額 $34=31-32-33$			
	35、過年度損益追加(還付)すべき企業所得税額			

	36、過年度損益追加(還付)すべき地方所得税額		
	37、全年実際追加（還付）すべき所得税額合計 37＝34＋35＋36		
声　明	この納税申告書は《中華人民共和国外商投資企業及び外国企業所得税法》の規定に基づき記入され、偽りのない、信頼できる、完全なものである。 　　　　　　　　　　　　　　　　　　　　　　　　　声明者署名：		

会計主管署名：	代理申告者署名：	企業公印：	記入日：
税務機関受付日：		取扱者：	税務機関公印： 国家税務総局監制

附表リスト

　　附表１：《営業収入表》（A01）

　　附表２：《営業原価（支出）明細表》（A02）

　　附表３：《管理費用、営業費用明細表》（A03）

　　附表４：《無形資産、長期前払費用、その他長期償却資産表》（A0301）

　　附表５：《固定資産減価償却状況表》（A04）

　　附表６：《財務費用状況表》（A05）

　　附表７：《登録資本金払込状況表》（A06）

　　附表８：《営業外収支状況表》（A07）

　　附表９：《その他損益明細表》（A08）

　　附表10：《年度欠損補填状況表》（A09）

　　附表11：《本部機構、分支機構或営業機構課税状況調整集計表》（A10）

　　附表12：《本部機構、分支機構或営業機構経営状況年度申告表》（A1001）

　　附表13：《本部機構、分支機構或営業機構課税所得額分配状況表》（A1002）

　　附表14：《その他納税すべき項目調整明細表》（A11）

　　附表15：《外国税額控除計算表》（A12）

　　附表16：《外商投資企業及び外国企業がその関連企業との取引状況年度申告表》（A13－A）

　　附表17：《外商投資企業及び外国企業与其関連企業との取引状況年度申告表》（A13－B）

　　附表18：《過年度損益調整納付すべき所得税状況表》（A14）

中華人民共和国
外商投資企業及び外国企業所得税年度申告書（B類）

納税者識別番号：
徴収管理番号：

納税年度：自　　　年　月　日　　　至　　　年　月　日

金額単位：人民元

企業名称		香港・マカオ・台湾		郵便番号		電話番号	
住　所		生産、経営開始日		経済類型コード及び名称			
経済業種コード及び名称		利益獲得年度		銀行名称及び口座番号			
項　目		帳簿金額		法に基づく申告金額		備　考	
査定する課税所得額の計算	1、収入総額						
	2、税務機関が査定する利益率（%）						
	3、課税所得額 3＝1＊2						
経費支出の換算による課税所得額	4、経費支出総額						
	5、換算による収入額						
	6、税務機関が査定する利益率（%）						
	7、課税所得額 7＝5＊6						
納付すべき税額の計算	8、適用税率（%）						
	9、納付すべき企業所得税額 9＝3＊8或7＊8						
	10、実際の徴収率（%）						
	11、実際納付すべき企業所得税額 11＝3＊10或7＊10						
	12、減（免）企業所得税額 12＝9－11						
納付すべき地方所得税額の計算	13、適用税率（%）						
	14、納付すべき地方所得税額 14＝ 3＊13或7＊13						
	15、実際の徴収率（%）						
	16、実際納付すべき地方所得税額 16＝3＊15或7＊15						
	17、減（免）地方所得税額 17＝14－16						
追加(還付)税額の計算	18、全年予納済み企業所得税額						
	19、全年予納済み地方所得税額						

20、追加（還付）すべき企業所得税額 20＝11－18		
21、追加（還付）すべき地方所得税額 21＝16－19		
22、追加（還付）すべき所得税額 22＝20＋21		
声　明	この納税申告書は《中華人民共和国外商投資企業及び外国企業所得税法》の規定に基づき記入され、偽りのない、信頼できる、完全なものである。 　　　　　　　　　　　　　　　　　　　　　　　　　　声明者署名：	
会計主管署名： 税務機関受付日：	代理申告者署名：	企業公印： 取扱者：	記入日： 税務機関公印： 国家税務総局監制

(3) 年度途中終了と清算所得の取扱い

① 年度途中終了の確定申告

　企業が年度の途中で経営活動を終了する場合、実際の経営終了日から60日以内に、税務機関に当期の企業所得税の確定申告を行わなければならない（企業所得税法第55条第1項）。

② 清算所得の申告納税

　企業は抹消登記手続を行う前に、その清算所得を税務機関に申告し、かつ企業所得税を納付しなければならない（企業所得税法第55条2項）。
なお、清算所得の計算式は、以下のとおりである。

> 清算所得＝企業のすべての資産の正味実現可能価額もしくは取引価格－純資産
> 　　　　－清算費用－清算所得に対する以外の税金費用

　また、投資者が清算企業から分配される残余財産のうち、清算企業の未処分利益と各種の積立金から分配されるものは、投資者の配当所得として認識される。

　一方、残余財産から上述の配当所得を控除した部分が資本金（投下資本）を超過した部分は、投資者の(投資資産)譲渡所得として認識されることになる。

⑷ **納税資料**
① 提出期限
　企業は、企業所得税納税申告書を提出する際に、財務会計報告書及びその他の関連資料を合わせて提出しなければならない（企業所得税法第54条第4項）。

　旧税法下では申告手続と納税資料の提出期限が異なり、内資企業は月または四半期終了後の15日以内、年度終了後45日以内で（旧内資企業所得税法第16条）、外資企業は年度終了後4ヶ月以内をそれぞれ納税資料の提出期限として規定していた（旧外資企業所得税法第16条）。新税法は、内資企業と外資企業の取扱いを統一し、かつ納税資料の提出期限と申告期限も同一にした。

② 欠損時の資料提出
　企業は、納税年度において利益であるか損失であるかにかかわらず、規定期限までに、税務機関に企業所得税予納申告書、年度企業所得税納税申告書、財務会計報告書及び税務機関が提出を規定するその他の関連資料を提出しなければならない（実施条例第129条）。

③ 資料未提出の罰則
　納税者が規定の期限迄に納税申告書、または納税申告資料を提出しない場合には、税務機関は是正を命じ、2,000人民元以下の罰金に処すことができる。状況が重大な場合は、2,000人民元以上1万人民元以下の罰金に処すことができる（租税徴収法第62条）。

7．納付手段

納付通貨

　企業所得税は、人民元をもって計算・納付する。所得を人民元以外の通貨で計算する場合、人民元に換算して税金を計算・納付する（実施条例第56条）。所得が外貨の場合、企業所得税は月ごとまたは四半期ごとで予納し、年度終了

後確定申告を行うことになるので、予納時及び確定申告時に用いられた為替レートについて定める必要がある。
　① 為替レートの確定
　　所得が人民元以外の通貨である場合には、企業所得税を予納する際、月次または四半期の最終日の人民元為替レートの仲値により人民元に換算して課税所得額を計算する。
　　年度終了後の確定申告時には、月次または四半期に予納した税額について再換算は行わず、当該納税年度における未納付の税額部分についてのみ納税年度の最終日の人民元為替レートの仲値により人民元に換算して課税所得額を計算する（実施条例第130条第1項）。
　② 過少計上または過大計上の換算
　　企業の外貨所得が過少計上または過大計上されていることが税務機関の検査により確認された場合、追加納付または還付が必要となる。追加納付または還付の計算において、追加納付または還付が確認された時点の、前月の最終日の為替レートの仲値により、過少計上または過大計上した外貨による所得を人民元に換算して課税所得額を計算し、追加納付または還付税額を再計算しなければならない（実施条例第130条第2項）。
　　旧外資企業所得税法では、所得が外貨であり、かつ既に為替レートにより人民元に換算して税額が納付されている場合で、税額の過大納付が発生して還付を受ける必要がある時の還付税額は、当初税額を納付した際に使用した為替レートにより外貨に換算し、当該外貨金額を税額還付の証憑を作成した当日の為替レートにより人民元に換算して税額を還付する。税額の過少納付により追加納付が必要となった場合には、追加納付の証憑を作成した当日の為替レートにより人民元に換算して税額を追加納付しなければならないとされていた（旧外資企業所得税法実施細則第99条）が、新税法は換算方法を簡素化した。

8．更正及び税務時効

(1) 税務機関による税額の査定

　納税者に下記のいずれかの状況がある場合、税務機関はその納付すべき税額を査定する権利を有する（租税徴収法35条)、として推定課税権限を税務当局に与えている。

① 　法律、行政法規の規定に基づき帳簿を備置しないことができる場合
② 　法律、行政法規の規定に基づき帳簿を備置すべきだが備置していない場合
③ 　勝手に帳簿を処分し、あるいは納税資料の提出を拒否する場合
④ 　帳簿を備置してはいるが、勘定が混乱し、または原価資料、収入証憑、費用証憑が不完全であり、調査が困難である場合
⑤ 　納税義務が発生しても規定の期限までに申告を行わず、税務機関が一定期限内の申告を命じても、期限を過ぎてなお申告しない場合
⑥ 　納税者の申告した税金計算のベースが明らかに低く、正当な理由がない場合

推定課税の方法として、次が規定されている（租税徴収法実施細則第47条)。

　ⓐ 　同地域の同業種もしくは類似業種の中から、経営規模及び収入額が近似する納税者の負担税額の水準を参考として査定する方法
　ⓑ 　原価に合理的な費用及び利益を加算して査定する方法
　ⓒ 　消費した原材料、燃料、動力等に基づき推定あるいは測定計算して査定する方法
　ⓓ 　その他の合理的な査定方法

　なお、これらの推定課税方法は、上記の場合のみならず、移転価格における課税対象額の算定、営業許可を受けていない組織または個人に対する推定課税にも適用される（租税徴収法実施細則第47条)。

(2) 税務調査権限

❶ 租税徴収法による規定

租税徴収法第54条は、税務機関に対して納税者・源泉徴収義務者の預金口座の照会を含む税務調査権限を付与し、同第56条は、納税者・源泉徴収義務者に税務調査への協力義務を課している。さらに、同第57条は、関係組織及び個人に対する税務機関による調査権限及びそれらの協力義務を規定している。

納税者・源泉徴収義務者は、税務調査に際して税務機関の職員から税務調査証及び税務調査通知書の提示を受けない場合には、税務調査を拒否する権限を有する（同第59条）。

なお、税務調査業務の具体的方法は、国家税務総局が制定すると規定されているが（租税徴収法実施細則第85条第2項）、挙証責任が税務機関側にあるのか、納税者側にあるのかは明確にされていない。

❷ 合理的事業目的のない取引

以上が更正に関する原則的規程であるが、企業所得税法第47条は、企業が合理的な事業目的のない取引を行い、課税収入あるいは課税所得額を減少させた場合に合理的な方法により調整を行う権限を税務機関に対して与えている。合理的な事業目的のない取引とは、税額の減少、免税あるいは納付の遅延を主な目的とする取引と定義されており（実施条例第120条）、節税や課税回避・遅延が主目的と見なされた場合には更正の対象となる。

(3) 税務時効

❶ 過大納付

納税者が税額を過大納付した場合、税務機関が発見したものであれば、その発見後、直ちに還付しなければならない。納税者が税額の精算納付の日から3年以内に発見した場合、税務機関に対して過払いの税額を還付し、かつ銀行の同期間における預金利率による利息を加算することを請求することができ、税務機関は速やかに事実を調査した後、直ちに還付しなければならない（租税徴

収法第51条)。

❷ 未納付または過少納付

　未納付または過少納付については、税務機関または納税者いずれの責任に帰すかによって、時効と延滞金の取扱いが異なる。

　税務機関の責任で、納税者または源泉徴収義務者を未納付または過少納付に至らしめた場合、税務機関は3年以内に納税者または源泉徴収義務者に対して税額を追徴することができるが、延滞金を課すことはできない。

　納税者の責任、すなわち納税者または源泉徴収義務者の計算誤り等の錯誤により、未納付または過少納付となった場合、税務機関は3年以内に税額及び延滞金を追徴することができる。特殊な状況があれば5年まで延長して追徴することができる。

　脱税、税回避、税金の詐取については、税務機関が未納あるいは過小納付となった税額、延滞金あるいは詐取税額を追徴する場合、前述に規定する時効の制限を受けないことになる（租税徴収法第52条）。すなわち、このような場合には、税務時効が成立しないこととなる。

❸ 合理的事業目的のない取引

　実施条例第123条は、上記の税務時効の原則に対する例外規定として、前述の合理的な事業目的のない取引に対しては、当該取引が発生した納税年度から10年以内に納税調整を行う権限を税務機関に与えており、このような取引の税務時効は10年間となる。

❹ 移転価格

　租税徴収法実施細則第56条は、関連企業間の取引条件が独立企業間取引に基づいていない場合には、税務機関は当該取引が発生した納税年度より3年以内に更正を行わなければならないが、特殊な状況である場合には、当該取引発生納税年度より10年間について更正を行うことができるとしている。

「特殊な状況」の定義は法定化されておらず、実務上は多くの移転価格のケースが「特殊な状況」として取り扱われている。

(4) 延滞金（延滞税）
❶ 原則
納税者もしくは源泉徴収義務者が不納付、過少納付を行った場合、納付すべき日から実際の納付日までの間に、1日当たり納税不足額の0.05％（年利18.25％）の延滞金が課される（租税徴収法第32条）。

❷ 合理的事業目的のない取引
合理的な事業目的がない取引に伴う追徴税額に対しては、対応する納税年度の申告期限の翌日（すなわち、翌年の6月1日。ただし、延納承認を受けている場合には、その納付猶予期限終了日の翌日）から、実際に追徴税額が納付される日までの間、中国人民銀行が公表する同期間の基準貸出し利率プラス5％の利率で延滞金が課される（企業所得税法第48条、実施条例第121条第1項、第122条第2項）。

(5) 罰則
租税徴収法に定める罰則
租税徴収法及び租税徴収法実施細則に定める罰則は、次のとおりである。

法	罰則の対象	罰則（注1）
60(1)	納税者の税務登記、帳簿設置・保管、会計処理方法及びソフトの報告・登録、銀行口座番号の報告、税源管理システムの使用・維持に対する義務違反	改善命令と2,000人民元以下（2,000人民元以上10,000人民元以下）の科料
60(3)	税務登記証の不使用・貸与・改竄・毀損・売買・偽造行為	2,000人民元以下（10,000人民元以上50,000人民元以下）の科料
61	源泉徴収義務者の関連帳簿・証票・資料の設置・保管義務違反	改善命令と2,000人民元以下（2,000人民元以上5,000人民元以下）の科料

第6章　徴収管理

62	納税者による期限内の納税申告・納税資料の未提出、源泉徴収義務者による期限内の源泉徴収関係報告書の未提出	改善命令と2,000人民元以下（2,000人民元以上10,000人民元以下）の科料
63	脱税（注2）	不足税額の50%以上5倍以下の科料と刑事責任
64(1)	税額計算資料のねつ造	改善命令と50,000人民元以下の科料
64(2)	不申告かつ未納付もしくは過少納税	不足税額の50%以上5倍以下の科料
65	徴税回避目的の財産の移転・隠蔽	不足税額の50%以上5倍以下の科料と刑事責任
66	虚偽申告等による輸出還付税の詐取	詐取税額の1倍以上5倍以下の科料と刑事責任及び一定期間の輸出還付処理の停止
67	暴力・脅迫による納税拒否行為	納税拒否額の1倍以上5倍以下の科料
68	税務機関による納付命令期限を超過しても不納付	不足税額の50%以上5倍以下の科料
69	源泉徴収義務者の源泉徴収義務違反	未徴収税額の50%以上3倍以下の科料
70	納税者・源泉徴収義務者による税務調査妨害（注3）	改善命令と10,000人民元以下（10,000人民元以上50,000人民元以下）の科料
71	不法に税務用領収書を印刷する行為	10,000人民元以上50,000人民元以下の科料と刑事責任
73	金融機関の税務調査への協力拒否行為	100,000人民元以上500,000人民元以下の科料、直接担当責任者は1,000人民元以下10,000人民元以下の科料
細則		
91	納税証明の違法な印刷・貸与・売却・変造・偽造行為	改善命令と2,000人民元以上20,000人民元以下（10,000人民元以上50,000人民元以下）の科料と刑事責任
92	金融機関による納税者の口座に対する税務登記番号の登録、税務登録書への口座番号の登録義務違反	改善命令と2,000人民元以上20,000人民元以上（20,000人民元以上50,000人民元以下）の科料
93	課税回避に対する便宜供与行為	不法所得の没収と未納・過少申告・詐取税額の1倍以下の科料
95	関係機関の税務調査協力義務違反	改善命令と10,000人民元以下（10,000人民元以上50,000人民元以下）の科料

(注1) 罰則のカッコ内は、当該違反が重大である場合の科料の金額である。なお、刑事責任は、当該行為が犯罪を構成する場合に適用される。
(注2) 脱税とは、「納税者が帳簿・証票を偽造・変造・隠蔽・みだりに毀損し、もしくは帳簿上に支出を過大に計上・収益を過少に計上し、あるいは税務機関からの申告通知を無視・拒否し、または虚偽の納税申告を行った場合、納税額の未納・過少納付行為を行った場合」と定義されている（租税徴収法第63条）。
(注3) 税務調査妨害行為とは、次の場合をいうと規定されている（租税徴収法実施細則第96条）。
 ① 虚偽資料の提出、事実に基づかない報告、関係資料の提出拒否
 ② 税務機関による資料等の記録、録音、録画、コピーの拒否もしくは妨害
 ③ 調査期間中に関係資料の移動、隠蔽、破棄
 ④ 法に反する税務調査のその他の拒否・妨害行為

第7章　源泉徴収

1．源泉徴収課税の収入範囲と計算方法

(1) 源泉徴収の対象

　源泉徴収とは、所得の支払者を源泉徴収義務者とし、支払者が関連対価を支払うとき、税法もしくは租税条約に定めた税率に従い、非居住者企業などの納付すべき税額を徴収し、納付することをいう。

　新税法は、非居住者企業が取得する3条3項所得の納付すべき所得税に対しては、源泉徴収を行うと定めている（企業所得税法第37条）。

　旧税法でも、「外国企業のうち中国国内に機構及び場所を設立しておらず、かつ中国国内に源泉を有する利益、利子、賃貸料、特許権使用料及びその他の所得を取得した場合、または機構及び場所を設立しているが前述した所得がその機構及び場所と実質的に関連しない場合には、20％の所得税を納付しなければならない。……税額は支払者がそれぞれの支払金額から源泉徴収する」とし（旧外資企業所得税法第19条）、源泉徴収課税を規定していた。新税法は、旧税法の源泉徴収課税に関する基本規定をほぼそのまま引き継いでいる。

(2) 課税所得額の計算

非居住者企業が納付すべき企業所得税に対して源泉徴収を行う場合、下記の方法に基づき課税所得額を計算することになる（企業所得税法19条、実施条例第103条1項）。

① 株式利子・配当金等の権益性投資収益及び利息、賃貸料、特許権使用料所得は、総収入額をもって課税所得額とする。

② 財産譲渡所得は、総収入額から財産の簿価を控除した後の残額をもって課税所得額とする。

③ その他の所得は、①及び②に規定する方法を参照し、課税所得額を計算する。

上記①の「総収入額をもって課税所得税額とする」理由は、非居住者企業が取得した上記の所得について源泉地ではその課税所得額の把握・計算が困難であり、課税所得額の計算においては軽減税率の20%を適用する代わりに原価・費用を控除せず、総収入額を課税所得税額とする方が徴税コストを軽減できることにある。

なお、従前は、非居住者企業に対して支払われる利息や動産の賃貸料収入に対する営業税は、国税函【1997】35号通達により非課税として取り扱われていた。しかし、2006年に同通達が正式に失効されたため、現在はロイヤリティと同様に原則として営業税が課税されている。営業税が課税されるようになってからは、従前のロイヤリティの計算と同様に利息や動産賃貸の源泉所得税額を計算する際に営業税を控除することができた。しかし、現行の取扱いでは、正式通達は公布されていないものの、上述の計算方法は認められなくなるという見解が中国国家税務総局から出されている。その理由は、新税法において、非居住者企業の課税所得の計算は、「総収入額」をもって行われると規定されたためである。よって、ロイヤリティの計算時に営業税を費用として控除できることが規定されている関連通達（財税字【1998】59号通達）は正式に失効されてはいないものの、今後は、上記国家税務総局の見解に基づく実務が行われる見通しである。

(3) 総収入額

　総収入額とは、企業が支払者から受け取るすべての代金及び価格外費用をいう（実施条例第103条第2項）。代金は契約により約定した価格であり、価格外費用は契約で約定した代金以外に、契約の目的を実現するために発生するその他の費用の請求額である。すなわち、非居住者企業が支払者から取得した収入で、価格に算入されたか否かを問わず、およそ契約に関連する収入であれば収入額として計算することになる。

　実務上、非居住者企業が中国に対して技術譲渡を行う際、その技術譲渡契約において、技術を実現するために必要な機械設備もセットで販売し、設備代金、部品代金あるいは設備図面代金なども契約代金に含める場合がある。この場合、非居住者企業が受け取った特許権使用料の計算において、設備代金、部品代金あるいは設備図面代金が契約書等の上で明確に区別されており、かつその金額に妥当性・合理性があれば、それらは使用料としての総収入額から控除することができると考えられる。

　なお、中国国内に機構・場所を設立していない非居住者企業が、中国国内に源泉のあるリース料収入を取得する場合、そのリース料がオペレーティングリースによるものか、ファイナンスリースによるものかを区別する必要がある。前者の場合、リース料総額をもって課税所得額とすべきであるが、後者の場合は、資産の譲渡と延払いとに取引が分割されるため、設備代金を控除後の残高（すなわち、利息等に相当する部分）をもって課税所得額とすることができると考える。なお、日中租税条約において、オペレーティングリースに該当する動産のリース料は、事業所得に分類され、"PEなければ課税せず"の原則が適用される。

　このほか、実務上一部取引において支払者に非居住者企業の中国において納付すべき税額を負担させる場合がある。この場合、支払者が負担した税額も非居住者企業の総収入額に加算して源泉徴収税額が算定される。

2．源泉徴収義務者

(1) 支払者

　新税法は、非居住者企業が取得する3条3項所得の納付すべき所得税に対しては、支払者を源泉徴収義務者とすると定めている（企業所得税法第37条）。すなわち、源泉徴収義務者は支払者になる。新税法の規定は旧外資企業所得税法（注）とほぼ同じである。

> 注：「旧外資企業所得税法」第19条2項：前項の規定に基づいて納付する所得税は、実際の受益者を納税義務者とし、支払者を源泉徴収義務者とする。税額は、支払者がそれぞれの支払金額から源泉徴収する。

　ここにおける支払者とは、関連の法律規定または契約の約定に従い、非居住者企業に対して関連金額の支払義務を直接に負う組織または個人をいう（実施条例第104条）。

　支払者について、下記の点に留意する必要がある。

　支払者は、関連の法律規定または契約の約定に従い支払義務を直接に負う組織または個人になるので、組織または個人が他者の委託を受けて非居住者企業と契約を交わした場合にも、支払者として非居住者企業から税金を源泉徴収する義務がある。

　実務上、非居住者企業が中国に技術、設備、賃借を提供し、または投資を行う場合、中国の居住者企業との間で直接に取引を行う以外に、他の機関・団体ないしは個人を通じて間接的に取引を行う場合がある。間接取引にあっては、代金を支払う機関・団体・個人が支払者として非居住者企業から税金を源泉徴収する必要がある。また、支払者が中国国内に所在するか否かを問わず、関連支払いが生じた場合には、源泉徴収義務者になる。

(2) 支払方法と支払額の認識

　源泉徴収を行う場合、源泉徴収義務者は毎回の支払時あるいは支払期限の到来時に、支払額もしくは支払うべき金額から税金を源泉徴収することになる（企

業所得税法第37条）。

❶ 貨幣による支払いと非貨幣による支払い

取引の多様化に伴い、非居住者企業が投資、賃借、技術譲渡などを行う際の支払・決済方法も多様化されている。決済方法の多様化の現状を踏まえ、新税法は源泉徴収義務者の支払方法には、貨幣による支払いと非貨幣による支払いが含まれるとした（実施条例第105条1項）。

経済取引においては、貨幣による支払いがもっとも一般的である。貨幣による支払には現金支払い、送金、口座振替及び権益交換などが含まれる。

非貨幣による支払いは、貨幣以外による支払方法で、役務提供、現物交付などが含まれるが、それらは適正に評価し源泉徴収対象額を確定しなければならない。

❷ 支払額の認識

源泉徴収義務者は、毎回の支払時あるいは支払期限の到来時に、その支払額または支払うべき金額から税金を源泉徴収することになるので、源泉徴収の計算において支払額の認識が重要となる。新税法により、支払額には支払期限の到来時に支払うべき金額も含まれる。

本条例及び国務院財政、税務所轄部門が別途規定する場合を除き、新税法では企業の課税所得額の計算は、発生主義を原則とし、当期に帰属する収入及び費用は、代金を収受したか否かにかかわらず、すべて当期の収入及び費用としなければならないと定められている（実施条例第9条）。当期に帰属しない収入及び費用は、当期に代金を受払いしたとしても、当期の収入及び費用としてはならない。従って、支払期限の到来時に支払うべき金額とは、支払者が発生主義の原則に従い関連の原価、費用に計上すべき未払金額を指し（実施条例第105条第2項）、このような未払金額を実際に支払っていない場合にも支払期限の到来した、支払うべき未払金額から税金を徴収すべきである。例えば、非居

住者企業が中国企業と貸付契約、技術譲渡、財産賃貸などの契約を締結し、中国企業が契約の約定に基づき期限到来の未払利息、特許権使用料、賃貸料などを既に費用として計上した場合、関連利息、特許権使用料などは実際に支払ったか否かにかかわらず、新税法の支払額に該当し、支払義務者である中国企業が源泉徴収義務を負うことになる。

源泉徴収というのは、実際支払時に行うのが国際課税上の一般原則であるが、新税法は実際支払時及び支払期日到来時に源泉徴収という考え方である。

3．源泉徴収義務者の指定

非居住者企業が中国国内で取得する工事作業対価と役務所得に対して納付すべき所得税に対しては、税務機関が工事代金あるいは役務報酬の支払者を源泉徴収義務者に指定することができる（企業所得税法第38条。旧外資企業所得税法実施細則第67条にも類似規定があった。）。

(1) 指定の必要性

非居住者企業の取得する企業所得税法第3条第3項所得に対しては、支払者が源泉徴収義務者とされるが、源泉徴収の対象所得は、①非居住者企業が中国国内に機構・場所を設立していない場合、あるいは②機構・場所を設立しているが、取得した所得がその機構・場所と実質的に関連しない場合に限られている。

しかし、非居住者企業が中国国内で短期間の工事作業または役務提供を行う場合、税法の規定に照らせば非居住者企業が中国国内に機構・場所を設立し、取得した所得がその機構・場所と実質的に関連すると判断できるため、本来は源泉徴収課税ではなく、申告納税を行うべきである。しかし、実務上では非居住者企業は、工事作業または役務提供が短期間ということで、税務登記または臨時税務登記を怠ったり、あるいは税務申告を行わない場合もある。

すなわち、非居住者企業の工事作業の請負または役務提供は、一般に①作業期間が短く、②業務内容が中国国内あるいは国外で行われたかの区分が困難で

あり、③中国における納税義務の有無については、租税条約に対する専門的な判断が必要などの特徴がある。従って、非居住者企業の申告納税より源泉徴収義務者を指定して、源泉徴収を実行した方が徴税コストの削減にも繋がるためである。

(2) **指定可能の状況**

工事作業または役務提供を行う非居住者企業が下記の状況にある場合、税務機関が源泉徴収義務者を指定することができる（実施条例第106条第1項）。

① 見積った工事作業または役務提供期間が一納税年度に満たず、かつ納税義務の不履行を示す証拠が存在する場合
② 税務登記又は臨時税務登記を行っておらず、かつ中国国内の代理人に納税義務の履行を委託していない場合
③ 規定された期限内に企業所得税の納税申告または予納申告を行っていない場合

(3) **指定権限と告知義務**

源泉徴収義務者の指定権限を有するのは、県レベル以上の税務機関である（実施条例第106条第2項）。税務機関が源泉徴収義務者を指定する場合、同時に源泉徴収義務者に対して徴収額の計算根拠、計算方法、源泉徴収期限及び源泉徴収方式を通知する義務がある。すなわち、県レベル以上の税務機関が源泉徴収義務者の指定権限を有する一方、源泉徴収義務者に対して源泉徴収に関する告知義務を負っている。

4．源泉徴収の補完措置

(1) **申告納税**

源泉徴収すべき所得税について、源泉徴収義務者が源泉徴収していない、あるいは源泉徴収義務を履行できない場合は、納税者が当該所得の発生地で納付する（企業所得税法第39条）。

3条3項所得及び上述した工事作業または役務提供による所得については、源泉徴収を行うが、源泉徴収義務者が事情により源泉徴収未履行または源泉徴収不能の場合がある。この問題を解決するため、新税法は納税者が申告納税を行うこととし、かつ納税者の申告納税地を当該所得の発生地とした。

(2) **所得の発生地**

所得の発生地は、下記の原則に従い確定する。中国国内において複数の所得の発生地が存在する場合、納税者はいずれか1つの地点を選択して申告、納税を行う（実施条例第7条、第107条）。

	所　　得	確定原則
①	物品販売所得	取引活動の発生地
②	役務提供所得	役務の発生地
③	財産譲渡所得	
	・不動産	不動産の所在地
	・動産	動産譲渡の企業または機構・場所の所在地
	・権益性投資資産	投資先企業の所在地
④	株式利子及び配当金などの権益性投資所得	所得を分配する企業の所在地
⑤	利息所得、賃貸料所得、特許権使用料所得	所得を負担あるいは支払う企業または機構・場所の所在地、個人の住所所在地
⑥	その他の所得	国務院財政部門、税務所轄部門が確定

(3) **未納付の措置**

源泉徴収義務者が源泉徴収未履行または源泉徴収不可能の場合、納税者が所得の発生地で申告納付を行う必要があるが、納税者が納付しない場合には、税務機関は当該納税者の中国国内におけるその他の収入項目の支払者が支払うべき金額の中から、当該納税者が納付すべき税金を追徴することができる（企業所得税法第39条）。

納税者の中国国内におけるその他の収入とは、当該納税者が中国国内において取得したその他の各種源泉による収入をいう（実施条例第108条）。その他の各種源泉による収入には、当該納税者が直接中国で経営活動に従事することによる収入（商品販売、工事の請負、役務提供等）、及び間接活動による収入（投資収益、賃料、利息、特許権使用料、財産譲渡収益等）が含まれる。

なお、税務機関が当該納税者の納税額を追徴する際には、追徴課税の理由、追徴額、納付期限及び納付方式などを当該納税者に通知する義務を負う。

5．源泉徴収税額の納付及び報告義務

源泉徴収義務者が毎回源泉徴収する税金は、源泉徴収日から7日以内に国庫に納付するとともに、所在地の税務機関へ企業所得税源泉徴収報告書（171頁参照）を提出しなければならない（企業所得税法第40条）。新税法は、源泉徴収義務者が源泉徴収した税額の納付期限を5日（旧外資企業所得税法第19条2項）から7日に延長した。

源泉徴収義務者は、契約または協議締結後20日以内に所轄の税務機関に当該契約書（協議書）の副本を提出して届出を行うと同時に、源泉徴収手続を行わなければならない。また、契約書（協議書）に定める支払金額に変更が生じた場合には、変更日から10日以内に所轄の税務機関に対し変動状況を書面で報告しなければならない。

源泉徴収義務者が毎回源泉徴収する税金は、源泉徴収日から7日以内に国庫に納めることになっており、7日以内に源泉徴収した税金を国庫に納入しない、または源泉徴収義務を履行しない場合には、「租税徴収法」第68条（注1）、第69条（注2）の規定に従い処罰される。なお、源泉徴収義務者が規定の期限までに税務機関に源泉徴収報告書と関連資料を提出しない場合には、「租税徴収法」第62条の規定（注3）に従い処罰される。

注1：租税徴収法第68条：納税者または源泉徴収義務者が、規定の期限までに納付税額または源泉税額を納付しないか、あるいは過少納付の場合、税務機関は期限を定めて納付させ、期限を過ぎてもなお未納付の場合は、税務機関は強制執行手続をとり、未納付または過少納付の税額を追徴するほか、未納付または過少納付税額の50％以上5倍以下の科料に処すことができる。

注2：租税徴収法第69条：源泉徴収義務者が源泉徴収すべき税額を源泉徴収しない場合、税務機関は納税者から税額を追徴し、源泉徴収義務者に対し源泉徴収すべき税額の50％以上3倍以下の科料に処す。

注3：租税徴収法第62条：納税者が規定の期限迄に納税申告をし、納税申告資料を提出しない場合、または源泉徴収義務者が規定の期限までに税務機関に代理控除、代理納付、代理徴収代理納付した税額の報告表と関連資料を提出しない場合、税務機関は責任をもって期限を定め是正させ、2,000元以下の罰金に処すことができる。状況が重大な場合は、2,000元以上1万元以下の罰金に処すことができる。

中華人民共和国企業所得税源泉徴収報告書

税額帰属期間： 年 月 日 至 年 月 日

源泉徴収義務者識別号：☐☐☐☐☐☐☐☐

金額単位：人民元（角、分まで記入）

源泉徴収義務者名称								収入額				控除額	課税所得額	税率	源泉徴収所得税額
納税者識別番号	納税者名称	国家（地区）名称	所得項目	契約番号	契約名称	所得取得日	人民元金額	為替額			人民元金額合計				
								為替名称金額	為替レート	換算人民元					

声明：この源泉徴収報告表は《中華人民共和国企業所得税法》、《中華人民共和国企業所得税法実施条例》および国家の関連税収規定に基づき記入され、偽りのない、信頼できる、完全なものである。

法定代表者（署名）： 年 月 日

源泉徴収義務者公印：	代理申告中介機関公印：	主管税務機関受理専用印：
会計主管：	取扱者：	受理者：
記入日： 年 月 日	取扱者執業証番号：	受理日： 年 月 日
	代理申告日： 年 月 日	

国家税務総局監制

第8章　過少資本税制

1．過少資本税制に関する規定

　企業所得税法第46条は、過少資本税制について規定している。すなわち、企業がその関連者から受け入れた債権性投資及び権益性投資の割合が規定の基準を上回ることにより発生した利息支出は、課税所得を計算する時に控除してはならない。この企業所得税法の規定を受けて、実施条例第119条は、債権性投資と権益性投資を次のように定義している。

> 債権性投資：企業が直接または間接的に関連者から得る、元本の償還と利息の支払またはその他の利息の支払いの性質を有する方式による補償を必要とする融資
> 権益性投資：企業が受け入れた元本及び利息を償還する必要のない、投資者が企業の純資産に対して所有権を有する投資

　さらに、実施条例第119条は上記の、「企業が間接的に関連者から得る債権性投資」には、以下のものを含むとしている。

> ① 関連者が非関連者の第三者を通じて提供する債権性投資
> ② 非関連の第三者が提供する、関連者が保証し、かつ連帯責任を負う債権性投資
> ③ その他の間接的に関連者から得る負債の実質を有する債権性投資

なお、新税法第46条にいう基準は、国務院財政、税務所轄部門が別途規定するとしている。

2．過少資本税制導入の目的

過少資本税制とは、企業の借入（債権性投資）の比率が増加し、資本（権益性投資）の比率が減少する事により、税引前の控除費用が増加し、企業所得税負担が低下し、かつ国外投資家に対する配当収入に課される源泉所得税を減少させることを回避する税政策を言う。企業の資金調達は、資本による資金と負債による資金により構成される。資本による資金は、投入された資本金と形成された剰余金及び資本準備金を含む。負債による資金は、金融市場、銀行、関連企業からの借入を指す。企業が生産経営において用いる資金の中で、負債と資本による資金の比率の大小は、企業の資本調達構成の優劣を反映する。仮に企業の負債による資金の調達比率が高すぎる場合、すなわち過少資本となる。

負債による資金調達比率の増大による税収減少のイメージについては、次頁の図を参照されたい。

負債による資金調達比率の増大による税収減少のイメージ

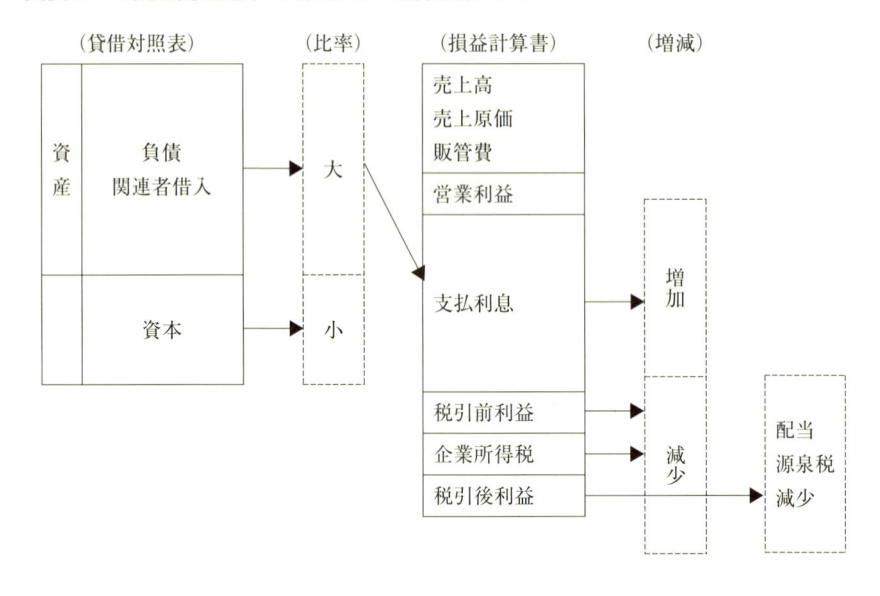

（貸借対照表）	（比率）	（損益計算書）	（増減）
資産 ／ 負債 関連者借入	大	売上高／売上原価／販管費／営業利益／支払利息	増加
資本	小	税引前利益／企業所得税／税引後利益	減少 → 配当源泉税減少

　過少資本を産む原因は2つある。まず、債務者が債権者に支払う利息は損金に算入でき、出資者が受け取る利益、すなわち配当は損金に算入できない。よって資金調達の方法として借入の方式を選択した方が、出資の方式を選択するよりも、税負担の観点からすると有利である。その次に、多くの国家において非居住者が得る利息収入に対して課税される源泉所得税率は、配当収入に対して課税される税率よりも低いのが通常である。よって、債務者と債権者が同一の企業グループに属するような多国籍企業にしてみれば、融資の方式を利用することにより、企業グループ全体の税負担を引き下げようとする動機が存在する。また、日本企業に多く見られるのは、そのような税務上の意図ではなく、単に「融資（貸付）なら早期に投資元本を回収できるが、資本出資は元本回収できない」という理由で融資を優先させる傾向である。しかし、資本出資であっても、有償減資の形態で投資元本の回収の可能性も考慮すべきである。
　それらの理由により納税者は、投資及び資金調達を計画する際、意図的に資金調達の構成を設計し、借入資金の比率を増やし、借入と資本の差を拡大させ、

人為的に「過少資本」の状態をつくり出し、結果として租税回避となる可能性が考えられる。

そこで、多くの国家において過少資本を防ぐための規定があり、関連者からの債権性投資と権益性投資の比率に一定の制限が設けられている。これをもって、企業が各種の資金調達手段を使って、課税所得の計算上の費用控除を増やし、意図的に税負担を引き下げることを防ぐため、一定比率を超えた借入に対する利息支出の損金算入を認めないものとしている。

過少資本税制を導入している国家の例については、下記の表を参照されたい。

過少資本税制を導入している国家の例

米国	オーストラリア	日本	ドイツ
カナダ	ニュージーランド	韓国	フランス

3．債権性投資と権益性投資の概念

(1) 関連者から受ける債権性投資の概念

実施条例第119条は、企業が関連者から得る債権性投資について、比較的広く、かつ原則的な定義を行い、企業が関連者から得る債権性投資方式とは何かを明確化している。

本条の規定によれば、関連者から得る債権性投資とは、企業が関連者から得る、元本の償還と利息の支払い、またはその他の利息の支払いの性質を有する方式による補償を必要とする融資を指す。例えば、企業がその関連者から債券を購入する場合、これは債権性投資に該当することになる。

現在、融資の形式は多様化しており、その収益形態も変化に富むものになっている事から、本条は債権性投資の債権者が、一定の期間内に固定の収益を得るものであり、かつ収益の固定性や安定性を持つべきものであることを特に強調していない。同時に債権者が収益を得る形式についても限定していない。つまり、債権者は現金の形式で対価（果実）を得るものでもよく、あるいは現金

以外の形式で対価を得るものでもかまわない。現在、企業の資金調達ルートは、借入の方式により企業に資金融通するものにとどまらず、ファイナンス・リースや補償貿易といった手段により資金融通を行うものもある。資金融通の手段が異なれば、融資対価の形式もまた異なる。同時に、企業が隠れた形で関連者に融資を行うことを防ぐため、本条においては間接的な債権性投資もその範囲に含まれている。

債権性投資には、直接関連者から受ける一般的な債権性投資と間接的に関連者から受ける債権性投資が含まれる。企業が直接関連者から得る債権性投資とは、関連者が直接に資金を企業に貸し付け、企業は契約の内容に従って元金を返済し、利息を支払うような投資を指す。

企業が間接的に関連者から得る債権性投資は、以下のものを含む。

① 「関連者が非関連者の第三者を通じて提供する債権性投資」とは、まず関連者が資金を関連のない第三者に貸し付け、その後関連のない第三者から企業に貸し付けられるものを言う。すなわち、迂回融資やバック・トウ・バック・ローンである。

② 「非関連の第三者が提供する、関連者が保証し、かつ連帯責任を負う債権性投資」とは、その債権性投資自体は関連のない第三者が提供するものであるが、関連のない第三者は関連者から返済を受けることができ、関連者が企業に代わって元金を返済し利息を支払った後、関連者が企業に対し求償権を有するものを言う。すなわち、関連者の保証付き融資である。

③ 「その他の間接的に関連者から得る負債の実質を有する債権性投資」とは、名義上は債権性投資とは呼べないが、実質的に負債の性質を有する債権性投資であり、何らかの状況下で実際は負債の性質に属するものを言う。例えば、他方の企業が発行した転換社債または出資持分を購入し、ある状況下では実質的に債権性投資とみなされるハイブリッド型金融を指す。

(2) **権益性投資の概念**

本条においては、権益性投資の定義として、企業会計準則上の定義を採用し

ている。これは、企業が受け入れた元本及び利息を償還する必要のない、投資者が企業の純資産、つまり資産から負債を引いた後の残額に対して所有権を有するものである。純資産の範囲は、出資者が企業に投下した資本金及び形成した資本準備金、剰余金、未処分利益等を含む。出資者が投下した資本金とは、所有者が企業に払い込んだ資本部分を指し、企業の登録資本金あるいは株式資本金を構成する金額と、投下した資本が登録資本金あるいは株式資本を超過する金額、すなわち資本金割増あるいは株式資本金割増部分（貸借対照表上の資本準備金）により構成される

権益性資本が示すのは、所有者が有する企業の残余財産に対する取得権であり、権益性投資は通常、被投資企業に対する支配権を得る、被投資企業の経営に対し重大な影響を与える、あるいはその他の目的を持って行われる。例えば、配当収入を取得し、被投資企業に対し普通株式投資を行い配当収入を得るのも、権益性投資に属する。

4．関連者の債権性投資と権益性投資の比率基準

関連者の債権性投資と権益性投資の比率基準は、国務院財政、税務所轄部門が別途規定する。以下では、旧税法下での関連の規定について概観し、新税法が企業に与える影響を考察する。

(1) 登録資本金と投資総額の比率（外商投資企業）

中国は以前から負債／資本比率によって外商投資企業の過少資本を制限しておらず、ただ外商投資企業の投資総額に占める登録資本金の比率について、一定の要求がある。例えば、外商投資企業の投資総額が300万米ドル相当額以下の場合、その登録資本金の投資総額に対する比率は70％以上でなければならない。同様に、投資総額が300万米ドル相当額から1,000万米ドル相当額の場合、登録資本金の投資総額に対する比率は50％以上、投資総額が1,000万米ドル相当額から3,000万米ドル相当額の場合、登録資本金の投資総額に対する比率は

40％以上、そして投資総額が3,000万米ドル相当額以上の場合、登録資本金の投資総額に対する比率は1／3以上でなければならない。これは税法ではなく、「中外合弁企業の登録資本（資本金）と投資総額の比率に関する国家工商行政管理局の暫定規定」（1987年3月公布）によるものである。

当該規定の詳細については下表を参照されたい。

登録資本金と投資総額の比率　　　　　　　　　　　　　　　　（単位：米ドル）

投資総額（注）	最低資本金比率	金額ベース
300万米ドル以下	70％以上	
300超～1,000万米ドル	50％以上	ただし最低210万米ドル
1,000超～3,000万米ドル	40％以上	ただし最低500万米ドル
3,000万米ドル超	33.33％以上	ただし最低1,200万米ドル

注：登録資本金と国外からの借入金（外債登記が必要となる借入金）の合計額をいい、企業を設立する際の認可事項の1つである。

これにより、借入金に極度に依存した会社設立は許可されないということになる。

上記の暫定規定により、外商投資企業の借入金（外債）と資本金の比率に関する要求がある。すなわち、国外からの借入金（外債）の比率は、投資総額と登録資本金との差額（「借入枠」）を超過することはできない。しかし、この比率に関する制限は、実際上、外国債務のみに限定されており、国内債務に関しては明確に制限されていないが、現在でも有効な規定である。なお、この比率には関連者からの借入と非関連者からの借入の両方が含まれる。

(2) その他の関連規定との関係

中国の法律上はさらに規定があり、外国投資者による出資の対象物は、自己が有する貨幣資金または専有技術等でなければならない。また、外国投資者の出資額は規定の期限内に払込みを終えなければならず、生産経営期間内において、むやみにその登録資本金額を減額（減資）することはできない。ただし、

1995年に対外貿易経済合作部（現、商務部）と国家工商行政管理局から公布された「外商投資企業の投資総額と登録資本金の調整に関する規定と手続の通知」（外経貿法発【1995】366号）において、次の一定条件の下で減資が認められており、実務上も有償、無償、減資それぞれの実例が見られる。

① 正当な理由があること
② 企業の正常な経営に影響を与えないこと
③ 債権者の権益を損なわないこと
④ 確かに投資総額及び生産経営規模を減少させる必要があること

　もし、外国投資者が貸付の形をもって外商投資企業の登録資本金を提供した場合、その貸付金について発生した利息を損金とすることはできない。これらの法規の主要な目的は、外商投資企業の投資者が適時にかつ、真の登録資本金を払い込むことを要求するものである。

　登録資本金の払込み後の追加資金（すなわち、借入金）に対して、外商投資企業が国外関連企業に支払う利息について損金に算入できるか否かは、その借入利率が正常な利率かどうかによる。利率が正常であれば、その支払利息は損金算入できる。つまり、外商投資企業が国外関連企業に支払う利息が損金にできるか否かの問題は、主として利息の支払いが正常取引の原則に従っているかどうかを強調し、企業の過少資本を制限するものではなかった。言い換えれば、外商投資企業の国外関連企業からの借入金に対する利率が合理的であり、借入枠の範囲内であれば外商投資企業の国外関連企業からの借入金の規模にかかわらず、その利息は損金とすることができた。これは、先進国の多くに、当該国の企業が国外関連企業に対し支払う、負債／資本比率を超える部分の利息支払いについては、損金算入できないと明確に規定されている例があるのと比較し、大きな差異があった。

　新税法に加えられた規定は、このような税収の漏れを防ぐものであるが、債権性投資と権益性投資の比率の影響を受ける範囲は非常に広く、基準も複雑であり、また各業種によって実際状況が大きく異なり、また銀行、保険等金融業と非金融業で異なるといった面もあり、実施条例の中では一律に規定せず、国

務院財政、税務所轄部門で別途規定するものとしたものである。

(3) 中国内資企業に対する旧税法下の規定

旧税法下では、中国内資企業に対して、関連企業からの貸付金が会社の登録資本金の50％を超えた場合、超過した部分に係る利息については損金算入できないと規定されていた（国税発【2000】84号文）。

(4) 過少資本税制が外資企業及び内資企業に与える影響

新税法が過少資本税制を採用したことにより、中国内資企業及び外商投資企業に対して、以下のような影響が考えられる。

上述のごとく、中国内資企業に関して、旧税法（企業所得税暫行条例）下では、関連企業からの借入／登録資本金の比率に対する明確な規定が存在した。中国内資企業は旧税法下の基準に基づいて、すでに借入を行ってきているため、新税法の過少資本税制に関する規定の内容と、旧税法下の規定の比率との差異が、内資企業への主な影響となるだろう。大手の内資企業の中には、企業グループ内にファイナンス会社を持っているものも少なくないため、このようなグループファイナンス会社の融資機能に対して、影響を与える可能性がある。

外資企業に関して、旧税法（外商投資企業及び外国企業所得税法）下では、前述のごとく、過少資本税制が存在しなかったが、税法とは別に、上記の投資総額と登録資本金の比率に関する規定が存在した。新税法の過少資本税制に関する規定と投資総額と登録資本の比率に関する暫定規定が並立して存在するため、外商投資企業は借入に関し、二重の管理を強いられることになる。また新税法の規定は、国内関連者間の融資も対象となるため、中国持株会社（傘型企業）からの融資についても影響を受けることになると考えられる。新旧税法中の関連規定の比較に関して、下記の表を参照されたい。

新旧企業所得税法の過少資本税制に関連する規定の比較

企業所得税法・同実施条例	企業所得税暫行条例・同実施細則	外商投資企業及び外国企業所得税法・同実施細則
（企業所得税法第46条） 　　企業がその関連者から受け入れた債権性投資及び権益性投資の割合が規定の基準を上回ることにより発生した利息支出は、課税所得額を計算する時に控除してはならない。 （実施条例第119条） 　　企業所得税法第46条にいう債権性投資とは、企業が直接または間接的に関連者から得る、元本の償還と利息の支払いまたはその他の支払いの性質を有する方式による補償を必要とする融資を指す。 　　企業が間接的に関連者から得る債権性投資には、以下を含むものとする。 ①関連者が非関連者の第三者を通じて提供する債権性投資 ②非関連の第三者が提供する、関連者が保証し、かつ連帯責任を負う債権性投資 ③その他の間接的に関連者から得る負債の実質を有する債権性投資 　　企業所得税法第46条にいう権益性投資とは、企業が受け入れた元本及び利息を償還する必要のない、投資者が企業の純資産に対して所有権を有する投資を指す。 　　企業所得税法第46条にいう基準は、国務院財政、税務所轄部門が別途規定する。	（暫行条例及び実施細則には規定はないが、関係通達あり） 　　関連企業からの貸付金が会社の登録資本の50％を超えた場合、超過した部分に係る利息については損金算入できない。 （国税発【2000】84号文）	（実施細則第55条） 　　企業と関連企業との間の融資で支払いまたは受け取った利息が、関連関係がない場合に同意できる金額を上回るまたは下回る、あるいはその利率が同類業種の正常な利率を上回るまたは下回るものについて、当地の税務機関は正常な利率を参考として調整を行うことができる。 　　「中外合弁企業の登録資本（資本金）と投資総額の比率に関する国家工商行政管理局の暫定規定」（1987年3月公布）に、総投資額と登録資本金の比率に関する規定あり。

5．特別納税調整管理規程（試行）における関係規定の内容

　債権性投資と持分性投資の比率に関しては、例えば単一の比率を採用するのか、あるいは業種の特性と実態を考慮して、業種別に異なる比率を採用するのかという議論がある。また、控除可能／控除不可能の利息を区分する原則、具体的計算方法はどうなるのかという問題もある。現在、中国税務当局は、企業所得税法、同実施条例第6章の特別納税調整（過少資本税制を含む）に対応して、外部からの意見を募集するために特別納税調整管理規程を草案中と言われている。過少資本税制に関する上記の議論に対する答えもこの管理規程の中で明らかにされるはずである。ここではその草案に基づき、予想される規定の内容についての解説を試みる。現段階では規程の内容が確定されておらず、最終的に公布される規程の内容と当草案とに差異がある可能性があることに留意されたい。

(1) 債権性融資及び権益性融資の比率の計算方法

　当草案では「債権性融資」、「権益性融資」という言葉が使われているが、意味するところは、それぞれ「債権性投資」、「権益性投資」と同義で使われているものと考える。債権性融資と権益性融資の比率、すなわち負債資本比率は以下の公式で計算するものとされている。

企業の負債資本比率

$$= \frac{\text{当該年度の各月の関連者からの債権性融資の平均残高の和（注1）}}{\text{当該年度の各月の権益性融資の平均残高の和（注2）}}$$

（注1）　各月の関連者からの債権性融資の平均残高＝（関連者からの債権性融資の月初帳簿残高＋月末帳簿残高）÷2

（注2）　各月の権益性融資の平均残高＝（権益性融資の月初帳簿残高＋月末帳簿残高）÷2

　上記公式において、権益性融資は企業の貸借対照表における会計上の所有者

持分の金額である。所有者持分を構成する利益剰余金のマイナス額が払込資本金と資本準備金の合計額より小さい場合、権益性投資は払込資本と資本準備金の和であり、払込資本金と資本準備金の合計額以上である場合、権益性融資は払込資本金となる。すなわち、債務超過の場合であっても、権益性融資の額は払込資本金額を下回ることはない。

(2) 控除できない利息支出、配当と見なされる利息支出

新税法第46条にいう利息支出には、企業で発生した直接あるいは間接的に関連者から受け入れた債権性融資の利息、保証費、抵当費及びその他の利息の性質を有する諸々の費用を含む。

新法第46条にいう課税所得を計算する時に控除できない利息支出は、以後の納税年度へ繰り越すことはできない。控除できない利息支出のうち、国外関連者に支払った利息は、配当源資となる利益剰余金がない場合であっても配当とみなされ、配当と利息に適用される所得税率の差により源泉所得税を追加徴収・納付しなければならない。納付済みの所得税額が配当として計算した場合の所得税額を超える部分は還付しない。

損金算入されない利息支出の額は、以下の算式で計算しなければならない。下記算式においても、債権性融資と権益性融資に関する標準比率は、国務院財政、税務所轄部門が規定する固定比率を指すとされており、その具体的比率はまだ明らかにされていない。

控除できない利息支出額＝当該年度の関連者に支払うべき利息額×（１－標準比率（注）÷企業の負債資本比率）

(注) 標準比率とは、国務院財政、税務所轄部門が規定する固定比率を指す。

配当としてみなされる利息支出額は、以下の算式で計算しなければならない。なお、新税法では利息と配当にかかる税率を区分していないが、関連者の所在国によっては、租税条約の関係で配当と利息に課される税率が異なるケースも考えられる。

> 配当とみなされる利息支出額＝当該年度の国外関連者に支払うべき利息額×
> 　　　　　　　　　（1－標準比率（注）÷企業の負債資本比率）
> 　（注）　標準比率とは、国務院財政、税務所轄部門が規定する固定比率を指す。

(3) 同時資料の準備義務

　企業の負債資本比率が標準比率を超える場合、負債資本比率が独立企業間取引の原則に合致することを証明するために、関連取引が発生した年度の翌年6月1日までに以下の同時資料を準備しなければならない。

① 借手の返済能力、借入能力分析

② 借入利率、期限、資本振替え（借入金の資本振替え取引であり、外為法上も認められている（国家外国為替管理局・為替発【2003】30号））が独立企業間取引の原則に合致することの説明

③ 関係者からの融資と非関連者からの融資の条件及び利息確定の比較可能性分析。企業のすべての債権融資の規模と構成、関連者からの債権融資の規模と構成、非関連者からの類似の融資を受ける場合の条件、関連者からの債権融資の利率と市場利率との比較等を含む。

④ 登録資本金、借入条件等の変動状況

　企業は本規程第3章の規定に基づき、上述の同時資料を保存し、当局の要求に応じて提出しなければならない。つまり、本規程の第3章に含まれる移転価格文書化に関するルールが、ここにも適用される。

　企業が規定に基づいて同時資料を準備、保存、提出しない場合、または同時資料によって負債資本比率が独立企業間取引の原則に合致することを証明することができない場合、標準比率を超える利息支出額は課税所得額を計算するときに控除してはならない。つまり、企業の負債資本比率が標準比率を超える場合、標準比率を超える部分の利息支出額が直ちに控除できないとされるわけではない。上記の同時資料をもってしてもその合理性を説明できない場合、あるいは企業がその合理性に関する説明機会を自ら放棄する場合に、標準比率を超

える部分の利息支出額について、課税所得額の計算上、損金として控除を認められないとするものである。

(4) 関連者の定義

　移転価格税制における関連者（実施条例第109条）、タックスヘイブン税制における支配（同第117条）は定義されているにもかかわらず、過少資本税制における関連者は実施条例にも、また本草案においても定義されていない。

6．ケース・スタディ

　以下の例により、本草案による過少資本税制の適用について検討する。

【ケース】

> 　ある日本の企業（A株式会社）が90％を出資し、A社の中国持株子会社（B社）が10％を出資する中国製造子会社（C社）は、親会社であるA社とB社からの借入を受けている。2008年度の1月から12月までのA社及びB社からの債権性融資及び権益性融資の月初帳簿残高と月末帳簿残高の合計は、以下の表のとおりであった。なお、2008年度において、C社はA社及びB社以外の他の関連者からの借入を一切していない。また、銀行からの一般借入について、関連者が保証し、かつ連帯責任を負うと見なされるものもない。
> 　C社のA社及びB社からの借入利率は年利7％とし、1年間に支払うべき利息支出額は合計で14百万人民元とする（それぞれA社に対し8百万人民元、B社に対し6百万人民元）。また、負債資本比率について国務院財政、税務所轄部門が規定する標準比率は200％と仮定する。出資、借入は外貨建てのものも含まれるが、下記表はすべて人民元換算後の金額とする。国外関連者に支払う配当と利息に課される所得税率は、共に10％とする。

債権性融資（注1） 単位：百万人民元

月	1	2	3	4	5	6	7	8	9	10	11	12	合計
月初	150	150	150	150	200	200	200	200	250	250	250	250	—
月末	150	150	150	200	200	200	200	250	250	250	250	250	—
平均	150	150	150	175	200	200	200	225	250	250	250	250	2,450

権益性融資（注2） 単位：百万人民元

月	1	2	3	4	5	6	7	8	9	10	11	12	合計
月初	90	90	90	90	90	100	100	100	100	100	100	100	—
月末	90	90	90	90	100	100	100	100	100	100	100	100	—
平均	90	90	90	90	95	100	100	100	100	100	100	100	1,145

（注1） 各月の関連者からの債権性融資の平均残高＝（関連者からの債権性融資の月初帳簿残高＋月末帳簿残高）÷2

（注2） 各月の権益性融資の平均残高＝（権益性融資の月初帳簿残高＋月末帳簿残高）÷2

【計算】

① まず、C社の負債資本比率を求める。

2008年度の各月の関連者からの債権性融資の平均残高の和＝2,450百万人民元

2008年度の各月の権益性融資の平均残高の和＝1,145百万人民元

$$\text{A社の負債資本比率} = \frac{\text{2008年度の各月の関連者からの債権性融資の平均残高の和}}{\text{2008年度の各月の権益性融資の平均残高の和}}$$

$$= 2{,}450\text{百万人民元} \div 1{,}145\text{百万人民元} = 213.97\%$$

② 次に控除できない利息支出額を求める。

控除できない利息支出額＝2008年度の関連者に支払うべき利息×（１
　　　　　　　　　　　－標準比率÷企業の負債資本比率）
　　　　　　　　　＝14百万人民元×（１－200％÷213.97％）
　　　　　　　　　＝914,053人民元

③　さらに配当と見なされる利息支出額を求める。

配当とみなされる利息支出額＝2008年度の国外関連者に支払うべき利息×
　　　　　　　　　　　　　（１－標準比率÷企業の負債資本比率
　　　　　　　　　　＝８百万人民元×（１－200％÷213.97％）
　　　　　　　　　　＝522,316人民元

【分析】

　本ケースでは、企業の負債資本比率が標準比率を超えるため、負債資本比率が独立企業間取引の原則に合致することを証明するために、Ｃ社は2009年度６月１日までに同時資料を準備しなければならない。Ｃ社が同時資料を準備、保存、提出しない場合、あるいは同時資料によって負債資本比率が独立企業間取引の原則に合致する事を証明することができない場合、標準比率を超える利息支出（914,053人民元）は損金不算入となる。

　配当と見なされる利息（522,316人民元）について、配当と利息に適用される所得税率の差により源泉所得税を追加納付しなければならない。納付済みの所得税額が配当として計算した場合の所得税額を超える部分は還付しない。本ケースでは、配当と利息に適用される所得税率は共に10％なので差は生じない。

　その他の検討事項として、実施条例第38条第２項は、「非金融企業の非金融企業からの借入金に係る利息支出のうち、金融企業の同期間における同種の貸付金利率に基づき計算した金額を上回らない部分」について、課税所得の計算上で控除することができるとしている。よって、Ｃ社はＡ社及びＢ社からの現状の借入利率７％が、銀行から借り入れた場合の同期間の借入利率と同程度であるかどうかについて、別途確認すべきである。

以上を考慮した上、C社は下記の点について、総合的に検討すべきと考える。なお関連企業との取引に関わる内容につき、親会社であるA社、B社との協議により、検討することが望ましい。

【検討】

① 負債資本比率の合理性を同時資料の準備により合理的に説明できるか。また、同時資料準備に係る労力、時間、コスト。自社で資料を準備することができるか、あるいは専門家のサポートを必要とするか。

② 将来の事業計画と資金繰りを再度見直す。今後も関連者からの借入金額は膨らむ方向にあるか、あるいは減少が見込まれるか。C社の事業計画そのものを変更する必要はないか。

③ 他の資金調達手段の検討。関連者からの借入の割合を縮小させ、増資による資金調達へ切り替える必要はあるか。その場合、親会社であるA社とB社の資金繰りに問題はないか。

④ あるいは、一般の銀行借入を検討する必要はあるか。関連者からの借入と比較し、C社にとってどちらが有利か。銀行からの一般借入を利用するとした場合、C社の銀行に対する信用力は十分か。

⑤ 銀行借入に関し、実施条例第119条中の、「非関連者が提供する、関連者が保証し、かつ連帯責任を負う債権性投資」と見なされる可能性がないか。もし見なされる場合、銀行からの一般借入であるにもかかわらず、関連者からの債権性投資としてカウントしなければならない。

⑥ 第三者からの借入利率の水準と比較し、現状の関連者からの借入利率は適正と言えるか。子会社側（C社）または親会社側（A社、B社）で、利率が高すぎるまたは低すぎると、税務当局から指摘される可能性はないか。その場合、税務当局による移転価格調査を引き起こし、全面的な関連企業間取引について調べられる可能性がある。

⑦ 海外の関連者に支払う利息に係る企業所得税について、中国と各国との租税条約の内容を念頭に入れ、他の国の関連会社（A社、B社以外の関連

会社）から資金調達し、企業グループ全体の税負担を引き下げることはできないか。
⑧　税法上の検討事項とは別に、投資総額と登録資本金の差額、所謂「借入枠」の管理上、問題が生じる可能性はないか。

（上記のケース・スタディは、中国税務当局が草案中の「特別納税調整管理規程」の予想される内容も含んでいる。現段階では規程の内容が確定されていないため、最終的に公布される規程の内容とは差異がある可能性があること、よってケース・スタディの結論も変わる可能性があることに留意されたい。）

第9章　被支配外国企業

1．被支配外国企業に関する規定

　多国籍企業納税者が国際的な租税回避を行う手段の1つは、企業所得に対し低税率もしくは非課税であるタックス・ヘイヴンに外国企業を設立し、各種の手段により、多国籍企業の一部の利益をタックス・ヘイヴンの会社に移転し、併せて利益を長期的にタックス・ヘイヴンの会社に累積して再運用させ、納税者が所在する高税率国の税負担を回避するものである。

　上記の状況において、タックス・ヘイヴンの企業は実際上、多国籍企業が国際的租税回避行為を行うための基地に当たり、この種のタックス・ヘイヴンに設立された会社を基地会社と呼ぶ。タックス・ヘイヴンに基地会社を設立する出資者は、一般的には多国籍企業であるが、自然人の場合もある。多国籍企業が基地会社を利用して租税回避を行うことを防止するためには、租税回避企業が国外から受け取る配当についての課税を先延ばしさせるような行為が排除されなければならない。一定の条件を満たす外国会社については、配当を親会社に行うか否かにかかわらず、親会社の居住国においてこの利益について課税し、多国籍企業がタックス・ヘイヴンを利用して租税回避を行う計画を達すること

ができないようにする必要がある。この種の課税の先延ばしを排除し、多国籍企業の納税者がタックス・ヘイヴンに有する基地会社を利用して租税回避を行うことを防止する立法を、被支配外国企業ルール（CFC ルール）と呼んでいる。

　CFC ルールは、まず米国において1960年代の初頭に制定された。米国が1962年に CFC ルールを公布して以降、カナダ、ドイツ、日本、フランス、イギリス、ニュージーランド、オーストラリア、スイス、ノルウェイ、フィンランド、インドネシア、ポルトガル、スペイン、デンマーク、ハンガリー、メキシコ、南アフリカ、韓国、アルゼンチン、イタリア等の国々が次々に類似の法規を公布した。2001年までに、世界で23ヶ国が CFC ルールを実施しており、その多くの内容は米国の立法内容と類似している。

　現在、先進国の中にも類似の法規を導入していない国もあるが、その中で幾つかの国々は厳格な外国為替管理制度を有し、本国の居住者がタックス・ヘイヴンに投資することを制限したり、投資利益は必ず本国に還元しなければならないとしている。これらの非税務的措置が、多国籍企業の基地会社を利用した国際的租税回避行為を制限するものとなっている。現在の国際的な動きからすると、次第にこうした外貨管理制度を廃止し、タックス・ヘイヴンによる租税回避を防止する立法を強化する方向にある。

　各国の CFC ルール制定年度については、下記の表を参照されたい。

各国の CFC ルール制定年度

国家	年	国家	年	国家	年
米国	1962	オーストラリア	1990	デンマーク	1995
カナダ	1972	スイス	1990	ハンガリー	1997
ドイツ	1972	ノルウェイ	1990	メキシコ	1997
日本	1978	フィンランド	1995	南アフリカ	1997
フランス	1980	インドネシア	1995	韓国	1997
イギリス	1984	ポルトガル	1995	アルゼンチン	1999
ニュージーランド	1988	スペイン	1995	イタリア	2000

中国も諸外国税制の動向及び中国企業による対外投資の活発化に伴い、企業所得税法第45条において、「居住者企業、あるいは居住者企業と中国居住者が支配する、実際の税負担が本法第4条第1項に規定する税率の水準より明らかに低い国（地域）に設立された企業が、合理的な経営上の必要によらず利益配当を行わないか、あるいは利益配当額を減額した場合には、上述の（留保）利益のうち当該居住者企業に帰属する部分を、当該居住者企業の当期の収入に計上しなければならない」と規定し、CFCルールを新規に導入した。

　被支配外国企業への利益移転のイメージについては下図を参照されたい。

被支配外国企業への利益移転のイメージ

中国	タックス・ヘイヴン
居住者企業 居住者　←合算課税―	支配　　　　→　外国企業 配当せず 又は減額　　　　　留保利益
	課税・外国税額控除　　　　配当
（法定税率：25％）	（中国の税率より明らかに低い国家・地域）

2．中国居住者の定義

　外国企業に対する支配を構成する者には、中国居住者企業のみならず、中国において、無制限の納税義務を負う中国居住者である個人も含まれる。よって、外国企業が支配を受けるかどうかを判定する際に、居住者企業と居住者個人の両方の要素を総合的に考慮する必要がある。中国の居住者企業が外国企業に対する支配を構成しない状況でも、中国国内の居住者個人と当該居住者企業が一緒に外国企業に対する支配を構成する場合、当該外国企業はやはり中国居住者の支配を受けると判定され、企業所得税法第45条の規定が適用される。

　居住者企業については、企業所得税法第2条にすでに規定があるが（36頁を

参照)、個人に関しては、実施条例第116条の規定により、「中華人民共和国個人所得税法」の規定に基づき、中国国内及び国外で取得した所得につき中国で個人所得税を納付する個人と定義されている。「個人所得税法」によれば、中国国内及び国外で取得した所得につき、中国で個人所得税を納付する個人は下記の者である。

(1) 個人納税義務者の分類

「個人所得税法」は、住所の有無、居住の有無及び居住の期間により課税所得の範囲を定めている。住所とは戸籍、家庭、経済的利益関係により習慣的に居住している場所（個人所得税法実施条例第2条）を指し、居住するとは生活の本拠（住所）には至らないものの居所を定めて継続して住むことと解されている。

まず、中国国内に住所をもつ者（中国国籍を有する者は、原則として中国国内に住所を有する者とみなされる）、ならびに住所がなくとも1年以上国内に居住する個人は、国内源泉所得に加えて国外源泉所得も課税される。一方、中国国内に住所はなく、かつ居住もしないか、もしくは1年未満の居住しかしない者は、国内源泉所得のみが課税される（個人所得税法第1条）。また、中国国内に住所をもたず1年以上居住する個人のうち、居住期間が5年以下の者は、その中国国外源泉の所得につき所轄税務機関の認可を得て中国国内の企業、個人等が支給した部分についてのみ個人所得税を納めることができる（個人所得税法実施条例第6条）。これは、1年以上居住する国内勤務者に対しては、国内源泉所得と国外源泉所得の双方に対する課税を前提としながらも、国外勤務等による国外源泉所得のうち国内企業等が支給するもの以外は免税にできることを定めたものである。

一般に外国人の場合は、業務の都合から中国に一定期間居住するに過ぎず、永住権をもつ者を除いて住所の有無は問題とならない。しかし、中国籍でも華僑のように外国に永住権を有しているような場合には、住所の有無から課税の範囲を判断することが必要となる。

(2) 国内に1年以上居住する個人

中国国内に住所がなくても「1年以上国内に居住する」個人は、国内源泉所得だけでなく国外源泉所得も個人所得税の課税対象になると規定されている（個人所得税法第1条）。ここで「1年以上国内に居住する」とは、一納税年度（すなわち、暦年）において中国国内に365日居住することを指し、臨時的な出国の日数は控除しないとされている。臨時的な出国とは、一納税年度における1回で30日を超えないか、または数回の累計で90日を超えない出国をいう（個人所得税法実施条例第3条）。したがって、1回に30日を超えるか、累計で年間90日を超える出国は臨時的な出国ではなくなるため、当該日数は控除することが可能となる。この場合、当該納税年度において、個人所得税法及び企業所得税法上の「中国居住者」とはならない。この控除可能な出国期間については、国税函【1995】125号で、国外の営業機構に就任し役務を提供した期間及び期間中の公休日の日数に限定し、中国国内勤務に由来する公休日や個人的休暇及び研修・訓練を国外で受けるための出国は、中国国内での勤務期間に含められるとしている。このため臨時的な出国はかなり限定して捉える必要がある。

(3) 1年以上5年以下居住する個人の取扱い

個人所得税法実施条例第6条の規定に基づき、中国国内に住所を有さず、1年以上5年以下居住する個人は、中国国外を源泉とする所得に関し、所轄税務機関の承認を経て、中国国内会社、企業及びその他の経済組織あるいは個人により支払われた部分に対してのみ個人所得税の納税義務を負う。この状況の下では、当該個人は国外所得につき個人所得税を納税する義務がないため、企業所得税第45条の規定の適用外、すなわち中国非居住者となる。

(4) 5年超居住する個人

個人が5年を超えて中国に居住する場合は、第6年目から、中国国外を源泉とする全所得についても個人所得税の納税義務を負わなければならず、中国居住者となる。

個人所得税の納税義務者の区分と課税範囲については、下記の表を参照されたい。

個人所得税の納税義務者の区分と課税範囲

納税義務者の区分			居住期間	源泉所得と納税義務の有無	
				国内源泉	国外源泉
住所	有			課税	課税
	無	居住者	5年超の居住	課税	課税
			1年以上5年以下	課税	課税（注1）
		非居住者	1年未満の居住	課税	非課税
			短期滞在者（注2）	非課税	非課税
			短期滞在者以外	課税	非課税

（注1） 国外源泉所得も居住が5年以下であれば、税務機関の認可により、中国国内の組織単位または個人が支払った部分以外は非課税とすることができる。
（注2） 租税条約の短期滞在者免税規定が適用される者を指す。

3．支配の定義

(1) 実施条例第117条の規定

　被支配外国企業は企業所得税法における新しい概念であり、その目的は企業が低税率の国（地域）に被支配企業を設立し、各種の非合理的な商業取引を通じて、その利益を外国会社に留保し、配当を行わないあるいは少額の配当のみを行うことにより、中国国内での納税義務を回避する行為を防止することにある。企業所得税法自体は、支配関係について詳細な説明や解釈を行っておらず、実務上の運用可能性を高めるため、実施条例の中で規定されている。
　実施条例第117条は、企業所得税法第45条にいう支配とは、以下のものを含むものと規定している。

> ①　居住者企業または中国居住者が直接または間接的に外国企業の議決権のある株式を単独で10％以上保有し、かつ当該外国企業の持分を共同で50％以上保有する場合
> ②　居住者企業、あるいは居住者企業と中国居住者の持分割合は第1号に規定する基準に満たないが、株式、資金、経営、売買等の面において、当該外国企業に対する実質支配を構成する場合

　本条は非支配外国企業の範囲を定めており、これは税法第45条の適用を検討するための第一歩となる。企業所得税法第45条はタックス・ヘイヴンに設立された被支配企業に対して、どのように税務処理を行うかを定めている。居住者企業、あるいは居住者企業と中国居住者が支配する、実際の税負担が税法第4条第1項に規定する税率よりも明らかに低い国（地域）に設立された企業で、かつ合理的な経営上の必要によらず利益配当を行わないか、あるいは利益配当を減額する場合、留保した利益のうち当該居住者企業に帰属する部分を、当該居住者企業の当期の収入に計上しなければならない。

(2)　支配関係の基準

　国家の課税主権の保護と徴収管理の観点から出発し、同時に諸外国の経験を踏まえ、本条は支配関係の基準について以下のように定めている。

❶　居住者企業と中国居住者が共同で持分支配を行う基準

　居住者企業または中国居住者が直接または間接に外国企業の議決権株式を単独で10％以上保有し、かつ当該外国企業の持分を共同で50％以上保有する場合。この基準は、当該外国企業が同時に以下の2つの条件を満たすことを条件としている。

　まず、単独の居住者企業または中国居住者が、外国企業の議決権株式を10％以上保有していなければならない。これは持分について単独で満たさなければならない条件である。他の国々にも類似の単独の条件に関する規定がある。例

えば米国やオーストラリア等の規定では、外国企業が被支配外国企業とされる場合、本国の出資者が合計で持分の一定比率以上を持たなければならないこと以外に、本国の出資者は単独で当該外国企業の10％以上の株式を持たなければならないと規定している。カナダにも類似の規定があり、各出資者が単独で１％の最低持分比率を有する、あるいは関連の出資者が共同で10％以上の持分を有するものとしている。日本の規定は、日本の各出資者が単独で最低５％の持分を有するものとしている。デンマーク、スペインの出資者の最低持分比率は50％である。これは実際上、被支配外国子会社の出資者が少なく、持分が相対的に集中して保有されることを条件としており、これにより出資者が被支配外国子会社の利益分配政策に影響力を持てると考えるものである。しかしながら国によっては、例えばドイツやフランスの規定では、被支配外国子会社の条件の中に、本国出資者の単独での最低持分比率を含んでいない。

　次に、10％以上の議決権のある株式を保有する中国出資者が50％以上に達しなければならない。これは全体の持分比率に関する規定である。その他の国々にも類似の規定がある。例えば米国の規定では、外国企業が被支配外国子会社とみなされるかどうかについて、一定の条件がある。すなわち、米国の出資者は議決権株式の50％を超えて保有していなければならない。つまり、合計持分比率が50％以下の場合は、被支配外国企業とは見なされない。スイスにも合計持分比率に関する規定が存在したが、2004年に廃止され、本国の各出資者が外国企業の10％以上の株式を有しなければならないとの条文のみが残された。イギリス、オーストラリア及びニュージーランドでは、その比率は40％以上と規定されている。デンマークとポルトガルの要求比率は25％である。ドイツとフランスの過去の規定は、本国居住者の最低持分比率は、それぞれ50％と25％であったが、その後ともに当該比率は10％に下がった。イタリアの規定では、本国の企業が特殊な税収優遇策を提供する国家あるいは地域の企業に対する持分について十分な議決権を持つ場合、その子会社は被支配外国子会社とするとしている。十分な議決権を有するとは、議決権のある株式の10％以上を保有することを意味する。本国の居住者が国外の企業を通して間接的に外国企業を支配

し、租税回避を行うことを防止するため、各国は被支配外国子会社の基準に、間接的支配を加えている。例えば、本国の居住者が外国企業に60％の議決権株式を保有し、またその外国企業が別の外国企業に50％以上の議決権株式を有する場合、後者の外国企業もまた本国居住者の被支配外国子会社となる。

　持分比率を計算する時点に関しては、各国の規定は異なっている。あるものは、外国企業の所在国における納税年度の最終日をもって計算するもので、例えばオーストラリア、カナダ、ドイツ、日本などである。また、米国、イギリス、ニュージーランド等は、納税年度の任意の1日をもって計算することとしている。スイスは、暦年の終了日をもって計算する。持分比率の計算日について、中国の今回の実施条例には規定がない。以後、国務院財政、税務所轄部門が別途制定する規定により詳細が決められる予定である。

　なお、ここで留意しなければならないのは、中国側の合計持分割合が"50％以上"である点である。この規定により、中国企業と50：50の合弁会社にあっては、中国企業に当該合弁会社の配当政策に決定力がない場合であっても、CFCルールの適用にさらされるリスクがあることである。

❷ 実質支配関係に関する基準

　居住者企業、あるいは居住者企業と中国居住者の持分割合は第1号に規定する基準に満たないが、株式、資金、経営、売買等の面において、当該外国企業に対する実質支配を構成する場合。

　これは本条の第1号に規定する基準以外で、株式所有、資金供給、経営管理、売買等により、外国企業に対し、実質的な支配を行う場合を規定するものである。株式の面で支配を構成するとは、本条の第1号に規定する2つの基準を満たさないものの、当該外国企業の持分が比較的分散しており、当該居住者企業、居住者企業と中国居住者が保有する持分で株主総会を支配し、会社の政策に影響を与えるのに十分である場合や多額の無議決権株式を所有し、実質的に支配する場合を指す。資金、経営、売買等の面で実質的に支配するとは、債券性投資、技術支配、販売ルート、高級管理職の派遣、原材料、部品のコントロール

等の面において、当該外国企業の生産経営に対し支配を構成するものを指す。本条の第2号は、ある種の外国企業について、中国居住者の出資者が、本条の第1号に規定する基準を満たさないが、しかし資金、経営、売買等、各方面の関係により、外国企業に対する実質的な支配を構成するもので、その他の持分調節あるいは非持分の調節を通して支配関係の構成を回避しようとすることを防止する規定である。

　実施条例第117条に規定する支配関係に関するイメージについて、下の図を参照されたい。

支配関係に関するイメージ

```
┌─────────────────────────────────────────────┐
│   形式的支配基準         実質的支配基準        │
│                                               │
│    ╱議決権を有する╲       ┌株式による支配┐   │
│   │ 持分を単独で10%│      │              │   │
│   │ 以上保有、かつ │      ├資金による支配┤   │
│   │                │      │              │   │
│   │ ╱共同で50%以上╲│      ├経営による支配┤   │
│   │ ╲ の持分を保有╱│      │              │   │
│    ╲              ╱       └売買による支配┘   │
└─────────────────────────────────────────────┘
```

4．低税率の判定基準

　実施条例第118条は、企業所得税法第45条にいう実際の税負担が本法第4条第1項に規定する税率の水準より明らかに低いとは、企業所得税法第4条第1項に規定する税率の50％を下回ることとしている。

　本条は、企業所得税法第45条をさらに細かく規定するものであり、法第45条の適用の有無を判断するための第2のステップ、すなわち低税率の判断基準で

ある。被支配関係を構成する外国企業は、その居住地国で実際に負担する所得税と中国の法定税率と比較して、その実質税負担が中国の法定税率の50％を下回る場合、第45条の適用対象となる。

実施条例第118条に規定する税率水準は12.5％（＝中国企業所得税基本税率25％×50％）である。すなわち、税負担が12.5％より低い国（地域）に設立され、かつ合理的な経営上の必要によらずして利益の配当を行わない、あるいは少額の配当を行うものについて、留保利益のうち当該居住者企業に属すべき部分を、当該居住者企業の当期収入に合算し、企業所得税を払わなければならない。中国が規定しているのは実質の税負担であり、表面的な税率ではない。よって高税率国（表面税率が高い国家）でも税収優遇により企業所得税法及び実施条例に規定する国（地域）に該当する可能性はある。実質税負担が12.5％より低い国（地域）とは、税収優遇政策の提供により、多国籍企業がよく租税回避活動に利用する国（地域）、すなわちバハマ、バミューダ諸島、英領バージン諸島等と考えてよい。

各国家が規定するタックス・ヘイヴンの税負担率の区分けと方式は異なる。例えば、イギリスの規定によると、被支配外国企業は低税率地域に設立された居住者企業でなければならない。低税率地域とは、同様の所得について、実際に負担する所得税が、イギリスにおける税額の１／４未満の地区を指す。実務の便のため、イギリスは２種類の排除国リスト（ホワイト・リスト）を発行している。その１つは無条件排除国で、例えばオーストラリア、ドイツ、イタリア、日本などが該当する。これらの国家は表面税率が比較的高く、税収優遇が少なく、よってこれらの国家に設立された外国企業はいかなる条件の下でも、被支配外国企業とはならない。デンマークの低税率地域の要求は、イギリスと類似している。すなわち、当地の実質税負担がデンマークの税負担の３／４未満である（2001年からデンマークの法人税率は30％であるから、法人税率が22.5％より低い地域が低税率地域となる）。オーストラリアも被支配外国企業が低税率地域にあるものという要求がある。また、オーストラリアの税制と類似した税制を採用している60ヶ国について、これらの国において設立された外

国企業は被支配外国企業の規定の制限を受けないとしている。

　イタリアの税法は、被支配外国子会社が国外において、「税収優遇政策を享受する」ことを要求し、ブラック・リスト方式を採用している。税負担がイタリアより低く、税収情報を交換できない国あるいは地域をブラック・リストに入れている。ブラック・リストに列挙された国に設立された会社は、被支配外国子会社となる可能性がある。フランスも被支配外国子会社が税収優遇国あるいは地域にあることを条件としており、併せて税収優遇の定義を「会社またはパートナーシップ企業が、その所得について払ったすべての税額が、相当の課税所得に対するフランスにおける税額の１／３未満であるもの」としている。しかし、CFCルールを実施している国の中で、アメリカとカナダ等の国は、被支配外国企業がタックス・ヘイヴンに設立されていることを要求しておらず、低税率は被支配外国企業となることの重要な条件ではない。

　2000年のOECD《有害税収行為の認定と排除の過程》の解釈によると、以下の条件に符合する国（地域）が、タックス・ヘイヴンとして認定される。

---

① 税金を課さないか、あるいは税率が著しく低い。特に、所得税及び資本利得税に関して。
② 厳格な銀行またはビジネス守秘義務のルールがあり、当事者の機密保持のため、情報の提供を行わない。
③ 外貨為替管理が開放されており、制限なく資金の出し入れが自由にできる。
④ 外国の税務当局に対しいかなる協力も拒否する。
⑤ 一般的に租税条約を締結しない、あるいは少ない租税条約のみ締結している。
⑥ 非常に便利な金融、交通及び情報センターである。

５．被支配外国企業の規定の影響と不明点

　次に、新税法におけるCFCルールの影響を考察する。中国の内資企業の中には、海外に持株子会社を設立しているケースも多く見られる。これらの多く

は低税率地域に設立されており、このような海外子会社についてCFCルールが適用される可能性が高い。中国企業の中には、新税法の施行に伴い、海外子会社等の海外投資に関連する組織構造及び経営状況の見直しを迫られる企業も多いと考えられる。

また、CFCルールの適用を回避するためには、利益留保に対する「合理的な経営上の必要」をいかに説明するかが大きなポイントとなる。低税率国に投資をしている中国企業にとっては、これに関する十分な説明資料の作成（ドキュメンテーション）も重要な作業となるであろう。

当面、日系企業に対する影響は極めて限定的と考えられている。なぜなら、中国居住者企業である日系企業の中国子会社が、さらに中国外に投資を行うケースは、現状ではあまり見られない投資構造と言えるからである。

ところで、企業所得税法第45条及びそれを受けた実施条例第116条、第117条、第118条を踏まえ、まだ未確定の問題と、それによる実務上の運用の難しさがあると考えられる。具体的には以下の諸点等が上げられる。

---

① 被支配外国企業の認定を実際上どのように行うか。
② 被支配外国企業の情報をどのように申告し、税務機関はどのように監督するか。
③ 被支配外国企業の収入の類型。
④ 「合理的な経営上の必要」の定義、また実務上どう判断するか。
⑤ 「実質的な支配」を実務上、どのように判断するか。
⑥ 実質的税負担率をどのように計算するか。
⑦ 間接外国税額控除の適用可否や合算課税後の利益の配当の処理等が不明である。

6．特別納税調整管理規程（試行）における関係規定の内容

現在、中国税務当局は、企業所得税法、実施条例第6章の特別納税調整（被支配外国企業の規定を含む）に対応して、外部からの意見募集のための特別納税調

整管理規程(試行)を草案中と言われている。ここではこの草案に基づき予想される規程の内容についての解説を試みる。現段階では規程の内容が確定されておらず最終的に公布される規程の内容とは差異がある可能性があることに留意されたい。

(1) 被支配外国企業の概念

当草案では、被支配外国企業の概念について、居住者企業あるいは居住者企業と中国居住者が支配する、実際の税負担が企業所得税法第4条第1項に規定する税率水準の50%を下回る国(地域)に設立された企業で、合理的な経営上の必要によらずに利益配当を行わないか、あるいは利益配当を減額する外国企業を指すと定義している。これは、第45条の定義をそのまま受けたものとなっており、それ以上踏み込んだ解釈はしていない。

(2) 持分比率の計算方法

納税年度のいずれかの日において、外国企業の議決権株式を10%以上保有する中国居住者企業及び居住者個人(草案では「中国居住者株主」と略称)による被支配外国企業に対する支配には、単一レベルの直接持株方式と複数レベルの間接持株方式があるとしている。これは実施条例第117条が規定する、「居住者企業または中国居住者が直接または間接に外国企業の議決権株式を単独で10%以上保有」の内容を説明するものと考えられる。

さらに、中国居住者株主が複数レベルで間接的に保有する議決権株式持分は、各レベルの持分比率を乗じて計算するが、一方が他方の議決権株式持分の50%超を保有する場合、100%として計算するとしている。この内容を例示すると、次の図のようになる。

単一レベルの直接持株方式と複数レベルの間接持株方式

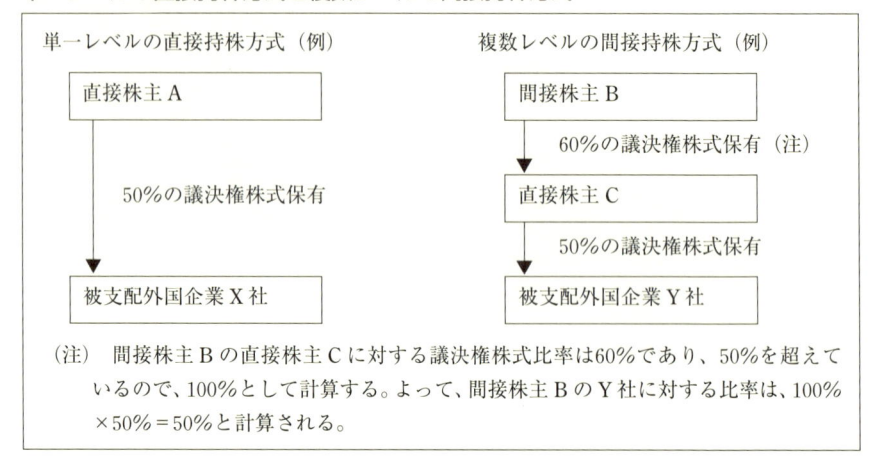

```
単一レベルの直接持株方式（例）          複数レベルの間接持株方式（例）

    ┌──────────┐                          ┌──────────┐
    │ 直接株主 A │                          │ 間接株主 B │
    └────┬─────┘                          └────┬─────┘
         │                                     │ 60％の議決権株式保有（注）
         │ 50％の議決権株式保有                 ▼
         │                                ┌──────────┐
         │                                │ 直接株主 C │
         │                                └────┬─────┘
         │                                     │ 50％の議決権株式保有
         ▼                                     ▼
  ┌──────────────┐                      ┌──────────────┐
  │ 被支配外国企業 X 社 │                      │ 被支配外国企業 Y 社 │
  └──────────────┘                      └──────────────┘
```

（注） 間接株主Bの直接株主Cに対する議決権株式比率は60％であり、50％を超えているので、100％として計算する。よって、間接株主BのY社に対する比率は、100％×50％＝50％と計算される。

なお、株主の当期のみなし配当所得とされる合算課税対象利益額は、実際の持分比率により計算する。

(3) 株主の申告義務と税務機関の審査、徴収

草案は、中国居住者株主の被支配外国企業に関する申告義務と税務機関の審査、徴収について定めている。すなわち、中国居住者株主は年度企業所得税を申告するに際して、対外投資情報を提供し、「企業対外投資状況報告表」を添付しなければならない。

税務機関は、中国居住者株主が申告した対外投資情報を整理、審査し、被支配外国企業を構成する中国居住者株主に「被支配外国企業居住者株主確認表」を公布し、企業所得税法第45条に基づき税額を徴収しなければならない。

(4) みなし配当所得の計算

被支配外国企業と中国居住者株主の納税年度に差異がある場合、みなし配当所得の額を被支配外国企業の納税年度終了日が属する中国居住者株主の納税年度に計上しなければならない。被支配外国企業の納税年度が3月末、中国居住者株主の納税年度が12月末である場合、2009年度を例にとると、被支配外国企

業の2009年3月期のみなし配当所得の額が、中国居住者株主の2009年12月期の益金に計上されることになる。

また、中国居住者株主の当期所得に計上する被支配外国企業のみなし配当所得額は、以下の公式により計算しなければならない。

> 中国居住者株主の当期所得額＝みなし配当金額×実際の持株日数÷被支配外国企業の納税年度の日数×持株比率

(5) **外国税額の調整等**

中国居住者株主の当期所得について、すでに国外で納付した所得税額は、法の関連規定に基づき税額控除することができる。これは、みなし配当所得を中国居住者株主の当期所得に計上し、企業所得税額を計算する際に、すでに国外で納税した所得税額についても外国税額控除を認めるものである。外国税額控除の詳細については、116頁以下を参照されたい。

また、被支配外国企業が実際に分配した利益について企業所得税法第45条の規定に基づき、過年度において合算課税により税額を納付していた場合、中国居住者株主の当期所得に計上しない。

(6) **みなし配当課税の例外規定**

中国居住者株主が資料を提出し、支配する被支配外国企業が以下の条件のいずれかを満たすことを証明できる場合、みなし配当を当期所得に計上することが免除される。

> ① 国務院税務主管部門が指定する非低税率国（地域）の被支配外国企業でないこと
> ② 被支配外国企業の経営に実質性があり、中国租税を減少させることを主な目的としないこと
> ③ 被支配外国企業の年間利益が500万元を上回らないこと

①の指定については、一部の国家が採用しているタックス・ヘイヴンの対象外国リストのようなものと考えられる。②については、今後企業側がどのように経営の実質性を証明していくかが課題となる。少なくとも、実体のないいわゆるペーパーカンパニーのような会社ではなく、人員、経営、事業の実体がある会社であり、さらに親会社に対して配当を行わない。あるいは少額の配当のみを行うことについて、経営上の合理性を説明するドキュメンテーションが必要になると思われる。

7．ケース・スタディ

以上を踏まえたうえで、次のような実際の適用例を考えみる。

【ケース】
　中国居住者企業Ａ社は、企業所得税率０％（実効税率）の国家に、80％所有子会社Ｂ社を持っている。2008年度を通して、Ａ社はＢ社の議決権のある株式を80％保有していた。Ａ社とＢ社の2008年度（共に納税年度は2008年1月～12月末）の損益は下記のとおりである。Ｂ社は2008年度の利益に対して、Ａ社に配当を行わなかった。中国税務機関は、Ａ社に被支配外国企業の規定を適用し、Ｂ社が合理的な経営上の必要によらずに利益配当を行わないものと判断し、Ｂ社の利益をＡ社のみなし配当所得として課税した。

（単位：百万元）	Ａ社損益	Ｂ社損益
売上高	500	300
売上原価	300	200
販管費	100	50
営業利益	100	50
受取配当	0	0
税引前利益	100	50
企業所得税	25	0
税引後利益	75	50
支払配当	－	－
実効税率	25％	0％

【計算】

上記の例に基づき、B社の利益のうち、A社のみなし配当所得とされる金額は、以下のように計算される。

> A社の当期所得額＝みなし配当金額×実際の持株日数÷被支配外国企業の納税年度の日数×A社の持株比率
> ＝50百万×365日÷365日×80％＝40百万元

以上の計算より、40百万元がA社の当期所得として計上される。よって、被支配外国企業の規定を適用した後のA社の2008年度損益は、以下のようになる。

A社損益（単位：百万元）

売上高	500
売上原価	300
販管費	100
営業利益	100
受取配当	0
税引前利益	100
みなし配当	40
合算課税所得額	140
企業所得税	35
税引後利益	105
支払配当	－
実効税率	25％

【分析・検討】

まずA社は中国の居住者企業であり、B社の議決権を有する株式の80％を保有しているため、実施条例第117条に規定される形式的支配条件に符合する。さらに、B社の所在国の実効税率は0％であるため、実施条例第118条に規定する、実際の税負担が中国の税率水準より明らかに低い国（地域）の条件にも

符合する。よって、支配条件及び税率基準から判断すれば、中国税務機関の決定には妥当性があることになる。

したがって、前述のみなし配当課税の例外規定に該当しない限り、40百万元が合算課税の対象となる。

（上記のケース・スタディは中国税務当局が草案中の「特別納税調整管理規程」の予想される内容も含んでいる。現段階では規程の内容が確定されていないため、最終的に公布される規程の内容とは差異がある可能性があること、よってケース・スタディの結論も変わる可能性があることに留意されたい。）

8．日本のタックス・ヘイヴン対策税制との関係

(1) タックス・ヘイヴン対策税制の概要

日本企業の中国子会社が、中国外へ投資を行うことは稀であるため、現状は本規定の日系企業に与える影響は限定的と言える。一方で、中国の企業所得税法における法定税率が25％（以前の外資企業所得税法では33％）に引き下げられたことに伴い、日本企業の中国子会社が、日本側のいわゆるタックス・ヘイヴン対策税制の適用を受ける懸念が指摘されている。

本節は、中国居住者企業が、その海外子会社について、中国企業所得税法に定める、被支配外国企業の規定を受けることについての説明を本旨とするため、ここでは日本のタックス・ヘイヴン対策税制の概要を紹介するにとどめるが、読者の幾らかの参考になれば幸いである。

日本の現行のタックス・ヘイヴン対策税制は、低税率国（地域）、いわゆるタックス・ヘイヴンに設立されている子会社（特定外国子会社等：内国法人等によって発行済株式等の50％超の株式等を直接及び間接に保有されている法人）が留保している所得について、その持分に応じ、日本親会社の所得に合算して課税する制度である。規定の詳細は中国企業所得税法とは異なるものの、基本的な目的は同じものと考えることができる。日本におけるタックス・ヘイヴン対策税制におけるタックス・ヘイヴンとは、税率が25％以下の国（地域）

とされている。

(2) 適用除外要件

日本のタックス・ヘイヴン対策税制においては、単に子会社がタックス・ヘイヴンに所在するという事実のみにおいて、税制の適用を受けるものではなく、下記の条件をすべて満たす場合には、適用対象から除外される。

タックス・ヘイヴン対策税制の適用除外要件

① 事業基準	主たる事業が株式の保有等、一定の事業でない。
② 実態基準	本店の所在地国に主たる事業に必要な事務所等を有する。
③ 管理支配基準	本店の所在地国において、主たる事業の管理、支配及び運営を自ら行っている。
④ 非関連者基準または所在地国基準	
非関連者基準	仕入または売上等いずれかの取引について、非関連者取引の比率が50％を超える（卸売業、銀行業、信託業、証券業、保険業、水運業、または航空運送業の場合）。
所在地国基準	主として本店所在地で事業を行っている（上記以外の事業の場合）。

(3) 中国関係ビジネスへの影響

日本のタックス・ヘイヴン対策税制が日本企業の中国ビジネスに与える影響については、これまでも多くの事例があったが、中国新企業所得税法の施行に伴い、新たな問題も出てきている。

❶ 香港子会社を通した委託加工（来料加工）ビジネスモデル

1つは日本企業の香港子会社を経由した、いわゆる委託加工（来料加工）アレンジを行う企業に対するタックス・ヘイヴン対策税制の適用である。香港会社から来料加工アレンジは、形式的には香港子会社から中国企業（郷鎮企業）への生産委託の形をとりながら、外形的には資本関係がないにもかかわらず、郷鎮企業の社名に日本法人の社名が使用されている、日本企業のパンフレット

に自社工場として掲載されている、管理者が派遣されている等により、多くの委託加工工場の実態としては、自社工場の様相を呈しており、実質的な経営管理、生産管理、人事管理などが行われている。また香港側に事業実態がないもしくは非常に小さい会社も少なくない。さらに、海外から無償で支給される設備、加工に使われる原材料、加工された製品の所有権はすべて香港子会社に属し、香港子会社の貸借対照表に計上されている。

　これらの外形的、実質的状況に鑑み、香港子会社は製造卸売業（大分類は製造業）に分類されることとなるが主たる事業実態は香港ではなく、中国側にあると判断され、上記適用除外要件のうち、④の「所在地国基準」を満たすことができないと当局から判断されるものである。また、卸売業に分類されたとしても、大部分の原材料・部品を日本親会社から仕入れ、加工後の製品の全量（または大部分）を日本親会社またはその関連会社に販売する場合にも、上記④の「非関連者基準」を充足しないこととなる。このビジネスモデルに関連した事例は過去から見られたし、多くの場所で議論され、また論文等がすでに出されており、ここで改めて詳細を述べる必要もないものと考える。

❷　中国持株会社（傘型企業）を用いたビジネスモデル

　日系企業の中国投資の歴史も長くなり、中国に設立した子会社の数が数十社に上る企業もある。このような企業の中には、主に北京や上海といった都市に中国子会社の持株会社（傘型企業）を設立し、地域統括会社としての機能を持たせている例が少なくない。このような持株会社の実際上の事業としては、中国子会社に対する投資のほか、傘下の子会社に対する諸々の管理サービスの提供（人事、総務、財務等）や、製造子会社の製品を取りまとめ、中国国内で販売する等がある。

　2008年より施行された中国企業所得税法により、企業所得税の法定税率が33％から25％に引き下げられた。日本のタックス・ヘイヴン対策税制におけるタックス・ヘイヴンが、税率が25％以下の国家（地域）と定義されるため、中国もその対象国となる。そこで、上記のような持株会社（傘型企業）の主たる

事業が株式の保有と判断された場合、上記適用除外要件のうち、①「事業基準」を充足しなくなり、タックス・ヘイヴン対策税制の適用対象となる可能性が出てくる。これに関しては、持株会社の事業内容の見直しや、事業実態に関する十分な説明、ドキュメンテーションを整えることが必要になると考える。

❸ 販売会社（卸売）を用いたビジネスモデル

　外国企業の中国への投資に関する開放の歴史は、初期には製造業中心に行われたため、加工を伴わない卸売や小売の販売ビジネスに対する開放は、遅れを取った。しかしながら、合弁形態による販売会社設立認可、次に保税区内に限定されたものの、100％外国出資による販売会社の設立認可、さらに外商投資商業企業という形態で中国中どこにでも外資の販売会社が設立できるという全面的な開放へと進んできた。2006年3月からは、販売会社（商業企業）の設立認可権限も北京の商務部から省レベルの商務部門へと下ろされ、審査手続も簡便化された。そして、中国の経済発展、中国人民の購買力の高まりを背景に、従来の加工→輸出型ビジネスから中国国内販売ビジネスに転換を図る企業も増え、販売会社を中国に設立する企業が大幅に増えてきた。

　前述の持株会社（傘型会社）の例と同じく、企業所得税法の施行に伴って、中国が日本のタックス・ヘイヴン対策税制の適用対象国となることから、販売会社、特に卸売会社に関して当該税制の適用を受ける可能性を考える必要性が出てきた。すなわち、中国内に設立された卸売子会社の仕入、売上等いずれかの取引について非関連者取引割合が50％を超えない場合、上記適用除外要件の④の「非関連者基準」を満たせなくなり、タックス・ヘイヴン対策税制の適用対象となる可能性が出てくる。この場合も卸売会社の売買相手の見直しや、事業実態に関する十分な説明、ドキュメンテーションを整えることが必要になると考えられる。

第10章　租税条約

1．租税条約に関する規定

　中国は日本を含め、多くの国々と租税条約を締結しており、また香港との間では、租税条約と同種の「中国・香港二重課税防止協定」を締結している。租税条約の主な趣旨は、国家間にわたる二重課税の回避と脱税の防止を図るものであり、原則として租税条約は国内法に優先して適用される。

　新企業所得税法における租税条約に関する規定を見ると、企業所得税法第58条は、「中華人民共和国政府と外国政府が締結した租税に関する協定に本法と異なる規定がある場合は、協定の規定に基づき処理する」としている。外国政府と締結した租税に関する協定が国内法に対して優先することについては、旧外資企業所得税法にも同趣旨の規定があり、旧外資企業所得税法第28条は、「中華人民共和国政府と外国政府が締結した租税に関する協定に本法と異なる規定がある場合は、協定の規定に基づくものとする」としている。また中国の税収徴収法にも同趣旨の規定があり、税収徴収法第91条は、「中華人民共和国が諸外国と締結した関係租税条約、協定と本法の規定に相違がある場合には、当該条約、協定の規定を適用する」としている。なお、中国が現時点で締結してい

る国（地域）は88ヶ国（地域）であり、日本の約2倍にのぼる。詳細は巻末資料参照。

日本と中国との間では、「所得に対する租税に関する二重課税の回避及び脱税の防止のための日本国政府と中華人民共和国政府との協定」（昭和59年条約第5号。以下「日中租税条約」）が、中国が締結する租税条約の第1号として1983年9月6日に署名され、1984年6月26日に発効している。基本的にOECDモデル条約に準拠しているが、主な内容は以下のとおりである。

> 人的範囲（第1条）、対象税目（第2条）、一般的定義（第3条）、居住者（第4条）、恒久的施設（第5条）、不動産所得（第6条）、事業所得（第7条）、国際運輸業所得（第8条）、特殊関連企業（第9条）、配当（第10条）、利子（第11条）、使用料（第12条）、譲渡所得（第13条）、自由職業所得（第14条）、給与所得（第15条）、役員報酬（第16条）、芸能人（第17条）、退職年金（第18条）、政府職員（第19条）、教授（第20条）、学生（第21条）、その他所得（第22条）、二重課税の排除（第23条）、無差別扱い（第24条）、相互協議（第25条）、情報交換（第26条）、国内法等の優先適用（第27条）、外交官（第28条）、発効（第29条）、終了（第30条）

中国の新企業所得税法が日中租税条約の取扱に与える影響は、主として投資所得（配当所得、利子所得、使用料等）への課税と、外国税額控除に関するものに集約される。そこでこれらについて、旧税法下での取扱いと、新税法下での取扱いの変化について見て行くことにする。

なお、第4条の恒久的施設に関しては、37頁参照。

2．日中租税条約における投資所得の課税

(1) 旧税法・新税法下での投資所得に対する課税

中国国内に場所や機構を設立していない外国企業に中国源泉の投資所得がある場合、原則として源泉徴収の方法で課税される。ここで言う投資所得とは、各種の資産を投下することにより得られる配当所得、利子所得、使用料等の投

資果実としての所得を指す。旧税法（外資企業所得税法）では、投資所得に対する課税を以下のように規定していた。

> 外資企業所得税法第19条第1項　外国企業が中国国内に機構・拠点を設置していないものの、中国国内源泉所得の利益（配当）、利子、リース料、特許権使用料及びその他の所得がある場合、あるいは機構、拠点を設置しているが、上述の所得がその機構・拠点と実質的な関係がない場合は20％の所得税を納めなければならない。
> 外資企業所得税法第19条第3項　次の所得については、企業所得税を減免する。
> (1) 外国投資者が外商投資企業から取得した利益については、企業所得税を免除する。
> (2)～(4)　省略

　さらに国務院の国発【2000】37号通達により、2000年1月1日以降、源泉徴収税率は10％に軽減された。すなわち、中国において機構・拠点を設置していない外国企業が中国から取得する利息、リース料、特許権使用料及びその他所得に対して、あるいは機構・拠点を設置しているが当該機構・拠点と実質的に関連がないそれらの所得については、企業所得税を10％の税率に軽減して徴収するものとされた。

　一方、新企業所得税法は、3条3項所得に対し、原則として20％税率による源泉徴収課税であるが（企業所得税法第4条第2項）、減免措置としてその源泉徴収税率を10％にしている（企業所得税法第27条第5項、実施条例第91条）。

　また、旧税法では、外商投資企業の外商投資企業から受け取る配当は免税とされていたが、新税法にはこのような規定はない。

　以上を整理すると、旧税法と新税法下での投資所得に対する課税率は、下記の表のようになる。

外国企業の投資所得に対する課税率

税法	原則	減免規定
外資企業所得税法（旧法）	20%	10%、外国投資者が外商投資企業から得る配当は免税
企業所得税法（新法）	20%	10%

　以上が中国国内法における規定であるが、中国と日本との関係においては、日中租税条約に基づく優遇税率が国内法に優先して適用されることになる。

(2) **配当所得に対する課税**

　日中租税条約第10条は、配当所得を定義しており、「株式その他の利得の分配を受ける権利（信用に係る債権を除く）から生ずる所得及びその他の持分から生ずる所得であって、分配を行う法人が居住者とされる締約国の税法上株式から生ずる所得と同様に扱われるものをいう」としている。

　配当に対しては、居住地国（配当を受け取る企業の所在地国）及び源泉地国（配当を支払う企業の所在地国）の双方で課税できるものとされており、源泉地国での課税率は10%を超えないものとされている（限度税率）。

　また、日中租税条約第23条は、日本における外国税額控除の適用に際し、配当に対しての中国の租税について、中国の合弁企業が支払う配当である場合には10%、その他の配当である場合は20%で支払われたものとみなす（みなし税率）と規定している。なお、「合弁企業」とは中国資本と外国資本（25%以上）の共同出資による企業であるため、「その他企業」は、外国資本の独資、合作企業及び外資が25%未満の中国企業の3種類となる。したがって、日本企業の100%子会社は「その他」に含まれることとなる。

　旧税法（外資企業所得税法）の下での、配当所得に対する日中租税条約上の税率（条約第23条第3項に定めるみなし税率）、限度税率（条約の各所得に対応する条項で定める税率）及び中国国内法による実際税率の比較は下記のようになる。

旧税法下における配当に対するみなし税率、限度税率、実際税率

	支払企業	①みなし税率	②限度税率	③実際税率	④差額 (①−③)
配当	合弁企業	10%	10%	0%	10%
	その他	20%	10%	0%	20%

　新税法では、外国投資者が外商投資企業から受け取る配当に関する免税規定がなくなったため、下記の表のようになる。

新税法下における配当に対するみなし税率、限度税率、実際税率

	支払企業	①みなし税率	②限度税率	③実際税率	④差額 (①−③)
配当	合弁企業	10%	10%	10%	0%
	その他	20%	10%	10%	10%

　よって新法においては、みなし外国税額控除（タックス・スペアリング・クレジット、後述）の幅が縮小することになる。

　なお、配当支払いの起因となる株式等が、中国国内の恒久的施設または固定的施設と実質的な関連を有する場合は、日中租税条約第10条の配当所得に関する規定の適用はなく、国内事業所得として課税されることになる。

(3) 利子所得に対する課税

　日中租税条約第11条は、利子所得を定義しており、「すべての種類の信用に係る債権（担保の有無及び債務者の利得の分配を受ける権利の有無を問わない）から生じた所得、特に、公債、債券または社債から生じた所得（公債、債券または社債の割増金及び賞金を含む）」としている。

　利子所得に対しても、居住地国（利子を受け取る企業の所在地国）及び源泉地国（利子を支払う企業の所在地国）の双方で課税できるものとされており、源泉地国での課税率は10％を超えないものとされている（限度税率）。利子所

得の源泉地については、支払者の居住地国とする債務者主義が採用されている。

また、日中租税条約第23条は、日本における外国税額控除の適用に際し、利子所得に対しての中国の租税について、10％で支払われたものとみなす（みなし税率）と規定している。

旧税法（外資企業所得税法）及び新税法（企業所得税法）の下でのみなし税率、限度税率、実際税率の比較は下記のようになる。

新旧税法下における利子に対するみなし税率、限度税率、実際税率

	税　法	①みなし税率	②限度税率（注１）	③実際税率	④差　額（①－③）
利子	旧法	10％	10％	10％（注２）	0％
	新法	10％	10％	10％（注３）	0％

（注１）　日中租税条約第11条の規定に基づき、相手国の中央銀行や政府・地方公共団体等の公的機関等による直接融資及び間接融資による利子所得については、所得税の源泉徴収が免除される。

（注２）　旧外資企業所得税法第19条の規定に基づき、国際金融機関の中国政府及び中国国家銀行に対する貸付の利子所得、外国銀行の優遇利率による中国国家銀行に対する貸付の利子所得については免税となる。

（注３）　実施条例第91条の規定に基づき、外国政府が中国政府への融資により取得した利子所得、国際金融組織が中国政府及び居住者企業への融資により取得した利子所得については免税となる。

利子所得については、みなし外国税額控除（タックス・スペアリング・クレジット、後述）の発生はなく、その取扱いは旧税法、新税法において相違がない。

なお、利子支払いの起因となる債権等が、恒久的施設または固定的施設と実質的な関連を有する場合は、日中租税条約第11条の利子所得に関する適用はなく、国内事業所得として課税される。また、独立企業間で取引される金額を超えると判断される利子部分についても、第11条の適用はなく、源泉地国において国内法に従い別途課税される。

(4) 使用料所得に対する課税

日中租税条約第11条は、使用料所得を定義しており、「文学上、美術上もしくは学術上の著作権、特許権、商標権、意匠、模型、図面、秘密方式秘密工程の使用もしくは使用の権利の対価として、または産業上、商業上もしくは学術上の経験に関する情報の対価として受領するすべての種類の支払金をいう」とされる。

使用料所得に対しても、居住地国（使用料を受け取る企業の所在地国）及び源泉地国（使用料を支払う企業の所在地国）の双方で課税できるものとされており、源泉地国での税率は10％を超えないものとされている（限度税率）。使用料所得の源泉地については、支払者の居住地国とする債務者主義が採用されている。

また、日中租税条約第23条は、日本における外国税額控除の適用に際し、使用料所得に対しての中国の租税について、20％で支払われたものとみなす（みなし税率）と規定している。

旧税法（外資企業所得税法）及び新税法（企業所得税法）の下でのみなし税率、限度税率、実際税率の比較は下記のようになる。

新旧税法下における使用料に対するみなし税率、限度税率、実際税率

	税法	①みなし税率	②限度税率	③実際税率	④差額 (①－③)
使用料	旧法	20％	10％	10％	10％
	新法	20％	10％	10％	10％

使用料所得については、みなし外国税額控除（タックス・スペアリング・クレジット、後述）が発生し、その取扱いは旧税法、新税法において基本的に相違がない。

なお、使用料支払いの起因となる権利等が、恒久的施設または固定的施設と実質的な関連を有する場合は、日中租税条約第12条の使用料所得に関する適用はなく、国内事業所得として課税される。また、独立企業間で取引される金額

を超えると判断される使用料部分についても、第12条の適用はなく、源泉地国において国内法に従い別途課税される。

なお、特許権使用料、技術使用料等は、中国において無形資産の譲渡として企業所得税以外に営業税5％の課税対象とされているが、営業税については一定の条件の下に免税の取扱いを受けることができる。

また、営業税が課税されるケースに関して、財政部・国家税務総局の財税字【1998】59号は、外国企業が中国国内への無形資産の貸与により取得する特許権使用料について、営業税納付後の企業所得税の計算・徴収の税務処理を規定した。すなわち、外国企業が、中国国内で機構・拠点を設置せずに中国国内を源泉とする特許権使用料収入を得る場合、あるいは機構・拠点を設置しているが、前述する収入が当該機構・拠点と、事実上の関連性を有していない場合、企業所得税の徴収時に、納付した営業税額を控除（損金処理）することを認めるとした。しかしながら、企業所得税法第19条は、非居住者企業が取得する収益性投資の果実や特許権使用料所得等については、総収入額をもって課税所得額とするとしていることを受けて、企業所得税の計算時に営業税額の控除を認めない動きをとる税務当局も見られる。

(5) その他の投資所得に対する課税

外国企業が中国から得るその他の投資所得についても、原則として10％の所得税率による源泉調整課税が行われる。

3．日本における外国税額控除制度の概要

次に、日中租税条約に規定される外国税額控除制度について概観し、大きな議論になっていた、1991年の交換公文に基づくみなし外国税額控除に関する企業所得税法施行後の取扱いについても解説を試みる。

なお、日本では国外子会社からの配当金に関して、間接外国税額控除方式から国外所得免除方式への移行を検討しており、その動向に留意する必要がある。

(1) 居住地国課税と源泉地国課税

　所得課税には、居住地国課税と源泉地国課税の2つがある。多くの企業は、本国において全世界所得を対象とする課税を受ける(居住地国課税)と同時に、外国においてもその国で生じた所得に対する課税（源泉地国課税）を受ける。よって、企業が国と国とを跨いだ取引を行えば、必然的に国際的な二重課税を引き起こすことが問題となる。

居住地国課税と源泉地国課税の比較

課税方式	課税基準
居住地国課税（属人的課税）	本店所在地、登録地、管理支配地を基準とする。
源泉地国課税（属地的課税）	所得の発生源泉地を基準とする。

(2) 二重課税排除の方法

　二重課税排除の方式には、国外所得免除方式、居住地国課税方式、外国税額控除方式があり、OECDモデルはこのうち、国外所得免除方式または外国税額控除方式を勧告している。日中租税条約は、外国税額控除方式をベースとしている。

二重課税排除方法の比較

二重課税排除方式	内　容
国外所得免除方式	居住地国が居住者または内国法人の国外源泉所得に対する課税権を放棄し、居住地国では国内源泉所得のみに課税する。
居住地国課税方式	居住地国が居住者または内国法人の国外源泉に対しても課税権を行使し、当該所得に対する源泉地国の課税権を制限する。
外国税額控除方式	居住地国は居住者または内国法人の全世界所得に課税する事を前提とするが、源泉地国で課税された税額を居住地国の納税額から控除する。

(3) 外国税額控除制度

外国税額控除制度は、居住者または内国法人が外国で納付した外国税額について、自国で納付すべき税額から控除する制度で、直接外国税額控除と間接外国税額控除とがある。

日本の直接外国税額控除と間接外国税額控除

外国税額控除方式	内　容、例
直接外国税額控除	日本企業が国外源泉の所得に対し、税務申告もしくは源泉徴収により納付した企業所得税を控除する制度。 （例）　中国の支店、事業所を通して稼得した事業所得について課された企業所得税、中国源泉の配当、利子、使用料等に対して源泉徴収された企業所得税。
間接外国税額控除	日本企業が海外子会社から配当を受けた場合、その子会社に課税された外国税額のうち、受領した配当に対応する部分の金額につき、日本の親会社が自ら納付したものとみなして、親会社の法人税額から控除する制度。

間接外国税額控除対象会社の範囲について、国内法では日本は直接・間接に25％以上所有する子会社及び孫会社、中国は直接・間接に20％以上の持分保有を条件としているが、日中租税条約第23条第1項（b）及び同第2項（b）により中国側直接持分比率は10％以上、日本側は25％以上としている（間接持分は国内法による）。

(4) みなし外国税額控除制度（タックス・スペアリング・クレジット）

みなし外国税額控除（タックス・スペアリング・クレジット）とは、開発途上国が投資優遇策として、投資を行っている外国企業に対して国内法の規定により減免した租税について、租税条約の定めにより、国内法の本則、または条約に定める税率で納付したものとみなして、その企業の本国（日本）で外国税額控除を適用し、納付すべき法人税額から控除することを認める制度である。日本の歳入を減らすことにより現地国への投資を促進させることから、「税務のODA」と呼ばれることもある。すなわち、このようなみなし税額控除が認

められなければ、現地法人において税額の減免を受けたとしても、その分日本の親会社の納税額が増加し、結果として開発途上国における減免措置の効果が失われることを回避するためのものである。

みなし外国税額控除にも、直接外国税額控除に適用されるものと、間接外国税額控除に適用されるものの2種類がある。

例えば、外商投資企業である中国現地法人からの配当所得を例に挙げると、配当を行う現地法人側では、配当に関わる源泉所得税は、旧税法（外資企業所得税法）下での優遇措置により免税となっていた。これに対して、配当を受ける日本の親会社側では、現地で源泉所得税を実際には納税していないにもかかわらず、日中租税条約の規定により、独資企業からの配当であれば20％、合弁企業からの配当であれば10％の税率で納税したものとみなして直接外国税額控除が適用され、親会社の法人税から控除することが可能であった。

新税法の下では、これまで認められていた配当に係る源泉所得税の免税条項の規定はなく、配当については中国国内法に基づけば原則として20％の源泉徴収が必要である。しかし、実施条例の減免規定により10％の軽減税率が適用され、また、日中租税条約でも限度税率は10％とされている。

日中租税条約の規定に基づいて、100％出資子会社からの配当については20％の税率で源泉税が中国で課税されたものとみなされるため、新税法施行後は、日本の親会社については、10％の直接税額控除と、10％の直接みなし税額控除が認められる。一方、合弁企業からの配当については10％の税率で納税したものとみなされるため、日本の親会社は10％の直接税額控除のみを受けることができる。

さらに、旧税法から新税法への移行により、企業所得税率が引下げ（33％→25％）になったことも間接みなし外国税額控除の適用に影響を与える。旧税法の下で日本企業の子会社が中国で2免3減等の優遇税制を享受していれば、旧所得税率33％から優遇税率を差し引いた税率に相当する中国の企業所得税額について、間接みなし税額控除を受けることが可能であった。しかし、新税法の施行により、現地法人が新税法の経過措置として引き続き減免税率を適用され

た場合、企業所得税率が33％から25％へと低くなるため、間接みなし税額控除の効果は旧税法下より減少することになる。

(5) 1991年の交換公文の概要

　日中租税条約第23条4(c)では、中国の経済開発促進のための奨励措置に基づく租税の減免額に対して、日本においてみなし外国税額控除を適用することを規定している。中国における中外合資経営企業所得税法（合弁企業所得税法）と外国企業所得税法の統合による外資所得税法への変換に際して、この規定を受けて、日中両国の政府は、1991年12月26日に、「中華人民共和国の経済開発を促進するための特別の奨励措置に関する日本国政府と中華人民共和国政府との間の交換公文」（以下「交換公文」という）において、みなし外国税額控除の対象となる中国の租税優遇措置について合意した。

　交換公文に基づき、旧税法（外資企業所得税法）第7条（経済特区内に設立された外商投資企業等に対する低減税率の優遇措置）と第8条（生産型企業に対する2免3減等の期間減免の優遇措置）を享受するものについて、支払ったものとして、みなし間接税額控除の対象となった。

　交換公文は、みなし間接税額控除の適用期限についても規定している。すなわち、みなし間接税額控除の適用期限は、2001年中に開始する事業年度もしくは減免措置適用後10年目のいずれか遅い事業年度を最終適用年度とされた。つまり、交換公文が締結された1991年当時、すでに減免措置を受けていた中国子会社については、2001年事業年度が最終適用年度となり、1992年度以降に減免措置を受けた中国子会社については、その時点から10年後の事業年度がみなし間接税額控除の最終適用年度になる。

(6) 新企業所得税法施行後の「みなし間接税額控除」の適用継続

　交換公文で合意された租税優遇措置を定めた法律である中華人民共和国旧外資所得税法に代わり、企業所得税法が2008年1月1日から施行され、新税法の施行に伴い旧税法は廃止された。しかし、新税法は、旧税法が定めていた租税

優遇措置を一定期間引き続き適用する旨を規定している(企業所得税法第57条)。

　この経過措置の規定を受けて、日中両国の税務当局は、中国の国内法改正に伴う1991年の交換公文に基づく、みなし外国税額控除の取扱いについて、新税法により旧税法が定めていた租税優遇策の継続適用が認められる限り、これまで同様、1991年の交換公文で合意された租税優遇措置について、日本においてみなし外国税額控除が適用されることが確認された。

　すなわち、2008年3月26日に財務省は、下記の「日中租税条約に規定する"みなし外国税額控除"の適用の継続」を公表した。なお、条約第23条3の規定は、租税条約固有の合意であり、中国国内法の変換の影響は受けない。

<u>日中租税条約に規定する「みなし外国税額控除」の適用の継続について</u>

(出所：財務省)

　日中租税条約に規定する中国の経済開発奨励措置に関する「みなし外国税額控除」は、中国の国内法改正後も引き続き適用することができます。

1．日中租税条約のみなし外国税額控除

　日中租税条約(「所得に対する租税に関する二重課税の回避及び脱税の防止のための日本国政府と中華人民共和国政府との間の協定」：1984年発効)第23条4(c)は、日中両国の政府間で合意した中国の経済開発促進のための奨励措置に基づく租税の減免額に対して、我が国においていわゆる「みなし外国税額控除」を適用することを規定しています。この規定を受けて、日中両国の政府は、1991年の交換公文において、みなし外国税額控除の対象となる中国の経済開発促進のための奨励措置となる租税優遇措置について合意しています。

2．中国の国内法改正

　1991年の交換公文により合意された租税優遇措置を定める法律(中華人民共和国外商投資企業及び外国企業所得税法。以下「旧法」といいます。)に代わる新しい法律(中華人民共和国企業所得税法。以下「新法」といいます。)が本年1月1日から適用され、同時に旧法は廃止されました。新法では、旧法が

定めていた租税優遇措置は一定期間引き続き適用されることを規定しています。

3．みなし外国税額控除の適用の継続
　　中国の国内法改正に伴う1991年の交換公文に基づくみなし外国税額控除の取扱いについて、新法により旧法が定めていた租税優遇措置の継続適用が認められる限り、これまで同様、1991年の交換公文で合意された租税優遇措置について我が国においてみなし外国税額控除が適用されることが、日中両国の税務当局間で確認されました。

　よって、2007年までに計上された利益については引き続き、旧企業所得税率である33％によりみなし間接外国税額控除の適用を受けることになるが、2008年以降に計上された利益について旧外資企業所得税法下での優遇税制措置の適用を受けられない場合は適用対象外となる。
　ただし、上海外高橋保税区等の保税区企業の税率については現時点で確定しておらず、今後の正式発表を待つ必要がある。仮に基本税率25％が保税区企業に2008年から適用される場合は、経済特区や経済開発区に所在する企業に対して適用される旧外資企業所得税法が定めていた租税優遇措置が一定期間適用される措置（2008年から2012年の5年間で、税率が18％、20％、22％、24％、25％と推移する）が保税区企業に対しては行われないため、2008年以降に計上された利益については、みなし間接外国税額控除の適用は受けないことになる。
　すなわち、交換公文で合意された優遇措置が新税法において、合意された旧税法の内容と同一の内容が規定された場合でも、両国政府が新法規定に関して新たに合意しなければ条約上の恩典にはならないが、新税法において経過措置として旧税法規定を継続適用とすることとした場合には、新たな合意は必要ないと解されている。この通知書は、その確認のために出されたものである。
　ただし、新税法において新たに導入された優遇税制（例えば、ハイテク企業に対する15％の軽減税率の適用等）については、1991年の交換公文に含まれるものではない。つまり、このような新税法に基づく優遇税制について、みなし外国

税額控除の適用を受けるためには、日中両政府間で新たな交換公文を結ぶ必要がある。これについては、今後の日中両政府の動きに十分注意する必要がある。

4．ケース・スタディ

　外国税額控除の概念についてすでに解説したが、ここでは日中租税条約に基づき、配当金、利子、使用料に係る日本での直接外国税額控除及びみなし外国税額控除（タックス・スペアリング・クレジット）について、実際の適用事例に当てはめて考えていくことにする。

【ケース】

> 　日本法人A社は、100％出資した中国子会社B社から以下の所得を得た。この場合、同事業年度において、A社がとることのできる直接外国税額控除の金額を計算する。為替レートは1人民元＝15円とし、その他の諸条件については、間接外国税額控除も含め便宜上考慮しないものとする。
> 　配当金：10万人民元
> 　　　（実際に納付した中国企業所得税：10万人民元×10％＝1万人民元）
> 　利子：10万人民元
> 　　　（実際に納付した中国企業所得税：10万人民元×10％＝1万人民元）
> 　使用料：10万人民元
> 　　　（実際に納付した中国企業所得税：10万人民元×10％＝1万人民元）

【各投資所得に対する取扱い】

　① 配当金

　　旧税法では、外国投資者が外国投資企業から取得した利益は、所得税を免除されていたが、新税法の下では10％の所得税が課される。また、日中租税条約において配当に関して、合弁企業の場合は10％、その他については20％のみなし税率が適用される。

　　本ケースにおいては、中国において課税された10％（実際税率）に対す

る直接外国税額控除をとることができる。また、B社はA社の100％子会社であるため、みなし税率は20％となるから、20％と実際税率10％の差額の10％について、みなし税額控除をとることができる。

② 利子

日中租税条約で規定される利子のみなし税率は10％であり、中国において実際に課税される税率も10％であるから、みなし税額控除は発生しない。

本ケースにおいても、中国において課税された10％（実際税率）に対する直接外国税額控除をとることができるが、みなし税額控除はない。

③ 使用料

使用料については、中国において実際に課される税率が10％であるのに対して、日中租税条約では20％の税率が適用されるため、条約税率と実際税率の差額の10％のみなし税額控除を享受できる。

本ケースにおいても、中国において課税された10％（実際税率）に対する直接外国税額控除と条約税率と実際税率の差額の10％のみなし税額控除をとることができる。

【計算】

① 配当金

実際納付税額：10人民万元×10％＝1万人民元

直接外国税額控除：1万人民元×15円＝150,000円

みなし直接外国税額控除：10万人民元×(20％−10％)×15円＝150,000円

② 利子

実際納付税額：10人民万元×10％＝1万人民元

直接外国税額控除：1万人民元×15円＝150,000円

みなし直接外国税額控除：なし

③ 使用料

実際納付税額：10万人民元×10％＝1万人民元

直接外国税額控除：1万人民元×15円＝150,000円

みなし直接外国税額控除：10万人民元×(20％−10％)×15円＝150,000円

　しかし、使用料に係る所得税の計算においては、従来は課税される営業税額を控除した後の金額に対して所得税を計算する方法が認められていた。しかし、新企業所得税法第19条が、非居住者企業が取得する特許権使用料所得については、総収入額をもって課税所得額とするとしていることを受けて、営業税額の控除を認めない税務当局の動きも見られるため、計算の詳細において差異が生ずる可能性がある。

【分析】

　旧税法の下では、外国投資者が外国投資企業から取得した配当については所得税を免除されていたが、新税法の下では10％の所得税が課税される。よって、100％出資子会社の場合、旧税法下であれば条約税率20％と実際税率０％の差額20％について、みなし外国税額控除を享受することができたが、新税法施行後は、条約税率20％と実際税率10％の差額10％についてのみしか、みなし外国税額控除を享受することができない。

　仮にＢ社が100％出資子会社ではなく、50％出資の合弁会社であった場合には、状況は変わる。すなわち、旧税法下であれば、条約税率10％と実際税率０％の差額10％について、みなし外国税額控除を享受することができたが、新税法施行後は、条約税率10％と実際税率10％の差額がなくなり、みなし外国税額控除を享受できなくなる。

　配当金以外の利子、使用料について見ると、旧税法下と新税法下でも同様に10％の源泉所得税が課されるため、通常のケースにおいては大きな違いはない（使用料に対する営業税の取扱いによる影響を除く）。

【ポイント】

① 　新税法施行による、外国投資者が受け取る配当金に対する10％の所得税課税に伴い、旧税法下でのみなし税額控除の効果が減少することに留意する。

② 中国子会社の2007年度以前の利益を配当する場合には、旧税法が適用され、配当の時期に関係なく、所得税は課されないことに留意する。

③ 2008年度終了以降に配当を行う場合には、2007年度以前の利益に対しては免税、2008年度以降の利益に対しては課税という現象が生じる。言い換えれば、配当する利益の所属年度を明確にする必要が新たに出てくることになる。企業が配当を行うためには董事会決議が必要であり、同決議において配当原資となる利益の発生年度を明示することにより、2007年度以前の利益の配当であるか否かが明確になる。なお、配当金を国外に送金するためには、配当決議をした董事会議事録の提出が必要となる。

④ 企業所得税率が旧税法の33％から新税法の25％に下がったことに伴い、みなし間接税額控除の効果も縮小することに留意する。

⑤ 中国の税法改正に伴う、今後の日中租税条約に関する両政府の動向に注意する。例えば、日中両国政府間で新たな交換公文が締結されれば、新税法が規定する優遇税制に対応する、みなし税額控除適用の可能性が考えられる。

⑥ 海外子会社からの受取配当に対する今後の日本側の税制動向にも注意する必要がある。例えば、前述のごとく、海外子会社からの受取配当について国外所得免除方式が採用されれば、これまでの本書における議論の前提も大きく変わることになり、企業の投資政策、税務プランニングにも大きな影響を与えるだろう。

⑦ 新税法による日中租税条約の取扱いの変更点と同時に、中国と他の国や地域との間の租税条約の内容、取扱い変更点についても確認する。

⑧ 日本から中国への投資について、直接投資が税務上有利と言えるか、あるいは香港等の第三国（地域）を通じた間接投資の方が有利か、改めて企業グループ全体のグローバルな税務プランニング、投資ストラクチャーを検討する必要が生ずる。

⑨ 配当金、利息、使用料などに対する所得税の計算方法について、新税法の規定に対する中国税務当局の見解、解釈に注意することが必要である。

第3編

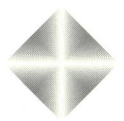

組織再編税制

1．中国における企業再編

　中国における日系企業の投資は、かつての進出ラッシュという状況から、これまで進出した既存企業の再編の段階に入っていると言える。これは、中国の対外開放が業種によって段階的に進められてきたため、進出を計画している企業は、その時々で可能な形態で進出を進め、企業の経営効率の面から考えて、必ずしも最適な形での進出ができていなかったことが原因の1つと考えられる。また、事業部ごとに中国への進出を進めたため、気がつけば一企業あるいは企業グループで数十社も中国に進出していたという事情もある。

　新企業所得税法施行により、旧来の外資企業に対する優遇税制は廃止され、適用される税率が上がったという企業も多い。また、新企業所得税法の下では、WTOが認めるハイテク企業に対する優遇税率など、業種、産業別の優遇税制が新たに設けられた。さらに、企業所得税法関係以外に目を向ければ、昨今の加工貿易に対する政策転換（単純加工労働から高付加価値労働への転換）や、増値税還付率の引き下げ、沿岸地域での人件費の高騰、環境規制の強化などの事情もある。このような状況下で、既存の進出企業の構造転換、整理統合、撤退、あるいは分割といった動きが活発化しつつある。

　税法の解説の前に、本節では中国における企業再編に関する諸規定を概観する。

(1) 持分譲渡

　外国投資者が中国における事業の再編、撤退を行う際に、持分譲渡は比較的よく使われる方法である。持分譲渡により、中国子会社の清算等の煩雑な手続を踏まずに撤退できることがその利点として考えられる。1997年に対外貿易経済合作部（現、商務部）、国家工商行政管理局は、「外商投資企業の出資者持分の譲渡に関する若干の規定」（外経貿法発第267号）を公布した。持分譲渡を行うには、譲渡価額を算定し、譲渡契約書を作成することが必要であるが、手続としては次のようなステップが必要となる。

① 董事会決議（定款の変更が必要で、3分の2以上の董事が出席する董事会において、出席董事の全員が同意しなければならない）。
② 企業設立時の審査認可機関（商務部門等）に出資者変更の申請を行う。申請してから30日以内に認可するか否かの決定が行われる。
③ 認可証書の変更（認可機関が持分譲渡を認可した日から30日以内に、認可機関で外商投資企業の認可証書の変更手続を行わなければならない。中国側出資者が企業の全持分を譲り受ける場合、認可機関に外商投資企業の認可証書を返却し、取消しの手続を行わなければならない）。
④ 工商行政管理局での変更登記（認可証書の変更、または返却・取消しの日から30日以内に、工商行政管理局で登記の変更手続を行わなければならない）。

また、外国側出資者から他の外国側出資者に持分を譲渡する場合には、譲渡価額についての規制はないが、国有資産を出資している中国側出資者の持分比率が変更される持分譲渡については、国有資産管理局に登録された資産評価事務所の評価が必要となり、かつ評価の結果については国有資産管理部門の確認を得なければならないことに注意すべきである。

(2) 合併と分割

企業の合併とは、2社またはそれ以上の企業が関連法規の規定に基づき、1つの企業に結合されることをいう。合併には、1つの会社が他の会社を吸収し、吸収した側が存続し、吸収される側は解散する吸収合併と複数の会社が合併して新会社を設立し、合併に係る各当事者は解散する新設合併がある。

企業の分割とは、1つの企業が関連法規の規定により、2社またはそれ以上の企業に分割することをいう。企業には、分割前の会社を解散し、分割した会社を新会社として設立する新設分割と分割前の会社は存続し、その会社の一部を分離して新会社を設立する存続分割とがある。

対外貿易経済合作部（現、商務部）、国家工商行政管理局は、「外商投資企業の合併と分割に関する規定」（1999年公布、2001年改正）を公布した。合併または分割について、以下のような手続が必要になる。

① 董事会による合併または分割に関する決議
② 合併後の持分比率決定の為の各社の価値評価、分割後の各投資者の出資比率の決定
③ 合併または分割協議書の作成
④ 審査認可機関へ合併または分割の申請書類の提出
⑤ 審査認可機関は申請書類受理後45日以内に仮認可の可否を書面で回答
⑥ 仮認可後10日以内に債権者に対して債務承継の通知書を発送し、かつ30日以内に全国発行の新聞で3回の公告を行う
⑦ 第1回公告より90日を経過しても債権者より異議申立てがない場合、審査認可機関に、債権者への通知の証明等を提出
⑧ 審査認可機関は、証明等を受領後30日以内に認可の可否を決定
⑨ 認可後30日以内に、合併または分割に係る各社について、審査認可機関で関連する外商投資企業認可証書の返納、変更または受領の手続を行う
⑩ 登記機関で抹消、変更または設立登記を行う
⑪ 営業許可証を変更または受領した日から30日以内に、合併または分割により解散する会社の債権・債務者に、債権・債務者変更の通知を発送し、全国発行の新聞で公告するとともに、税務、税関、外貨管理等の関連機関で登記手続を行う

(3) 清算

中国公司法（会社法）が定める会社の解散事由は、以下のとおりである。

① 定款で定める営業期間満了または定款が定めるその他の解散事由の発生
② 董事会が解散を決議すること
③ 企業の合併または分割により解散が必要な場合
④ 法による営業許可証の取消し、閉鎖または撤退命令
⑤ 人民法院が会社法の規定により解散を命じる場合

1996年7月に対外貿易経済合作部（現、商務部）は、「外商投資企業清算弁法」を公布したが、2008年1月15日の国務院令により廃止された。現在は、中国公司法の清算に関する規定が外商投資企業にも直接適用される。清算手続の

詳細については割愛する。

(4) **中国国内企業の買収**

　中国における企業再編において特筆すべきその他の規定としては、外国投資者による中国国内企業買収に関する規定がある。商務部、国務院国有資産監督管理委員会、国家税務総局、国家工商行政管理局、中国証券監督管理委員会、国家外貨管理局の 6 部門は、「外国投資者の国内企業買収に関する暫定規定」(2006年 8 月 8 日公布、2006年 9 月 8 日施行）を発行した。買収の形態には、持分買収（外国投資者が外商投資企業以外の国内企業出資者の持分を買収するか、または国内企業の増資を引き受けて、その国内企業を外商投資企業に組織変更する）と、資産買収（外国投資者が外商投資企業を設立して、その企業を通して国内企業の資産・負債を買収してその事業を運営すること、または外国投資者が国内企業の資産・負債を買収して、その資産・負債で外商投資企業を出資設立し、その事業を運営すること）とがある。外国投資者は買収の形態により、必要書類を審査認可機関へ提出し、審査認可機関はすべての書類を受理した日から30日以内に認可の可否を決定する。

　また、上記規定により、一定の要件を満たす外国投資者は、自社株式を買収対価の支払手段とする株式交換方式により、中国国内企業を買収することも可能である。これは、国外企業の株主が保有する国外企業の株式、あるいは国外企業が追加発行する株式を支払手段として、国内企業の株式・持分あるいは国内企業が追加発行する株式・持分を買収するものである。

2．旧外資企業所得税法における企業再編に関する規定

　中国当局が新企業所得税法を公布した後に、元々準備をしていた「企業所得税法実施細則（草案）」の第 5 節「企業再編と清算」には、17条からなる詳細な規定が盛り込まれていた。しかしながら、2007年12月 6 日に公布された実施条例では、上記の条文がほぼ完全に抜け落ちてしまった形になっている。実施

条例において、「企業再編」について直接的に言及している箇所としては、わずかに第75条において、「国務院財政、税務所轄部門が別途規定する場合を除き、企業は再編の過程において、取引が発生した時に関連資産の譲渡所得或いは損失を認識し、関連資産は取引価格に基づき改めて課税基礎を確定しなければならない」と規定するにとどまっている。

よって新税法下における企業再編に関する税務上の取扱いについては、別途規定による更なる明確化を待たねばならぬが、ここでは旧税法下における諸規定の内容を改めて整理してみる。

旧外資企業所得税法においては、合併、分割、持分譲渡及び資産譲渡に関する税務処理について明確な規定があった。旧外資企業所得税法の下で規定された、企業再編に関する主な通達には以下のものがある。

旧外資企業所得税法下の企業再編に関する諸規定

通達号数	タイトル
国税発【1993】045号	外商投資企業、外国企業及び外国籍の個人が取得する株式（持分）譲渡収益と株式配当所得に関する課税問題
国税発【1997】071号	「外商投資企業の合併、分割、持分再編、資産譲渡等の再編業務に係る企業所得税処理に関する暫定規定」の公布に関する通達
国税函発【1997】207号	外商投資企業及び外国企業による持分譲渡に関する企業所得税処理問題についての通達
国税発【2000】049号	外国投資者が再投資による企業所得税還付の優遇政策を受ける場合の関連問題に関する通達
国税発【2003】060号	外国投資者が国内企業の持分を買収する場合の税務問題に関する通達
国税函【2003】422号	外国投資者の出資比率が25％未満の外商投資企業に係る税務処理についての通達

(1) **持分譲渡**

① 課税所得の計算

　　譲渡者の課税譲渡所得（損失）は、持分譲渡価額から持分取得原価を控除して算定される。持分譲渡価額は、対価として取得する貨幣、非貨幣性資産により算定される。

　　ただし、ここにいう譲渡価額とは、実際の譲渡価額から、税引後利益より積み立てた各種基金及び未処分利益のうち、当該譲渡人に帰属する部分を控除した額とする。これは、この利益剰余金部分が当該譲渡人への配当に相当するものであり、外商投資企業の外国投資者が配当所得に対して免税優遇を受けていることに対応したものであった。

　　譲受者の持分取得原価は、持分取得のために支出した金額（出資額もしくは購入価額）により算定される。

② 親子会社間の持分譲渡に関する特例

　　国税函発【1997】207号により、経営の効率化・合理化等を目的として、外国企業が保有する外商投資企業の持分を中国国内の持株会社（傘型企業）に対して譲渡する場合、及び外商投資企業が保有する中国国内国外の企業持分を直接または間接に100％の持分関係のある会社に譲渡する場合には、持分を取得原価により譲渡することができ、持分譲渡による収益または損失は生じないため、企業所得税は徴収しないとされた。

③ 持分譲渡による税務上の影響

　　持分譲渡後の企業は、その出資者が変更しただけであり、法人格には変更がないため、その資産、負債及び所有者持分の各項目は、その帳簿価額を引き継ぐこととなる。企業は関連する資産等の項目を再評価して、その評価価額で帳簿価額を評価替えすることはできない。なお、会計上で評価替えを行った場合は、企業所得税年度申告において申告調整が行われる。この申告調整の方法については、資産の項目別に当該資産の減価償却費等の費用に含まれた評価損益相当額を各納税年度で調整する方法（個別調整方式）と、資産の項目にかかわらず評価替額の総額を一括して10年間で定

額償却して調整する方法（一括調整方式）がある。

持分譲渡後に外商投資企業のステータスを維持している企業（外資出資比率が25％以上）については、持分譲渡は企業の外資優遇税制に影響を与えない。定期減免措置を享受している場合は、そのまま享受し続けることができるが、すでに定期減免適用期間が終了している場合はこの恩典措置が更新されることはない。

繰越欠損金については、持分譲渡後もこれを使用することができる。

(2) **資産譲渡**

① 資産譲渡の定義、課税所得の計算

資産譲渡とは、企業の一部またはすべての資産（のれん、営業権及び整理資産を含む）及び負債を譲渡し、譲受人がそれら資産・負債を使用して事業活動を継続することである。譲渡企業は、資産譲渡利益または損失を当期課税所得額の計算に算入し、企業所得税を計算、納税する。

② 譲受資産の価額

譲受資産は、各資産の実際譲受価額に基づき、譲受者の関連資産科目に計上される。譲り受けた資産が繁雑で多岐に渡る場合、あるいはのれん、営業権を含む一括譲受けのために譲受価額を各資産に配賦計算する事が困難な場合は、譲渡側の譲渡直前の帳簿価額により、譲受者の関連資産科目に計上することができる。その実際の譲受総額と当該関連資産の正味帳簿価額との差額は、のれんまたは営業権の譲受価額として無形資産に計上され、10年以上の期間にわたり均等償却する（なお、新税法では非償却資産である）。

③ 資産譲渡による税務上の影響

資産譲渡は、法人格に変更はないため、企業の優遇税制に影響を与えない。繰越欠損金については、資産譲渡後も、譲渡企業ではこれを使用することができるが、譲受者が引き継ぐことはできない。

(3) **合併**

① 合併の定義

合併には、前述のごとく、合併当事者が解散した上で新企業を共同設立する新設合併（または解散合併）と、合併する一方が存続し、それ以外が解散した上で、存続する一方に吸収される吸収合併（または存続合併）がある。

なお、新設合併の場合には、既存の許認可が継続せず、新規に取得することが必要となる。また、従業員に関しても解雇と新規雇用となり、経済的補償金（退職金）の支払いが必要となるケースもある。したがって、実務において新設合併は、ほとんどない。

② 資産評価の取扱い

合併後の企業の資産、負債及び所有者持分の各項目は、合併前の企業の帳簿価額に基づき計上しなければならず、関連する資産等の再評価を行って、その評価価額で合併前の帳簿価額を評価替えすることはできない。

なお、会計上で評価替えを行った場合は、合併存続企業の年度申告において237頁に示した個別調整方式または一括調整方式のいずれかの方法で申告調整が行われる。

③ 優遇税制の取扱い

合併存続企業の生産経営内容が税法の要件を満たす場合、優遇税制の継続適用を受けることができる。被合併企業と合併存続企業とで優遇税制による定期減免期間及び税率が異なる場合は、以下の方法により所得額を区分して計算しなければならない。

ⓐ 帳簿区分方式：合併前の各々の企業の業務を相応の機構が承継し、帳簿を設置する場合、当該帳簿に基づき課税所得を区分計算する。

ⓑ 比率区分方式：明確に課税所得を区分できない場合、一定の基準（収入、原価、費用、資産、従業員数等）により課税所得を区分計算する。

④ 欠損金の繰越し

　　吸収合併にあっては、被合併企業の繰越欠損は、合併存続企業が引き続き使用することができる。両者の適用税率が異なる場合には、上記③で述べた方法により、課税所得を区分計算し、欠損金額もそれぞれ引き継ぐ。新設合併では、欠損金の引継ぎをすることはできない。

　　なお、実務上は被合併企業の欠損金の引継ぎを認めない税務当局もある。

(4) 分割

① 分割の定義

　　分割には、前述のごとく、分割前企業が解散し、分割した各側がそれぞれ新たな企業を設立する新設分割（または解散分割）と、分割前企業が存続し、その一部が分離独立して1社または複数の新企業を設立する派生分割（または存続分割）がある。

② 資産評価の取扱い

　　分割後の企業の資産、負債及び所有者持分の各項目は、分割前の企業の帳簿価額に基づき計上しなければならず、企業は分割を実現させるため、関連する資産等を再評価して、その評価価額で合併前の帳簿価額を評価替えすることはできない。

　　なお、会計上で評価替えを行った場合は、企業の持分譲渡や合併と同様の方法で、年度申告において申告調整が行われる。

③ 優遇税制の取扱い、欠損金の繰越し

　　新企業の生産経営の内容が税法に規定される適用要件と合致する場合には、分割前企業が享受していた優遇税制措置は、新企業において継続して適用される。分割後の生産経営内容が税法の適用要件に合致しない場合には、優遇税制を享授することはできない。

　　分割前企業の繰越欠損金については、分割協議書の定めにより、新企業が引き継ぎ、欠損金を使用することができる。

3．企業所得税法における企業再編に関する規定

前述のごとく、企業所得税法及び実施条例には、企業再編に係る税務処理についての詳細を規定する条文がない。ただし、持分譲渡や資産譲渡等に適用される原則的な規定の他、「再編」に直接言及した条文としては、実施条例第75条がある。ここでは、新税法におけるこれらの規定について概観することにする。

(1) 企業所得税法における原則的規定
① 課税対象

企業所得税法第6条は、「企業は貨幣形式または非貨幣形式により各種源泉から取得した収入を収入総額とする」とし、そこに含まれる収入として、第3号に財産譲渡収入をあげている。財産譲渡収入とは、企業が固定資産、生物資産、無形資産、持分、債権等の財産を譲渡して取得した収入を指す（実施条例第16条）。

② 課税所得額計算の原則

企業所得税法第16条は、「企業が資産を譲渡する場合、当該資産の簿価は課税所得額の計算時に控除することができる」と規定する。また第19条は、非居住者企業が源泉徴収課税を受けるケースにつき、第2号で、「財産譲渡所得は、総収入額から財産の簿価を控除した後の残額をもって課税所得額とする」と規定している。

ここでいう資産の簿価及び財産の簿価とは、関連する資産、財産の課税基礎額から、規定に基づき控除した減価償却費、減耗、償却費、引当金等を差し引いた後の残額を指す（実施条例第74条）。

③ 投資資産の譲渡

投資資産の譲渡のケースについては、実施条例に別途規定されている。「投資資産」とは、企業の対外的な権益性投資及び債権性投資により形成される資産を指し、企業は投資資産を譲渡あるいは処分する際に、投資資

産の原価を控除することができる。投資資産は、以下の方法により原価を確定する（実施条例第71条）。

① 現金支払いの方式により取得した投資資産は、購入価格を原価とする。
② 現金以外の方式により取得した投資資産は、当該資産の公正価値と支払った関連税金費用を原価とする。

(2) **実施条例における「企業再編」に関する規定**

実施条例において、「企業再編」について直接的に言及している箇所としては、わずかに第75条において下記のような規定が見られるのみである。

国務院税財政、税務所轄部門が別途規定する場合を除き、企業は再編の過程において、取引が発生した時に関連資産の譲渡所得あるいは損失を認識し、関連資産は取引価格に基づき改めて課税基礎を確定しなければならない。

「再編」は1社あるいは数社の企業が、法律または経済的構成に重大な変化を及ぼすすべての取引類型の概念を概括的に表すものである。中国においては、旧税法において、多くの規定が企業再編に関する税務処理について定めていたが、再編の定義と分類について完全に明確にしているとは言えない。

例えば、「企業再編に係る制度改正における若干の所得税業務の問題に関わる暫定規定」（国税発【1998】97号）、「国家税務総局の企業持分投資業務に関わる若干の所得税問題の通知」（国税発【2000】118号）、及び「国家税務総局の企業合併分割業務に係る所得税問題の通知」（国税発【2000】119号）等において、「再編」は概念として示されており、具体的なある行為を特定するものではない。

企業に再編活動が発生する場合、関係する資産の価値に変化あるいは調整が生じ、相応の企業所得税に関する処理が必要となる。経済社会のさらなる発展に連れて、企業再編の現象も頻繁になり、企業所得税に係る内容についても規範化する必要性があるが、企業再編の内容は比較的新しいものであることを考

慮すると、関係規定は実践経験の蓄積の中で適切な調整を行うことが必要であり、実施条例の中で固定的に処理するのに適さない、というのが当局の考え方である。

企業再編の過程で発生する取引活動に係る企業所得税の取扱いについては、本質的には資産に係る税務処理の範疇に属する。よって、単独に一節を設けて規定することに対しては、実施条例の体系及び構成と相容れない。そこで実施条例は、最終的には企業再編の過程における資産に係る税務処理の取扱いについて、原則的な規定を設け、具体的内容は国務院財政、税務所轄部門の別途規定に譲るものとしている。

本第75条の規定は、以下のごとくに理解することができる。

(1) 企業再編の過程において、取引の発生時に関係資産の譲渡所得あるいは損失を認識する。

　企業再編は、再編当事者各側の間における一連の資産譲渡、持分交換及び資産交換から構成される。企業の各再編業務は、企業所得税処理の観点から、すべて公正価値（適正時価）による当該資産（持分を含む）の譲渡と、当該資産の公正価値に相当する金額の新資産（投資を含む）に置き換わることに分解される。

　資産譲渡の観点から言えば、被譲渡資産の課税基礎となる原価が譲渡価額より高い場合は、その差額について所得として課税され、原価が譲渡価額より低い場合は、損失を認識する。同時に、関係資産は取引価格により、改めて課税基礎となる原価が確定される。このようにして、再編の過程で１つの資産譲渡により二度の譲渡所得あるいは損失が認識されることが避けられる。

(2) 関連資産は、譲渡所得あるいは損失を認識した後で、取引価格に基づき改めて課税基礎額を確定しなければならない。

　企業再編の過程で、関係資産の所得あるいは損失は取引価格を基礎として確定され、この部分の所得あるいは損失はすでに相応の税務処理を行っているので、取引価格によって改めて関係資産の課税基礎を確定し、当該

特定資産に関する次の取引活動に係る税務処理の基礎額とする。
(3) 国務院財政、税務所轄部門が別途規定する権利

本条の規定に基づき、国務院財政、税務所轄部門は企業再編過程における関係資産の税務処理につき、別途規定を設けることができる。すなわち、場合によっては、関係取引に係る資産の譲渡所得あるいは損失を認識しないことができる規定を設ける権限を有することを意味する。

中国の市場経済体制改革の推進により、資本市場も日増しに成熟してきており、企業間において経営の必要性により発生する再編行為も普遍化している。合併、分割、持分交換などは、上場企業間においても資源配分の適正化を図る重要な方法となっている。よって、経営上の目的によるキャッシュフローの比較的少ない再編取引に対して免税待遇を与えることは、税収政策にとって1つの必要なアレンジになっている、という認識を税務当局は有している。

ここで主に考慮しているのは、企業の資産全体による持分交換、資産全体の交換、企業合併あるいは分割等の再編活動において、企業の投資者から言えば、ただ異なる形式をもってその投資を継続することにほかならないケースが存在することである。もし単なる投資形式の変化に対して、一概に譲渡所得を認識し、企業所得税を課税するとすれば、正常な投資及び再編活動を阻害することになりかねない。そこで、企業あるいは投資者が実質的に資産に対する変化を実現していないのに、資産譲渡所得を認識して納税するとすれば、少なくとも別途資金の持出しにより納税しなければならない。キャッシュフローの乏しい再編に対して課税することは、再編活動の正常な実行の妨げとなり、資源配分の非効率をもたらすことになる。

先進国家の税法の中では、一般的に企業再編を、再編過程における資産取引に係る所得について課税される「課税再編」と、再編過程における資産取引について課税されない「免税再編」に分かれる。また多くの発展途上国にも類似の規定が見られる。

いわゆる「免税再編」においては、再編過程における非現金資産取引に対して、暫定的に免税待遇を与えるものをいう。同時に関係資産の含み益について、

譲渡により永久に企業所得税の課税範囲外にならないことを保証するため、資産を譲り受けた企業は、関係資産の評価後の価額により課税基礎を調整することはできない。つまり再編過程中の非現金資産取引に対して、永久に免税優遇を与える政策ではなく、ただ納税を遅らせる待遇と言える。よって、資産の譲受人が含み益あるいは損失を最終的に実現する時点で課税されることになる。

当局は、各国の税法規定における免税再編に、以下の主要な条件が含まれていることを認識しており、今後の免税再編規定制定の参考とすると思われる。しかし、単に租税回避目的であり、正常な経営目的ではない再編行為は、免税再編政策の奨励対象ではない。

> ① 企業が資産の全体を譲渡した後、譲受企業は継続的に同様の目的の経営を行い、「経営の継続性」を保持する。
> ② 資産を譲渡する企業あるいはその投資者は、資産を譲り受けた企業の持分を保有することにより、継続的にその資産に対する支配を保持する、すなわち「権益の連続性」を有する。

4．企業再編及び清算に係る所得税の処理方法（検討用草稿）

前節で述べたように、企業再編に係る具体的税務処理の内容については、中国当局所轄部門の別途規定による明確化が待たれるが、「企業再編及び清算に係る所得税の処理方法」という規定が、検討用草稿の形で出されているので、下記に参考日本語訳を載せる。草稿段階の規定につき確定された内容ではなく、後日正式な規定が公布された際に、内容がこれと異なる可能性があることに留意されたい。

> 企業再編及び清算に係る所得税の処理方法（検討用草稿）
>
> 　　　　　第1章　総則
>
> 第1条　本法にいう企業再編とは、1つ以上の企業の実質性または重要な法

的、経済的構造の変化に係る取引をいい、合併、持分買収、資産買収、分割、資産全体の交換、債務再編、企業の法律上の形式または住所の変更などが含まれる。

第2条　本法にいう合併とは、法的清算手続を経る必要なく解散した1つ以上の企業（以下「被合併企業」）が連続した12ヶ月以内にすべての資産及び負債を別の現存または新設企業（以下「合併企業」）に譲渡し、その持分権者が合併企業の持分または非持分の交換差金等を得ることで、2つ以上の企業の合法的な合併を実現することをいう。

第3条　本法にいう持分買収とは、ある企業（以下「被買収企業」）の持分権者が連続した12ヶ月以内にその所有する当該企業の80％以上の持分を別の企業（以下「買収企業」）に譲渡し、買収企業の持分または非持分の交換差金等を得ることで、最終的に買収企業による被買収企業に対する支配を実現することをいう。

第4条　本法にいう「資産買収」とは、ある企業（以下「譲渡企業」）が解散の必要なく連続した12ヶ月以内にほとんどすべての資産を別の企業（以下「譲受企業」）に譲渡し、譲受企業の持分または非持分の交換差金等を得ることをいう。

第5条　本法にいう「分割」とは、ある企業（以下「被分割企業」）が連続した12ヶ月以内に一部又はすべての事業（資産及び負債を含む）を分離して2つ以上の現存または新設企業（以下「分割企業」）に譲渡し、その持分権者が分割企業の持分または非持分の交換差金等を得ることをいう。

第6条　本法にいう「資産全体の交換」とは、ある企業が連続した12ヶ月以内にほとんどすべての資産を別の企業のほとんどすべての資産と全体的に交換することをいう。

第7条　本法にいう「債務再編」とは、債務者に財政的困難が生じた状況下において、債権者が債務者との協議または裁判所の裁決に基づき譲歩を行うことをいう。債務再編の方式は、主に以下のとおりである。
　(1)　資産によって債務を弁済する。〔代物弁済〕

(2)　債務を資本に転換する。〔Debt Equity Swap〕
　(3)　その他の債務条件の修正〔Debt Debt Swap〕債務元金の削減〔債務免除〕、債務利息の削減〔利息減免〕等で上記(1)及び(2)以外の方式
　(4)　上記3の方式の組合せ等

第8条　本法にいう「企業の法律上の形式または住所の変更」とは、ある法律上の形式の企業が別の法律上の形式に変更することや企業登記地の変更等をいう。

第9条　本法第4条及び第6条にいう「ほとんどすべての資産」とは、企業の総資産の70％以上または純資産の90％以上をいう。

第10条　本法にいう「非持分の交換差金等」とは、現金、有価証券、その他の資産及び合併企業（買収企業、譲受企業、分割企業）が継承する被合併企業（被買収企業、譲渡企業、被分割企業）の負債をいう。

第2章　再編に係る課税

第11条　企業再編に当たっては、原則として取引の発生時に資産の譲渡に係る所得または損失を認識しなければならない。

第12条　企業再編において非貨幣資産による債務の弁済または非貨幣資産による持分の買収が生じた場合、資産の譲渡と債務の弁済（投資）はそれぞれ別の事象として分解して資産の譲渡に係る所得または損失を認識しなければならない。

第13条　多国籍企業の再編に当たっては、再編取引の発生時に再編取引資産の譲渡に係る所得または損失を認識しなければならない。

第14条　企業再編の過程で生じた各資産の移転取引について収益または損失を認識した際、これに係る資産は取引価格により課税基礎を確定し直さなければならない。

第15条　債務再編に当たって債務を資本に転換する場合は、債務の弁済と投資はそれぞれ別の事象として分解して債務再編に係る所得または損失を

認識しなければならない。

第16条　債務再編に当たって債務者は支払われる債務の弁済額が債務の課税基礎を下回る場合は、その差額について債務再編に係る所得〔債務免除益〕を認識しなければならない。債権者は取得した債務の弁済額が債権の課税基礎を下回る場合は、その差額について債務再編に係る損失〔貸倒損失等〕を認識しなければならない。

第17条　関連者間における譲歩条項を含む債務再編については、合理的な経営上の必要があり、かつ以下の条件の１つに合致する場合、本法第16条により債務再編に係る所得または損失を認識することができる。
(1)　裁判所の裁決がある場合
(2)　債権者全体の同意した協議書がある場合
(3)　国務院財政、税務所轄部門が規定するその他の条件

第18条　本法第17条に規定する条件に合致しない関連者間の債務再編による債権者の譲歩損失は贈与と見做し、税引前の控除はできず、債務者は贈与収入を認識しなければならない。債務者が債権者の持分権者である場合、債権者の譲歩は企業の持分権者に対する配当と見なし、債務者の得た譲歩は「中華人民共和国企業所得税法」第26条第２項〔居住者企業間の株式利子・配当等の非課税〕に基づき取り扱わなければならない。

第19条　企業所得税の納税義務者である企業が個人独資企業またはパートナーシップ企業に変更した場合、これに係る資産は譲渡と見なし、規定のとおり清算、分配を行わなければならない。

第３章　再編に係る免税

第20条　以下の条件を同時に満たす企業再編については、再編取引における非持分の交換差金等または貨幣性の交換差金等に対応する資産の譲渡に係る所得または損失は、取引日の属する納税年度に認識するか、税務機関の確認を得て資産の譲渡に係る所得または損失を一時的に認識せず、複数の納税年度に按分して認識することができる（以下「免税の合併、持分買収、資産買収、企業分割、資産全体の交換」）：
(1)　企業再編が十分な経営目的を具備していること。　十分な経営目的は、

以下の条件を満たさなければならない。
　　　　1．再編各者が資産取引を行うに当たって、税務上の利益の存在は意識していない；
　　　　2．被再編企業の譲渡する資産または権益が再編企業にとって必要かつ有益である；
　　　　3．再編により予期される経済効果が、得られる税務上の利益より遥かに大きい；
　　　　4．再編がなくても、企業が当該税務上の利益を得られる；
　　　　5．企業が選択した再編取引の方式が、既定の目標を達するために最も経済的かつ実行可能な方式である。
　　(2)　企業合併、持分買収、資産買収、分割においては、非持分の交換差金等の公正価値が持分の帳簿価額の15％を下回っていること；企業資産全体の交換においては、貨幣性の交換差金等が全交換資産の公正価値の15％を下回っていること。
　　(3)　分割においては、被分割企業が少なくとも分割前の5年間に積極的な事業活動を行っていること。

第21条　企業再編について税務機関の免税確認を得た後、連続する36ヶ月以内に以下の条件の1つに合致した場合、税務機関は当該再編業務の免税資格を取り消し、本法第2章の関係規定に基づき取り扱う。
　　(1)　再編企業が被再編企業から得る資産が引き続き被再編企業の従来の経営目的に使用されない場合
　　(2)　被再編企業の持分権者が所有する再編企業の持分を譲渡した後、本法第20条第2項の条件に合致しない場合

第22条　免税の合併に当たっては、取引各者は以下の方式により処理を行わなければならない。
　　　被合併企業がすべての資産及び負債を合併企業に譲渡する場合、非持分支払額に対応する部分の資産を除き、合併企業が譲り受ける被合併企業のすべての資産及び負債の課税基礎については、従来の課税基礎により確定しなければならない。法律または協議において別途規定する状況を除き、被合併企業の合併前における所得税に関する事項は、すべて合併企業が継承する。
　　　一納税年度に合併企業が使用できる被合併企業の欠損金の限度額＝被

合併企業の純資産の公正価値×当年度末までに国家が発行した最も期限の長い国債の利率

第23条　免税の持分買収に当たっては、非持分の交換差金等に対応する資産を除き、被買収企業の持分権者が得る買収企業の持分の課税基礎については、被買収企業の持分権者が従来所有していた被買収企業の持分の課税基礎により確定しなければならない。買収企業が得る被買収企業の持分の課税基礎については、実際の取引価格により確定することができる。

第24条　免税の資産買収に当たっては、非持分の交換差金等に対応する資産を除き、譲渡企業が得る譲受企業の持分の課税基礎については、譲渡企業が従来所有していた資産の課税基礎により確定しなければならない。譲受企業が得る譲渡企業の資産の課税基礎については実際の取引価格により確定することができる。

第25条　免税の分割に当たっては、取引各者は以下の方式により処理を行わなければならない。

　　非持分の交換差金等に対応する資産を除き、分割企業が譲り受ける被分割企業の資産及び負債の課税基礎については、非分割企業の従来の課税基礎により確定しなければならない。

　　被分割企業から分離する資産に対する所得税に関する事項については、分割企業が継承する。被分割企業の法定繰越し期限内の欠損額は、分離する資産が全資産に占める割合により案分し、分割企業が引き続き補填を行う。

第26条　免税の資産の交換に当たっては、貨幣性の交換差金等に対応する資産を除き、取引双方が交換する資産の課税基礎については、交換資産の従来の課税基礎により確定しなければならない。

第27条　債務再編に当たっては、債務者の認識した債務再編に係る所得額が当年度課税所得額の50％を超える場合、納税年度5年以内の期間で均等に各年度の課税所得額へ計上することができる。

第28条　企業が法律上の形式のみを変更する場合〔例えば、有限責任会社か

ら株式会社への変更あるいはその逆など〕または中華人民共和国国内における住所変更のみの場合、これに係る資産は譲渡されたとは見なさず清算、分配を行わないことができる。

第4章　企業清算

第29条　法令、定款協議に基づき経営を終了し、または再編に当たって独立納税者資格を取り消された企業は、国家の関係規定に基づき清算を行い、清算に係る所得について企業所得税を計算、納付しなければならない。

第30条　企業の全資産の実現可能価値または取引価格から資産の課税基礎額、清算費用及び関係税金費用を差し引き、債務弁済損益等を加算した後の残高が清算所得である。

第31条　企業が清算企業から得た剰余財産については、清算企業の累計未処分利益及び累計積立金のうち当該企業の持分比率により計算される部分を配当所得として認識し、剰余財産から配当所得を差し引いた残額のうち企業の投資原価を超え、または下回る部分を企業の投資に係る譲渡所得または損失として認識しなければならない。企業の全資産の実現可能価値から清算費用、従業員給与、社会保険料及び法定補償金を差し引き、納税を行い、企業の債務を弁済した後の残額が所有者に分配できる剰余財産である。

以上

なお、第21条(2)の意味、第22条の"当年度"が合併年度であるのか、当該納税年度であるのか等の不明点があるが、正式規定では明らかにされると思慮される。

第4編

移転価格税制

1. 総論

　移転価格税制とは、関連者間という特殊な関係を背景とする歪められた取引価格のために、本来ならば一方の国に所在する法人において計上されるべきであった利益が、他方の国に所在する国外関連者において計上され、一方の国で、当該利益に相応する課税所得が減少してしまうことを防止するための税制である。

　今日では、中国における国際取引の多くが関連者間のものであるが、その価格設定の如何によっては、一方の国に所在する関連者の利益を圧縮し、その取引相手たる他方の国に所在する関連者の利益を増加させる結果ともなり得る。仮に、問題のある価格設定のために中国法人たる関連者の利益が圧縮されるようなことになれば、中国での納税額が本来あるべき価格設定の下での納税額よりも少なくなってしまうことになる。

移転価格の概念（イメージ）

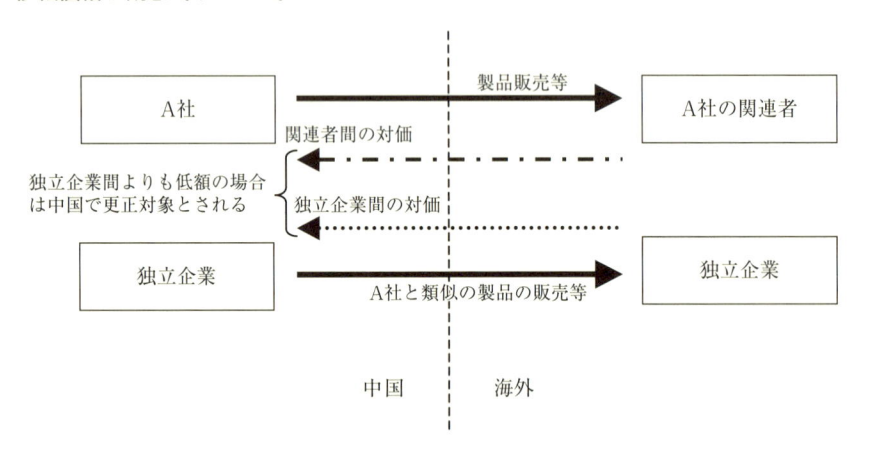

```
                          製品販売等
   ┌─────┐  ───────────────────▶  ┌───────────┐
   │ A社  │   関連者間の対価            │ A社の関連者 │
   └─────┘                            └───────────┘
独立企業間よりも低額の場合
は中国で更正対象とされる       独立企業間の対価
   ┌─────┐  ◀┄┄┄┄┄┄┄┄┄┄┄┄┄┄┄┄┄  ┌───────────┐
   │独立企業│                           │ 独立企業   │
   └─────┘  ───────────────────▶  └───────────┘
                   A社と類似の製品の販売等
              中国  │  海外
```

　そこで、中国の課税当局も、日本や欧米の課税当局同様、関連者間取引が適正価格で行われたか否かを問う移転価格税制を厳しく執行している。中国においては、1991年に当該税制がはじめて導入され、その後、1998年に国税函【1998】

59号が公布されるに至り、本格的な執行が行われるようになった。

　中国における現行の移転価格税制は、実施条例、2008年度中に公布が予定されている特別納税調整管理規程（以下「管理規程案」という）及びそれらに関係する複数の通達により規定されている。なお、中国における移転価格税制は、旧外資企業所得税法（外商投資企業及び外国企業所得税法）やその関連通達等のみにおいて定められていたことから、原則として外資系企業への適用に限定されていたが、2008年施行の企業所得税法により、内資系と外資系とに適用される所得税法が一元化されたことにより、外資系企業のみではなく、内資系企業にも適用されることとなった。

　ただし、移転価格税制についてはわずかな条項しかない企業所得税法はもちろんのこと、実施条例も初期の草案においては200以上あった条項が、最終的には133条にまで削減されており、残された条項についても、その大半が具体性を欠く規定にとどまっている。例えば、移転価格税制の適用対象となる「関連者」の定義について、既に公布されている実施条例第109条では以下のように支配関係や利害関係が存する者と規定しているのみで、具体的に何をもって支配関係や利害関係とするのかについては言及されていない。

実施条例第109条
　第109条　企業所得税法第41条にいう関連者とは、企業と以下の関連関係のいずれか１つに該当する企業、その他の組織あるいは個人を指す。
　(1)　資金、経営、売買等の面において、直接または間接的な支配関係が存在する場合
　(2)　直接または間接的に同一の第三者による支配を受けている場合
　(3)　利益上の関連を有するその他の関係

　そのため、管理規程案で次のような詳細な条項が設けられており、企業所得税法や実施条例における定義が補完されることとなる。

管理規程案第7条
　第7条　税法実施条例第109条及び徴収管理法実施細則第51条にいう関連関係とは、主に企業とその他の企業、組織あるいは個人との間に以下のいずれかの関係があることを指す。
　⑴　相互間でいずれか一方の持分の20%以上を直接または間接的に保有する場合。同一の第三者に20%以上の持分を直接または間接的に保有される場合。間接的に保有する持分は各レベルの持分比率を乗じて計算するが、一方が他方の持分の50%超を保有する場合、100%として計算する。
　⑵　一方の企業の他方（独立の金融機関を除く）からの借入金が払込資本金の50%以上を占める場合、または企業の借入金総額の10%以上について他方（独立の金融機関を除く）の保証を受けている場合
　⑶　企業の董事または経理等の高級管理者の過半数または1名以上の常勤董事が他方から派遣され、あるいは同一の第三者から派遣されている場合
　⑷　企業の生産経営活動が他方から提供される工業所有権、技術ノウハウ等の特許権に依存している場合
　⑸　企業の売買活動が他方により統制されている場合
　⑹　企業の役務の受取または提供が他方により統制されている場合
　⑺　企業の生産経営、取引を実質的に支配し、あるいはその他の利益上の関係がある場合。家族、親族関係等を含む。

　このように、実施条例における関連者の定義とは異なり、管理規程案においては、20%以上の直接あるいは間接的（間接的な持分保有については、その間の持分比率を乗じることになるが、50%超の持分は100%として計算される）資本関係がある場合、非関連の金融機関を除く特定の企業からの借入金が資本金の50%以上、あるいは債務保証額が借入金の10%以上である場合、役員に相当する高級管理者の過半数あるいは常勤董事が特定の企業から派遣されている場合、無形資産や事業活動が実質的に特定の企業や個人あるいはその親族に支配されている場合等と、個別具体的に規定されている。
　従って、現実的には管理規程案が公布に至れば、これまで移転価格税制執行

指針とされてきた通達、国税函【1998】59号に代わり、今後の中国における当該税制執行の指針となるものと思われる。そこで、本章においては、主として関係する管理規程案の規定についての解説にウエイトを置きながら、中国における移転価格税制について説明する。

なお、外形的基準である持分割合（議決権株式に限定していない）は20％以上であり、50％以上とする日本に比して著しく広範囲になっていることに留意する必要がある。

管理規程案は、大別して、移転価格税制、過小資本税制、被支配外国企業、一般反租税回避条項について規定するものであるが、全13章120条から構成されており、総則である第1章、定義等を規定している第2章、相互協議等について定める第11章、手続について規定している第12章、付則である第13章を除く、第3章から第10章の半分以上である5つの章が専ら移転価格税制に関わる規定に割かれており、中国政府が国際課税において、移転価格税制の執行をいかに重要視しているかがうかがえる。

```
管理規程案の構成
    第1章　総則（第1条～第6条）
    第2章　関連申告及び審査（第7条～第10条）
    第3章　同時資料管理（第11条～第21条）
    第4章　移転価格算定方法（第22条～第29条）
    第5章　移転価格調査及び更正（第30条～第47条）
    第6章　事前確認制度（第48条～第63条）
    第7章　コストシェアリング（第64条～第77条）
    第8章　被支配外国企業管理（第78条～第86条）
    第9章　過少資本管理（第87条～第94条）
    第10章　一般反租税回避条項（第95条～第100条）
    第11章　対応的調整及び相互協議（第101条～第107条）
    第12章　法的責任（第108条～第115条）
    第13章　付則（第116条～第120条）
    ＊太字は移転価格税制についての規定、下線部分は移転価格税制に関連する規定を
      指す。
```

また、管理規程案は、後述のように国税函【1998】59号や国税函【2004】118号等のこれまで中国において公布されてきた移転価格税制に係るルールの多くを踏襲するものであるため、中国における移転価格税制の執行がこの管理規程案によって大きく様変わりすることはないと思われるが、同時資料管理やコストシェアリング等、新たに導入された制度についても詳細な規定が設けられている。

　なお、従来、中国の移転価格税制においては、その適用対象に中国国内の関連者との取引も含まれているとおり、実際に中国国内外の関連者との取引を行っているある日系企業について、これら2種類の取引を区別することなく、一括で更正された例もある。しかし、管理規程案では、その第31条で、国内関連者との取引は原則として移転価格調査もしくは更正の対象とはならないとされている。従って、今後は、中国国内外の関連者との取引について、これをセグメント別に管理し、どちらの取引が中国法人の利益に重要な影響を及ぼしているのかについて、正確に把握しておかなければならない。

2．独立企業間原則

　既に述べたように、移転価格税制の執行においては国外関連者との取引が適正価格で行われた否かが問題となるが、何が適正価格であるかを判断するにあたっては、独立企業間原則という概念が用いられる。独立企業間原則は、関連者間取引に関わる価格設定の基準とすべく、OECD（経済協力開発機構）加盟各国及び移転価格税制を導入している国の大半が採用している概念であるが、中国においても実施条例第110条で以下のように規定されている。

実施条例第110条
　　第110条　企業所得税法第41条にいう独立企業間原則とは、関連関係にない取引双方が公正取引価格及び商慣習に基づき取引を行う場合に遵守すべき原則を指す。

独立企業間原則については、当該実施条例の規定の外は、管理規程案等にも、詳細な規定は設けられていない。しかし、中国の移転価格税制も国際的慣行に従うものである旨が謳われていることから、OECD が定めている定義が参考となるものと考える。OECD のモデル租税条約第 9 条(OECD Model Tax Convention Article 9)においては、独立企業間原則を以下のように定義付けている。

OECD Model Tax Convention Article 9
[When] conditions are made or imposed between…two [associated] enterprises in their commercial or financial relations which differ from those which would be made between independent enterprises, then any profits which would, but for those conditions, have accrued to one of the enterprises, but, by reason of those conditions, have not so accrued, may be included in the profits of that enterprise and taxed accordingly.

OECD モデル租税条約第 9 条
独立企業間で設けられるような諸条件とは、異なる商業上や財務上の関係が、2 つの [関連者たる] 法人の…間において設けられあるいは課されるような [場合]、これらの諸条件のために一方の法人に計上され、これらの諸条件に関わる事情から、他方の法人には計上されなかったいかなる利益も当該他方法人の利益に含み、相応する税額が課税対象とされる。

すなわち、独立企業間原則の下では、対象となる関連者間取引が類似の条件、類似の市場環境、類似の役割分担の下で非関連者間で行われた類似の取引と同様の財務結果をもたらすように取引価格を設定しなければならないとされている。なお、中国を含め移転価格税制を導入している大半の国で、納税者たる企業に独立企業間原則に抵触するという認識があったか否かは問題とされず、結果として所得の移転があったと課税当局に認定されてしまうと更正に至ってしまうことになる。

中国に限ったことではないが、移転価格税制が適用される関連者間取引の形態には、有形であるか、無形であるかを問わず、あらゆるものが含まれる。すなわち、完成品、半製品、部品、素材のように継続的に取引されるものはもちろんのこと、生産設備、金型、冶工具のように非経常的な取引、技術供与、ブランド供与、ビジネスモデル供与、技術支援、受託研究開発、受託生産、経営指導、営業支援等の無形の資産や融資・役務に関わる取引も対象とされるが、管理規程案第8条においても、以下のように網羅的に移転価格税制が適用されることが明記されている。

管理規程案第8条
　第8条　関連取引には主に以下の類型を含む。
　　(1) 有形資産の売買、譲渡と使用。建物構築物、車輌運搬具、機器設備、工具、商品、製品等の有形資産の売買、譲渡とリース業務を含む。
　　(2) 無形資産の譲渡と使用。土地使用権、版権（著作権）、商標、顧客名簿、販売ルート、ブランド、特許、事業機密及び技術ノウハウ等の特許権、工業品の外観設計または実用新案権等の工業所有権の譲渡及び使用権の提供業務を含む。
　　(3) 資金融通。各種の長短期の資金借入、保証、有価証券の売買及び各種の利付前払いと延払い等の業務を含む。
　　(4) 役務提供。市場調査、販売促進、管理、行政事務、技術サービス、修理、設計、コンサルティング、代理、科学研究、法律、会計事務等のサービスの提供等を含む。

3．移転価格算定方法

なお、独立企業間原則の概念のみでは国外関連者との取引に当たっての価格設定の絶対的な基準としては機能し得ない。そこで、この概念を具体化するために、OECDの移転価格ガイドライン同様、中国においても、実施条例第111条及び管理規程案第4章で、独立価格比準法、再販売価格基準法、原価基準法、取引単位営業利益法、利益分割法が移転価格算定方法として規定されており、

独立企業間原則に合致することを条件として、その他の移転価格算定方法も認めるとされている。

(1) 独立価格比準法

独立価格比準法（Comparable Uncontrolled Price Method：CUP法）とは、関連者間取引で用いられている価格と、比較対象となる非関連者間の取引で用いられている価格とを直接的にその金額で比較するものである。

> 管理規程案第24条
> 第24条　独立価格比準法は、非関連者間で行われる関連取引と同様または類似する取引（以下「比較対象非関連取引」と略称）の価格を公正取引価格とする方法である。
> 　2　比較可能性分析においては、特に関連取引と非関連取引の取引資産または役務の特性、契約条項及び経済環境における差異を考察しなければならない。異なる取引類型によって、具体的に以下のような内容を含む。
> (1) 有形資産の売買または譲渡
> 　1．売買または譲渡の過程。取引の時期と場所、引渡条件、引渡手続、支払条件、取引数量、アフターサービスの時期と場所等を含む。
> 　2．売買または譲渡の段階。工場出荷段階、卸売段階、小売段階、輸出段階等を含む。
> 　3．売買または譲渡する物品。品名、ブランド、規格、型番号、性能、構造、外型、包装等を含む。
> 　4．売買または譲渡の環境。民族風俗、消費者の嗜好、政局の安定度及び財政、租税、為替政策等を含む。
> (2) 有形資産の使用
> 　1．資産の性能、規格、型番号、構造、類型、減価償却方法
> 　2．使用権を提供する時期、期限、場所
> 　3．資産所有者の資産に対する投資支出、修理費用等
> (3) 無形資産の譲渡と使用
> 　1．無形資産の類別、用途、適用業界、予測収益
> 　2．無形資産の開発投資、譲渡条件、独占程度、国家の関連法律により保護される程度及び期限、譲受コストと費用、機能及びリスクの

状況、代替可能性等
(4) 資金融通。融資の金額、通貨、期限、担保、融資者の資本信用、返済方式、利息計算方法等
(5) 役務提供。業務の性質、技術上の要求、専門化水準、責任負担、支払条件と方式、直接及び間接原価等
3 関連取引と比較対象となる独立企業間取引に、上述の面において重大な差異がある場合、当該差異が価格に与える影響を合理的に調整しなければならない。
4 合理的な調整ができない場合、本章の規定に基づき、その他の合理的な移転価格算定方法を選択しなければならない。
5 独立価格比準法はすべての類型の関連取引に適用できる。

管理規程案第24条は、この独立価格比準法はどのような形態の取引にも適用できる移転価格算定方法であるとしているが、中国での実務において使用されることはあまりない。

(2) 再販売価格基準法

再販売価格基準法（Resale Price Method：RP法）とは、実質的には、検証対象となる関連者間取引と比較対象となる非関連者間取引における再販売に関わる売上総利益率を比較して、関連者間の取引価格の妥当性を検証する移転価格算定方法である。

管理規程案第25条
第25条 再販売価格基準法は関連者から購入した商品を非関連者に再販売する価格から、比較対象非関連取引の総利益を控除した後の金額を商品購入の公正取引価格とする方法である。その計算式は以下のとおりである。
公正取引価格＝非関連者に再販売する価格×（1－比較対象非関連取引の総利益率）
比較対象非関連取引の総利益率＝比較対象非関連取引の総利益／比

較対象非関連取引の純収入×100%
2 　比較可能性分析においては、特に関連取引と非関連取引の機能とリスク及び契約条項における差異及び総利益率に影響を与えるその他の要因を考察しなければならない。具体的には販売、広告及びサービス機能、在庫リスク、機械、設備の価値及び使用年数、無形資産の使用及び価値、卸売或いは小売段階、事業経験、会計処理及び管理効率等を含む。
3 　関連取引と非関連取引に、上述の面において重大な差異がある場合、当該差異が総利益率に与える影響を合理的に調整しなければならない。合理的な調整ができない場合、本章の規定に基づき、その他の合理的な移転価格算定方法を選択しなければならない。
4 　再販売価格基準法は通常、再販売者が商品に対して外型、性能、構造の変更または商標の変更等の実質的な付加価値加工をせず、簡単な加工あるいは単純な売買業務のみを行う場合に適用される。

なお、管理規程案第25条に規定されているように、この移転価格算定方法は、製品に新たな価値を付加したりするようなことなく再販売されるような場合に適した方法であるとされている。

(3) 原価基準法

原価基準法（Cost Plus Method：コストプラス法）は、実質的には、関連者間取引と比較対象となる非関連者間取引における製造業者の原価に対する売上総利益率を比較して、検証対象取引の価格が独立企業間基準を満たしているかを検証する方法である。

管理規程案第26条
　第26条　原価基準法は合理的原価に比較対象非関連取引の総利益を加えたものを公正取引価格とする方法である。その計算式は以下のとおりである。
　　　公正取引価格＝合理的原価×（1＋比較可能非関連取引のマークアップ率）
　　　比較対象非関連取引のマークアップ率＝比較対象非関連取引の総利

益／比較対象非関連取引の原価×100％
2　比較可能性分析においては、特に関連取引と非関連取引の機能とリスク及び契約条項における差異及びマークアップ率に影響を与えるその他の要因を考察しなければならない。具体的には製造、加工、据付及びテスト機能、市場リスク及び為替リスク、機械、設備の価値及び使用年数、無形資産の使用及び価値、事業経験、会計処理及び管理効率等を含む。
3　関連取引と非関連取引に、上述の面において重大な差異がある場合、当該差異がマークアップ率に与える影響を合理的に調整しなければならない。合理的な調整ができない場合、本章の規定に基づき、その他の合理的な移転価格算定方法を選択しなければならない。
4　原価基準法は通常、有形資産の売買、譲渡と使用、役務提供及び資金融通の関連取引に適用される。

(4) 取引単位営業利益法

　取引単位営業利益法（Transactional Net Margin Method：TNMM）とは、関連者間の取引価格が独立企業間原則に則しているか否かを、1つの取引形態として独立企業間価格を算定することができると判断される取引単位ごとに検証対象企業と比較対象企業の営業利益水準等の利益水準を比較することにより検証する方法である。

> 管理規程案第27条
> 　第27条　取引単位営業利益法は、比較対象非関連取引の利益水準指標を用いて関連取引の純利益を確定する方法である。非関連取引の利益率指標には、営業資産営業利益率、売上高営業利益率、総費用営業利益率、ベリー比等の利益率指標を含む。
> 　2　比較可能性分析においては、特に関連取引と非関連取引の機能とリスク及び経済環境における差異及び営業利益に影響を与えるその他の要因を考察しなければならない。具体的には担う機能、負うリスク、使用する資産、業界と市場の状況、経営規模、経済サイクルと製品のライフサイクル、原価、費用、所得と資産の各取引間の配賦、会計処理及び経営管理効率等を含む。

> 3　関連取引と非関連取引に、上述の面において重大な差異がある場合、当該差異が営業利益に与える影響を合理的に調整しなければならない。合理的な調整ができない場合、本章の規定に基づき、その他の合理的な移転価格算定方法を選択しなければならない。
> 4　取引単位営業利益法は通常、有形資産の売買、譲渡と使用、無形資産の譲渡と使用、役務提供等の関連取引に適用される。

　なお、企業所得税法及び実施条例等の公布以前から中国での移転価格税制の指針となってきた国税函【1998】59号では、これらの移転価格算定方法の外に、その第38条において、米国の課税当局がその移転価格税制の下で認めている（比較）利益比準法（Comparable Profit Method：CPM）が明記されていた。しかし、取引単位営業利益法は、その適用の仕方によってはCPMと同じような結果となることやOECDガイドラインや米国以外の多くの国々がCPMについては、批判的な立場をとっていること等から、管理規程案からは削られたものと思われる。

> 国税函【1998】59号第28条第4項
> (4)　その他の合理的な方法。上述の3種類の移転価格算定方法のいずれも適用することができない場合には、その他の合理的な代替的算定方法を適用して更正することができる。例えば、利益比準法、利益分割法、取引単位営業利益法等である。企業は所管税務機関の承認の下、事前確認を申請することができる。
> 　企業が適切な価格や費用等に係る証拠資料を提出できない状況下においては、推定利益率による更正を実施することができる。その他の合理的な移転価格算定方法を適用する場合においては、その合理性と移転価格算定方法の適用条件に注意を要することが重要である。

(5)　利益分割法

　利益分割法（Profit Split Method：プロフィットスプリット法）とは、関連者間取引に関わる損益を連結した結果である合算利益を当該取引に参加する関

連者の寄与度に応じて分割する方法である。

> 管理規程案第28条
> 第28条　利益分割法は、企業とその関連者の、関連取引の合算利益に対する貢献に基づき、各自に配分されるべき利益を算出する方法である。利益分割法には寄与度利益分割法と残余利益分割法がある。寄与度利益分割法は関連取引の各当事者が担う機能、負うリスク及び使用する資産に基づき、各自が取得すべき利益を確定する方法である。
> 2　残余利益分割法は、関連取引の各当事者の合算利益から、各当事者に配分する通常利益を控除した残額を残余利益として、各当事者の残余利益に対する貢献度に基づき配分する方法である。
> 3　利益分割法を採用する場合には、特に取引の各当事者の担う機能、負うリスク及び使用する資産、原価、費用、所得と資産の各取引間の配賦、会計処理、取引の各当事者の残余利益に対する貢献度を確定する際に使用する情報及び前提条件の信頼性等を考察しなければならない。
> 4　利益分割法は通常、関連取引の統合性が高く、かつ各当事者の取引結果を単独で評価することが難しい場合に適用される。

　管理規程案においては、利益分割法は合算利益の分割基準の設定方法によって、次の2つに分類されている。
① 寄与度利益分割法
② 残余利益分割法
　寄与度利益分割法は、関連者間取引それぞれにおいて当該取引に関して計上された利益の合算結果を、一般的には、それぞれの関連者が支出した人件費等の費用の額、投下資本の額等の、これらの関連者による当該合算利益への寄与の程度が推測できる要素を用いて分割することにより、それぞれの関連者が得るべき利益を確定し、以て独立企業間価格を算定するものである。
　残余利益分割法（Residual Profit Split Method：RPSM）は、取引から得られる超過利益を、無形資産形成に対する貢献度に応じて配分する方法である。これは、関連者双方が重要な無形資産を保有するような状況下において、関連

者間取引に関わる取引価格を検証する場合に用いられ、検証対象となる取引に関わる当事者すべての連結の利益からそれぞれの無形資産とは直接的に関係がない定型的な活動による通常の利益を控除した後の残余利益が、無形資産構築にそれぞれの関連者が費やした費用等の無形資産構築に係る貢献度により配分される移転価格算定方法である。

この残余利益分割法の適用は、下の図に示したように、2つの段階を経て行われる。第1段階では、関連者間取引に関わる各当事者の重要な無形資産とは無関係な、物理的な販売活動や生産活動等の経常的な事業活動に応じた通常の利益をそれぞれの関連者に配分し、第2段階では、これらの通常の利益を配分した後の残余利益を重要な無形資産によって生み出される利益とみなし、これをそれぞれの関連者の当該事業に関わる重要な無形資産の構築に対する貢献度に応じて配分するものである。

残余利益分割法の考え方（イメージ）

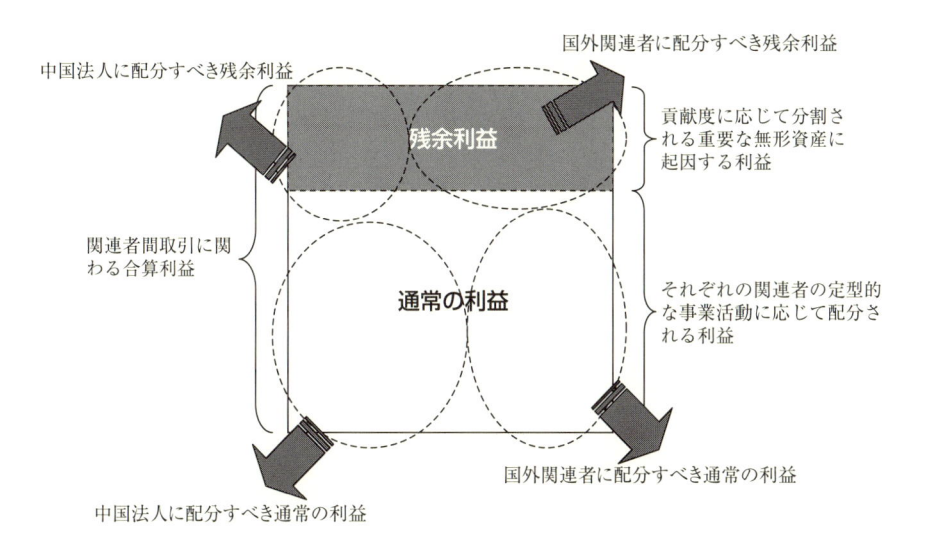

国外関連者に配分すべき残余利益
中国法人に配分すべき残余利益
残余利益
貢献度に応じて分割される重要な無形資産に起因する利益
関連者間取引に関わる合算利益
通常の利益
それぞれの関連者の定型的な事業活動に応じて配分される利益
国外関連者に配分すべき通常の利益
中国法人に配分すべき通常の利益

4．利益水準指標

　このように、中国の移転価格税制の下では、複数の移転価格算定方法の適用が認められているが、最近の中国における移転価格調査においては、統計的な手段により算出された同業他社の財務情報を用いた取引単位営業利益法あるいは、それと類似の統計的手段を用いた分析方法が、中国の課税当局自身により用いられることが増加している。取引単位営業利益法について規定している管理規程案第27条においては、当該移転価格算定方法の適用に当たり用いることができる利益水準指標として、営業資産営業利益率、売上営業利益率、総費用営業利益率、ベリー比が例示されている。

(1) 営業資産営業利益率

　営業資産営業利益率とは、営業資産に対する営業利益の比率を意味するものである。この利益水準指標は、一定の営業資産を費やした結果として、どれほどの営業利益が獲得されるのかを表すものであるため、営業資産が利益獲得を左右するような事業に適した指標である。

$$営業資産営業利益率 = \frac{営業利益}{営業資産}$$

(2) 売上高営業利益率

　売上高営業利益率は、下に示されているように売上高に対してどの程度の営業利益を獲得したかを検証する指標であるが、営業利益は売上高から原価及び販売管理費を控除した後のものであるため、この指標は一定の売上高を達成するために費やした原価や販売管理費と言った損益計算書の項目がどれ程の利益をもたらしているかを示すものである。このような指標は、一般的に貸借対照表の項目である資産がその活動内容に重要な影響を与えるようなことがなく、主として事業活動の様子が損益計算書の項目である販売管理費に反映される事

業形態に適している。

$$売上高営業利益率 = \frac{営業利益}{売上高}$$

(3) 総費用営業利益率

　総費用営業利益率（Net Cost Plus）とは、総費用、すなわち原価と販売管理費の合計額に対する営業利益の比率を指すものである。この利益水準指標は、事業活動において費やされたすべてのコストや費用がどれ程の営業利益をもたらすかを測定するものである。

　中国での移転価格調査においては、原価基準法が用いられることが多いとされているが、課税当局が当該算定方法を用いる場合に、本来の原価に対するマークアップ率ではなく、取引単位営業利益法で用いることが認められている総費用に対するマークアップ率である総費用営業利益率により、調査対象である企業と事業上の機能とリスクが類似する比較対象企業とを比較することが多いため、中国の課税当局が最も頻繁に用いる移転価格算定方法は、事実上、対総費用営業利益率を用いた取引単位営業利益法ということができる。

$$総費用営業利益率 = \frac{営業利益}{原価 + 販売管理費}$$

(4) ベリー比

　ベリー比（Berry Ratio）は、営業費用に対する売上総利益の比率である。これは、一定の営業費用を費やした結果として、どれほどの売上総利益を獲得したのかを示すものであるが、当該利益水準指標は、特定の形態の販売会社に適していると言われている。

5．非経常要因の排除

　取引価格の妥当性の検証に当たっては、それが国外関連者間の取引における価格設定が独立企業間原則に合致するものであるか否かが問題とされるものである以上、利益水準の比較等による経済分析は国外関連者間取引とは無関係な要因の影響は極力排除した上で実施されなければならない。

　例えば、中国法人において生産された製品が、日本の関連者に対して円建てで販売される場合、為替の状況によっては、円価での価格に変動がなかったとしても、中国法人が当該取引により得る利益が目減りすることがある。これは、為替という関連者間取引には直接的に関係のない要因による利益の減少であり、このような影響を排除しなければ、国外関連者間取引に関わる価格の妥当性を正確に検証することは困難となるため、中国における移転価格調査の対応においても、このような関連者間取引とは無関係な利益に対する影響を、非経常要因として、課税当局に説明することが一般的である。

　そこで、下の図に示されているように、移転価格算定方法の適用に当たっては、決算書上の財務結果に影響を与えていると思われる非経常要因を特定し、納税者たる企業の財務結果からこれらを排除し、関連者間取引のみに関わる財務結果を抜き出して主張することになる。

非経常要因についての考え方（イメージ）

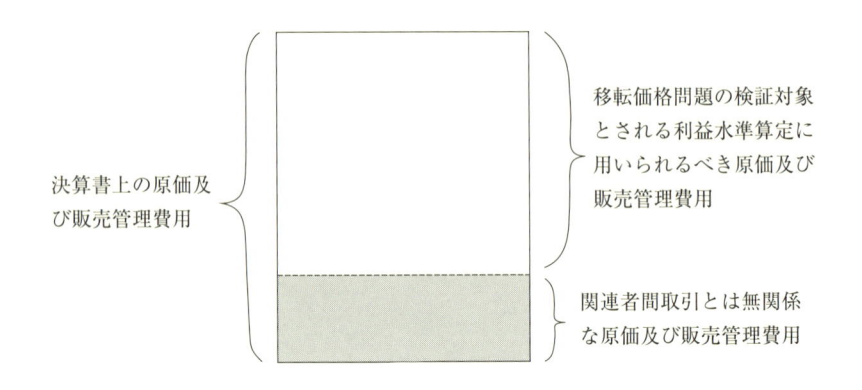

決算書上の原価及び販売管理費用	{ 移転価格問題の検証対象とされる利益水準算定に用いられるべき原価及び販売管理費用
	{ 関連者間取引とは無関係な原価及び販売管理費用

6．四分位範囲

　なお、複数の比較対象からから信頼できる数値を特定する統計的手法として、中国の課税当局も四分位範囲（interquartile range）を利用することが多い。

　この四分位範囲とは、比較対象企業の利益水準分布を高い順から並べ、上位25％及び下位25％を比較には適さない異常値として除外した上で、残った中央の50％を信頼性の高い比較対象として分析に供する手法であるが、管理規程案第42条においては、中央の50％の真ん中に位置する中央値を基準として、比較分析を行うとしている。

　四分位範囲の考え方を認めているわが国や米国等においては、調査対象企業の利益水準が四分位範囲の中にとどまっていれば、更正処分の対象としないとすることが一般的であるが、中国の移転価格税制上、最も信頼性が高い数値とされる四分範囲の真ん中の中央値を基準として、調査対象企業の利益水準がこれを下回れば、更正できるとされており、実際に中国の課税当局の分析においても利益水準が四分位範囲内に収まっていたある日系企業のケースでも、中国の課税当局は中央値を下回っていたことを主たる理由として、実績値と統計上の中央値との差額について更正を実施した。

管理規程案第42条
　第42条　税務機関が企業の利益水準を分析、評価する際、企業の利益水準が比較対象企業の利益率レンジの中央値を下回る場合、原則として中央値以上を基準として調整する。

7．同時資料作成義務

　同時資料とは、企業が自らの国外関連者との取引に関わる価格設定の妥当性を分析し、関連する事実関係とともに、対象となる取引が行われた年度に文書化しておく資料である。このような資料の作成は、1994年1月1日以降に開始

された課税年度に対して施行した米国を皮切りに、国外関連者間取引を行う納税者に対して複数の国々で義務化もしくは奨励されるようになった。また、OECD ガイドラインの第5章においてもこのような資料作成の有用性が規定されており、最近では、台湾でも同時資料の作成が義務化されている。

　中国の国家税務総局においては、数年前から、企業の国外関連者との取引に関わる同時資料作成を義務化させることが本格的に検討されてきており、2005年の前半には当該規則の草案が中国内の各地方税務局に公開されるまでになっていた。また、国家税務総局が作成した当時の草案によれば、企業は自らの関連者取引について、以下のような情報を準備し、法人税の申告と同時に、税務局に対して提出しなければならないとされていた。

- グループの組織概要
- 納税者の事業概要、市場状況、財務状況
- 取引価格及び取引総額や合意事項等を含む関連者間取引の概要
- 価格設定に影響を与えるような条件、価格設定方針、事業戦略
- 事業上の機能やリスクに用いられる有形及び無形資産についての分析
- 移転価格算定方法の選定
- 移転価格算定方法の適用及び比較分析
- 関連者との取引が独立企業間価格に基づいている旨の結論

　ところが、当該規則の公布が目前に迫っていたとされていた2007年のはじめ、「企業所得税法」が採択された3月の全国人民代表大会の直前に公布が一時的に見送られた。これは、国家税務総局長からの「当該規則の導入による企業に対する影響の調査が必要である」旨の指示によるものであるとのことであったが、数年間にわたり検討されてきた規則案であるにもかかわらず、公布の直前に「企業に対する影響の調査が必要である」とされたのは、タイミング的に考えても、その適用対象が当初想定されていた外資系企業にとどまらず、内資系企業にも広げられることとなったためではないかと思われる。

　このように、中国において資料作成義務は、かなりの時間を要したものの、既に公布されている実施条例第114条の下で、移転価格税制に関わる調査にお

いて、税務当局から提出を要請される「関連資料」の1つとして、「関連者間取引に関わる価格、費用の決定基準、計算方法及び説明資料等の同期資料」が挙げられるに至り、ようやく制度化された。実施条例第114条の原文において使われている「同期」という中国語の文言は、日本語の「同時」を意味しており、「当該年度についての資料」を意味しているものではない。すなわち、関連者間取引が行われると同時（現実的には取引と同じ年度に作成されることをもって同時と解する）の資料作成が必要となる。

実施条例第114条
　第114条　企業所得税法第43条にいう関連資料には、以下を含むものとする。
　　(1)　関連者間取引に関わる価額、費用の決定基準、計算方法及び説明資料等の同期資料
　　(2)　関連者間取引に関わる財産、財産使用権、役務等の再販売（譲渡）価額又は最終販売（譲渡）価額に関する資料
　　(3)　関連者間取引の調査に関わるその他の企業が提出しなければならない調査対象企業と比較可能な製品価額、価額決定方法及び利益水準等の資料
　　(4)　その他の関連者間取引に関する資料
　　　　企業所得税法第43条にいう関連者間取引の調査に関わるその他の企業とは、経営内容や方式が調査対象企業と類似する企業を指す。
　2　企業は税務機関が規定する期限までに関連者間取引に関わる価額、費用の決定基準、計算方法及び説明資料等の資料を提出しなければならない。関連者及び関連者間取引の調査に関わるその他の企業は、税務機関と約定した期限までに関連資料を提出しなければならない。

仮に「当該年度についての資料」を意味するのであれば、中国語では「当年資料」と表現されるのが通常であるため、敢えて「同期資料」という文言が使用されたのは、事前に作成しておくことを要請したためである。

この実施条例第114条における規定を補完すべく、管理規程案第11条及び15条において、納税者たる企業は、年間の関連者間取引が2,000万元以上である

場合、毎年、関連者との取引が行われた年度の翌年の6月1日までに「同期資料」を準備し、課税当局から要求があった場合には、これを15日以内に提出しなければならないと規定されている。

> 管理規程案第15条
>   第15条　企業は関連取引が発生した年度の翌年の6月1日までに当該年度の同時資料を準備し、税務機関に要求された日から15日以内に提出しなければならない。
>   　　　　企業が不可抗力により期限までに同時資料を提出できない場合、不可抗力が解消してから15日以内に同時資料を提出しなければならない。

　管理規程案第12条においては、以下のように、グループの組織概要、納税者の事業概要、関連者間取引の概要、移転価格算定方法の選定、移転価格算定方法の適用及び比較分析を含む情報の事前の準備が義務化されている。

> 管理規程案第12条
>   第12条　同時資料には、主に以下の内容を含む。
>   （1）組織構成
>   　　1．企業が所属する企業グループのグローバルな組織構成
>   　　2．企業の関連関係の発展変化状況
>   　　3．企業と取引を行う関連者、関連者に適用される所得税の性質を持つ税種及び税率
>   　　4．企業の関連取引価格に直接あるいは間接的に影響を与える関連者。
>   （2）生産経営状況
>   　　1．企業の業務概要。企業が発展変化の概要、業界及びその発展の概要、産業政策及び業界規制等が企業と業界に影響を与える一般的な経済及び法律問題、グループ産業チェーン及び企業の位置づけを含む。
>   　　2．企業の主要業務の構成、主要業務収入及び収入総額に占める割合、主要業務利益及び利益総額に占める割合

３．企業の経営戦略及び予測収益の分析
　　４．企業の業界での位置づけ及び関連の市場競争環境に対する分析
　　５．企業内部の組織構成状況、企業及びその関連者が関連取引において果たす機能、使用する資産及び担うリスク等に関わる情報を「企業の機能及びリスク分析表」に記入
　　６．企業の年度財務報告書、公認会計士の監査報告書、税務検査の結論等の資料の副本
　　７．関連者の財務報告書、公認会計士の監査報告書、企業グループの連結財務諸表等
　　８．企業の融資に関する説明。債権性融資及び権益性融資の金額及びその源泉等
　　９．関連取引に採用する貿易方式、変化及びその理由
(3) 関連取引の状況
　　１．関連取引の類型、関与者、時期、金額、決済通貨、取引条件等
　　２．関連取引の業務プロセス（各段階の物流及び資金フローを含む）、非関連取引の業務プロセスとの異同比較
　　３．関連取引に関わる無形資産及びそれが価格決定に与える影響
　　４．関連取引の関連契約書（協議書）の副本及び履行状況についての説明
　　５．関連取引の価格決定に影響を与える主な経済及び法律要因に対する分析
　　６．合理的割合による関連取引と非関連取引の収入、費用及び利益の区分状況を「企業の関連取引財務状況分析表」に記入
(4) 比較可能性分析
　　１．比較可能性分析で考慮すべき要因。取引における資産あるいは役務の特性、担う機能、負うリスク、使用する資産、契約条項、経営戦略、経済環境等を含む。
　　２．比較対象取引の説明。例えば、有形資産の物理的特性、品質及び効用。融資業務の正常利率水準、金額、通貨、期限、担保、融資者の資本信用、返済方式、利息計算方法等。役務の性質及び程度。無形資産の類型、無形資産取引の形式、取引によって得る無形資産の使用権、無形資産の使用による収益
　　３．比較対象情報の選定条件及び理由
　　４．比較対象データの差異調整及び理由

(5) 移転価格算定方法の選択及び使用
 1．移転価格算定方法の選択及び理由
 2．比較対象情報は選択した移転価格算定方法をサポートするか否か
 3．独立企業間取引価格を確定する過程での仮定及び判断
 4．企業グループ全体の利益あるいは残余利益水準への貢献の説明
 5．移転価格算定方法と比較対象情報を用いた独立企業間取引価格あるいは利益の確定

　なお、中国の証拠資料作成義務規則も、OECD 移転価格ガイドラインや米国の規則を参考にしているものと思われるが、OECD 移転価格ガイドラインの第5章Cにおいては、以下のように管理規程案第12条に列挙されている事項と同様の情報が証拠資料に含まれるべきとされている。
・納税者の事業概要
・組織概要
・グループ企業の資本関係
・直近数年間の財務結果
・対象となる取引に係わる関連者についての情報
・対象となる取引の情報
・事業上の機能及びリスクの情報
・独立企業間での類似の取引あるいは事業に関わる情報
・対象となる取引の性質や条件
・経済状況
・対象となる取引に関わる資産
・対象となる有形資産取引や役務提供に関わる関連者間の商流
・取引環境の変化もしくは既存の取引についての再交渉
・対象となる取引と類似する取引に従事する比較対象企業リスト
・価格設定に影響を与える事業戦略
・相殺関係にある取引についての情報
　中国における当該同時資料の準備に当たって必要とされる情報の中で、納税

者たる企業にとって、最も大きな負担となるのは、移転価格算定方法の適用及び比較分析であると思われる。

　すでに解説したように、中国の現行の移転価格税制においては、独立価格比準法、再販売価格基準法、原価基準法、取引単位営業利益法等の適用が認められているが、現実的には、取引単位営業利益法以外の移転価格算定方法の適用は容易ではない。すなわち、独立価格比準法、再販売価格基準法や原価基準法の適用に当たっては、いずれも関連者間取引と比較対象取引との間に高度な比較可能性が要求される。これは、これらの移転価格算定方法がいずれも、企業の事業活動の重要な部分を占める研究開発活動や営業活動あるいは管理活動等が反映される販売管理費用が考慮される前の取引価格や売上総利益をベースとした比較検証の手法であるためである。

　すなわち、本来、取引価格は、販売管理活動の費用回収や販売管理活動に関わる利益を考慮の上で設定されるものであり、このような販売管理活動の類似性が確保されていなければ正確な比較は困難となる。納税者たる企業が、このように高度の比較可能性が要求される非関連者間の取引を比較対象として特定することが前提となるような、独立価格比準法、再販売価格基準法や原価基準法等を用いることは現実的ではないと言わざるを得ない。

　そこで、実務上は、公開情報を用いた取引単位営業利益法を適用することが一般的と考えられるが、現在、中国における公開企業は、上海証券取引所及び深圳証券取引所に上場されている約1,400社のみである。この約1,400社の中から、独立企業間価格で取引が行われているか否かが不明な重要な国外関連者間取引がある多国籍企業の中国法人等を除外した上で、果たしている事業上の機能と負っている事業上のリスクの状況が検証対象企業と類似している同業他社を抽出することは至難の業とも言えるかもしれない。

　世界ではじめて同時資料作成の義務化を実施した米国や、同時資料の作成を納税者に義務付けはしていないものの、取引単位営業利益法の適用を認めているわが国の課税当局等は、利益水準の比較に当たって、検証対象企業の利益水準と比較される利益水準とが類似の市場における事業活動の下での利益水準で

あるべきことを重視しており、特別な事情がない限り、異なる市場で活動している比較対象企業を用いることについて消極的である。

特に、中国のように国家による経済統制が企業の事業活動や財務結果に重大な影響を及ぼすような国において取引単位営業利益法を用いる場合には、市場の類似性を重視するべきである。しかし、現在、中国の課税当局は、中国企業にとどまらず世界各国の企業情報を広く網羅しているデータベースである、Bureau Van Dijk 社のOSIRIS を用いており、移転価格税制に係わる調査においても、中国法人の利益水準について、これが海外企業を含む比較対象会社の利益水準よりも低い水準にあることを理由に、独立企業間価格ではないと主張するようなケースも増えてきている。

そもそも、同時資料は企業が自らの関連者間取引の価格が独立企業間原則に合致し、中国の移転価格税制上も何ら問題のないことを中国の課税当局に対して事前に証明しておくことをその第一義的な目的とするものであることから、中国の課税当局が用いる検証手法を同時資料においても採用することが最も効果的である。従って、取引単位営業利益法の適用にあたっては、中国企業を用いることが望ましいものの、中国の公開企業の数が少ないこと及び中国の課税当局の検証手法を考慮すれば、現実的には海外企業の情報を用いざるを得ないケースも出てくるものと思われる。

なお、管理規程案第13条によれば、年間の関連者間取引の総額が1億元以下である場合、管理規程案第12条に列挙されているすべての項目を網羅する必要はなく、以下の内容が盛り込まれた簡易的な資料のみの準備でよいとされている。

管理規程案第13条
　第13条　年間の関連者間取引の金額が2,000万元以上1億元以下の企業は、納税年度毎に以下の簡易的な同時資料を準備、保存及び提出することができる。
　　(1)　企業の組織構成
　　(2)　企業の価格政策、関連する市場状況及び各社の利益分配状況
　　(3)　企業の機能及びリスク分析

> (4) 主な関連取引事項の説明
> (5) 移転価格算定方法の選択及び比較対象情報の選定
> (6) 企業の独立企業間取引価格と利益に影響を与える要因の分析

　また、管理規程案第110条においては、これらの資料の提出や準備・保存の義務に違反した納税者に対して罰則が適用されることになるとされており、資料の保管・提出を怠ったり、提出を拒否したり、虚偽の資料を提出した場合についての罰則を定めているが、現行の租税徴収法の第60条、第62条及び実施細則第96条は以下のような罰金を定めている。

> 租税徴収法第60条
> 　資料保管を怠った場合は、2,000元以下の罰金（ただし、悪質な場合は、2,000元〜10,000元）
> 租税徴収法第62条
> 　資料提出を怠った場合は、2,000元以下の罰金（ただし、悪質な場合は、2,000元〜10,000元）
> 租税徴収法実施細則第96条
> 　資料の提出拒否及び虚偽の資料の提出があった場合は、10,000元以下の罰金（ただし、悪質な場合は、10,000元〜50,000元）

　上記のように、実施条例第114条や管理規程案第11条で定められている同時資料の作成を怠った場合に納税者に課せられる罰金は、現在のところは、日本の感覚からすると微々たるものといえるかもしれない。

　しかし、同時証拠資料の作成は、そもそも罰金が課せられることを回避することが目的とされるべきではなく、納税者たる企業自らが実施した関連者間取引が妥当なものであったとうことを自ら証明するものであり、これにより、立証責任を課税当局に転嫁することを第1の目的と考え、準備すべきものと考える。

　なお、わが国の移転価格税制の執行について規定されている移転価格事務運

営要領では、以下に示されているように、移転価格税制に関わる調査において必要とされる資料の1つとして、国外関連者が海外の規則に基づいて作成した同時資料も挙げているため、実施条例第114条や管理規程案第11条の下で作成される中国の同時資料についても、日本の移転価格調査において課税当局から提出を求められる可能性があることに注意を要する。

すなわち、中国の同時資料の作成に当たっては、中国の課税当局に対してのみではなく、わが国の課税当局に対しても、日中間の関連者間取引に、移転価格税制上の問題がないことを証明できるようなものであることが重要となる。

移転価格事務運営要領2-4
 2-4 調査においては、例えば、次に掲げる書類または帳簿その他の資料（以下2-4において「書類等」という。）から国外関連取引の実態を的確に把握し、移転価格税制上の問題があるかどうかを判断する。

   （中　略）

 (4) その他の書類等
  イ 法人及び国外関連者の経理処理基準の詳細を記載したマニュアル等
  ロ 外国税務当局による国外関連者に対する移転価格調査または事前確認の内容を記載した書類等
  ハ 移転価格税制に相当する外国の制度にあって同制度の実効性を担保するために適正な資料作成を求める規定（いわゆるドキュメンテーション・ルール）に従って国外関連者が書類等を準備している場合の当該書類等
  ニ その他必要と認められる書類等

8．移転価格調査

既に述べたように、中国では、1991年に移転価格税制がはじめて導入されたが、本格的な導入は、1998年の国税函【1998】59号の公布からであり、同公布

では、以下のような条件に該当する企業は重点調査対象に認定され、その3割以上が実際に調査を受けるとされていた。

- 生産計画や経営管理上の決定について国外関連者の支配を受けている
- 国外関連者との取引金額が大きい
- 2ヶ年以上連続して損失が計上されている
- 長期にわたり低利益水準であるあるいは損失を計上しているのにもかかわらず、継続的に事業拡大が図られている
- 損益に著しい変動がある
- タックス・ヘイブンに所在する国外関連者と取引している
- 同業他社に比して低利益水準である
- 同一グループ内の法人の中で低利益水準にある
- 国外関連者に対する不合理な費用の支払いがある
- 税務恩典期間終了後に利益水準が大幅に減少している

国税函【1998】59号においては、これらの列挙条件の1つにでも該当すれば、調査対象となるとされていたが、このような規定の下、中国の課税当局による移転価格税制の執行は厳しさを極め、一時は年間に1,600件ほどの企業が移転価格調査を受けるまでになった。

しかし、2005年に移転価格税制執行の質的向上や集中的な管理を定めた国税函【2005】239号が公布され、それまで各地方税務局がある程度の権限をもって独自に実施してきた移転価格税制に関わる調査の開始と終了について、北京の国家税務総局の承認が必要とされるようになったことから、近年では中国における移転価格税制に係わる調査の件数は減少した。

一方で、北京の国家税務総局の積極的な指導の下で実行される移転価格調査においては、従来の移転価格調査に比し、調査官による追求は一段と厳しくなり、調査1件当たりの更正金額は確実に上昇している。

このように、現在では中国における移転価格税制の執行には北京の国家税務総局の関与があるため、従来に比べ調査の質は向上していると言える。

なお、2008年10月に中国における移転価格税制の執行の指針とされるべく

2008年度中に公布が予定されている管理規程案の下、国税函【1998】59号は執行上、これと置き換えられることとなるが、以下のように、管理規程案第31条においても重点調査対象企業について、59号と同様の規定が設けられている。

管理規程案第31条
　第31条　移転価格調査は、以下のような企業を重点的に選定する。
　　⑴　関連者との取引金額が大きい、あるいは取引類型が多い企業
　　⑵　長期的に欠損がある企業、僅少な利益しかない企業、利益の変動が激しい企業。
　　⑶　利益水準が同業他社より低い企業
　　⑷　利益水準がグループ企業より低い企業
　　⑸　利益水準が負担する機能及びリスクと明らかに対応しない企業
　　⑹　タックスヘイブンにある関連者と取引がある企業
　　⑺　規定に従って関連申告を行わない、あるいは同時資料を準備していない企業
　　⑻　独立企業間取引の原則に明らかに合致しないその他の企業
　2　実際の税負担が同じ国内関連者間の取引に対しては、原則として移転価格調査及び調整を行わない。

　中国の課税当局による移転価格調査では、納税者たる企業側から収集した情報を参考に、調査対象となっている企業の事業上の機能・リスクを特定し、企業情報データベース等を駆使して、類似の機能・リスクを有する独立企業の財務結果を統計的手法により分析し、取引価格が適切であると推定される企業の利益水準を導き出し、調査対象となっている企業の利益水準と比較し、比較対象の利益水準の中央値の差異を更正するのが一般的である。
　管理規程案第4章においては、比較対象企業を用いた経済分析が実施される場合、関連者間取引と非関連者間取引との間に重大な差異が存する場合は、その影響を合理的に調整すべきとしている。通常、わが国や米国においては、比較対象企業と検証対象企業との間の運転資本の差異の調整が行われるが、これは、取引価格には、売掛、買掛、在庫の回転日数（水準）が加味されていると

の考えから、比較対象企業と検証対象企業それぞれの売掛、買掛、在庫の水準が利益水準に与える影響を排除した上で、両者を比較するものである。

しかし、中国の国家税務当局は2005年7月28日に公布された国税函【2005】745号において、このような運転資本の調整により比較可能性が高められることについては肯定しながらも、中国企業を比較対象として用いる場合の運転資本の調整については、消極的な見解を示している。

国家税務総局は、これは、中国の独立企業の事業活動は未だ洗練されておらず、中国の外商投資企業（外資系企業）と比べて、一般的に非常に高い売掛や在庫水準を有しており、そもそも比較可能性に乏しいためであるとしている。また、すでに解説したように、中国の課税当局は、納税者たる中国法人を検証するにあたり、海外の比較対象を用いることが多いが、国税函【2005】745号では、中国企業が比較対象となる場合について消極的な見解が述べられているものの、現実的には、海外の比較対象が用いられる場合にも、運転資本の調整が施されることは皆無といってよい。

中国だけではなく、わが国を含む移転価格税制を導入する各国の移転価格調査においても統計的な手法は頻繁に用いられているが、同時に、更正にあたっては企業側の個別の事情も考慮される。わが国で統計的な手法のみで更正が認められるのは、納税者たる企業側が税務調査に協力せず、企業側の個別の事情を考慮することができないような場合に限られている。

しかし、中国における移転価格の更正では、わが国と類似の規定は設けられているものの、実際に納税者たる企業が移転価格に係る税務調査に協力的であったか否かにかかわらず、更正通知に統計結果との比較についてしか述べられていないことが一般的である。

9．追跡管理期間

中国における移転価格更正は、単に調査対象となった過年度のみの問題には止まらない。管理規程案第47条は、移転価格税制の下で更正された企業は、更

正対象年度の後続の5ヶ年については、事実上、更正の根拠とされた利益水準を尊重することを義務付けている。

> 管理規程案第47条
> 　第47条　税務機関は企業に対して移転価格調整を行った後、調整を受けた年度の翌年から5年間にわたり追跡管理を実施しなければならない。企業は追跡管理期間において、要求に応じて同時資料を提出しなければならない。税務機関は同時資料に基づき、以下の内容を重点的に分析、評価する。
> 　(1)　企業の投資、経営状況及びその変化状況
> 　(2)　企業の納税申告額の変化状況
> 　(3)　企業の経営成果の変化状況
> 　(4)　関連取引の変化状況等
> 　　税務機関は追跡管理期間において、企業の移転価格の異常を発見した場合、適時に追加調整あるいは調査立案等の措置をとらなければならない。

従来の国税函【1998】59号の下では、追跡管理期間は3ヶ年とされていたが、管理規程案においては、これがさらに2ヶ年延長されている。

仮にこれに反し、更正にあたって中国の課税当局が主張した利益水準を下回るような利益水準を後続年度において計上した場合、課税当局による簡易的な税務調査の下、短期間の手続のみで再度の更正を受けてしまうことも稀ではない。

10. 機能・リスクチェックリスト

2007年に国家税務総局から、「移転価格調査分析の強化に関する通知」と題される国税函【2007】363号が公布された。これは、納税者たる企業側に、グループ内での利益の配分に重要な影響を与えるような様々な事業上の機能・リ

スクの有無をチェックリスト形式で記述させることをその内容としている。このチェックリストは、中国の課税当局からの要請に対して、納税者が一定期間（10日程度）内に応えない場合、罰則が適用されるのが一般的である。

国税函【2007】363号　機能・リスクチェックリスト（一部）

企業の機能及びリスク分析表

企業名称：

分類	調査項目		企業A	企業B1	企業B2
1．研究開発	(1) コア技術の研究開発				
	1	関連企業が研究開発を代行するか否か			
	2	第三者に研究開発の代行を委託するか否か			
	3	誰が研究開発の所有権を有するか			
	4	誰が研究開発の共有権を有するか			
	5	誰が研究開発の費用を負担するか			
	6	研究開発は実質的成果をもたらすか否か			
	7	予測収益は誰に分配するか			
	8	関連企業との間に許諾協議があるか否か			
	9	第三者との間に許諾協議があるか否か			
	10	コストシェアリング協議があるか否か			
	11	特許権を申請したか否か			
	12	誰が研究開発のリスクを負担するか			
	13	誰が研究開発でより重要な役割を果たすか			
	14	ユニークな無形資産であるか否か			
	15	研究開発活動により競争で優位を占められるか否か			
	(2) 生産及び技術設計				
	1	自主的設計能力があるか否か			
	2	誰が製品を設計するか			
	3	誰が技術を所有するか			
	4	誰が元々の技術を開発したか			
	5	設計費用は誰が負担するか			
	6	設計は実質的成果をもたらすか否か			

		7	予測収益は誰に分配するか		
		8	関連企業との間に許諾協議があるか否か		
		9	第三者との間に許諾協議があるか否か		
		10	コストシェアリング協議があるか否か		
		11	特許権を申請したか否か		
		12	誰が設計のリスクを負担するか		
		13	製品の設計及び修正に資金を投入するか否か		
		14	ユニークな無形資産であるか否か		
	(3) 包装及びラベル				
		1	関連企業が包装を代行するか否か		
		2	第三者に包装の代行を委託するか否か		
		3	誰が包装の費用を負担するか		
		4	コストシェアリング協議があるか否か		
		5	特許権を申請したか否か		
		6	完全な自主権を有するか否か		
		7	誰が包装のリスクを負担するか		
		8	関連企業との間に許諾協議があるか否か		
		9	第三者との間に許諾協議があるか否か		
	(4) 品質コントロール				
		1	誰が品質コントロールの形式を決めるか		
		2	誰が最終製品の品質標準及びプロセスを決めるか		
		3	誰が品質コントロールを担当するか		
		4	誰が品質コントロールの技術及び設備を提供するか		
		5	誰が費用を負担するか		
		6	コストシェアリング協議があるか否か		
		7	特許権を申請したか否か		
		8	関連企業との間に許諾協議があるか否か		
		9	第三者との間に許諾協議があるか否か		
		10	誰が品質コントロールのリスクを負担するか		
	(1) 仕入				
		1	誰が仕入計画を制定するか		

| | 2　誰が仕入機能を行使するか | | | |

　上述したように、国税函【2007】363号はチェックリスト形式であるため、チェックをするだけであれば、一見して一時間もあれば十分準備ができるような印象を受けるが、中国現地法人の欄にチェックが多くつけばつくほど、より多くの機能・リスクを中国現地法人が果たしていると認識され、それだけ高い利益水準が中国の税務局から求められることになる。

　すなわち、これまで述べてきたように、中国の課税当局は統計的な手法を用いて移転価格更正を行うが、チェックが多くなれば、多くの機能・リスクを果たしている比較対象企業と比較されることにもなりかねず、例えば、単純な工場としか位置付けられていないような中国の生産子会社について、中国の課税当局から、高い利益水準を計上することを求められるおそれもあり、統計データに大きく依存する取引単位営業利益法等が用いられる場合においては、大きな金額の更正へとつながってしまうことも想定される。

国家税務総局：移転価格の調査分析の強化に関する通知

国税函【2007】363号
2007年3月27日

各省、自治区、直轄市及び計画単列市の国家税務局、地方税務局：
　各地の移転価格の調査分析を規範化し、調査の質を高めるため、「中華人民共和国税収徴収管理法実施細則」の第51条及び「国家税務総局：関連企業間取引の税務管理規程」（国税函【2004】143号）の関連規定に基づき、関連の問題について以下のとおり明確にする。

１．各地は被調査企業の機能及びリスクの分析を強化し、移転価格調査を受ける企業は「企業の機能及びリスク分析表」を作成しなければならない。主管税務機関は企業が作成した「企業機能及びリスク分析表」に基づき、調査で

把握した企業のその他の状況も考慮し、「企業の機能及びリスク分析の認定表」を作成する。かつ、上述の2つの表を調査開始報告と合わせて、税務総局に提出する。

2．各地は被調査企業の関連取引の財務データの分析を強化し、税回避防止の調査を行った上で、「企業の関連取引の財務分析表」を作成し、調査開始及び調査終了の報告と合わせて、税務総局に提出する。

添付：1．企業の機能及びリスク分析表
　　　2．企業の機能及びリスク分析の認定表
　　　3．企業の関連取引の財務データ分析表

11．時効

既に公布されている実施条例第123条では、関連企業間の取引に対する税務当局の更正権限を当該取引が発生した納税年度から10年と規定している。したがって、移転価格に関する税務時効は10年間となる。これはわが国をはじめとする諸外国と比較しても長いものであるが、中国の場合、前述したように、更正対象年度の後続5ヶ月が追跡管理期間とされるため、納税者たる企業は実質的に一度の税務調査で15年間分のリスクに晒されることとなる。

12．進料加工や来料加工会社の利益水準

中国では同じく2007年に、「単一の生産機能を担う外商投資企業及び外国企業の納税状況の調査に関する通知」と題された国税函【2007】236号が公布されたが、これは、中国では進料加工や来料加工と呼ばれる受託生産のような単一の生産機能のみを担う企業については、原則として、一定の利益水準を維持すべきで、損失は認めないとするものである。

このような考えは、当該通達によりはじめて導入されたものではなく、従来

から、中国の課税当局が持っている考えであり、この通達はそれを追認ないし徹底することを目的とするものであると考えられる。現実に、中国において、日本本社のための受託生産拠点として設立された生産会社が、設立当初に発生した設立段階特有の損失について中国の課税当局から移転価格更正を受けている。

しかし、どのような事業であっても、立ち上げた瞬間から軌道に乗るような事業等はほとんどない。すなわち、立ち上げに当たって確保される人員や構築される生産ラインのキャパシティは、当該事業が軌道に乗った段階での稼働率を念頭に計画されるため、売上が十分に確保できない立上げ段階では、売上に対する原価や費用の比率が大きくなってしまい、損失となるようなことも希ではない。

国税函【2007】236号の趣旨も、本来は、当該生産会社が従たる存在であり、どのようなものをどれだけ生産するかの決定権限を事実上有しない一方で、発注者たる委託者の指示の下、発注に応えるに十分な人員や生産ラインを確保しておかなければならない受託者は、一定期間、委託者からの受注を見込んで設備投資や人員の雇用を行うものであるから、委託者たる関連者の事業判断の誤りから生じる受注量の低下やコスト増加等による損失を一方的に負わされるべきではないとするものと考えられる。

独立企業であれば、どのような事業を立ち上げるにあたっても、将来の利益を見込んで当初の損失は甘受するものであり、関連者間の関係においても同様に考えることが合理的であるが、現実的には、国税函【2007】236号を形式的に解釈し、中国において進料加工等に従事する多国籍企業が設立段階特有の要因により損失を計上していることを理由に中国の課税当局から移転価格更正を受けるケースも存在する。

国家税務総局：単一の生産機能を担う外商投資企業及び外国企業の納税状況の調査に関する通知

国税函【2007】236号
2007年3月7日

各省、自治区、直轄市及び計画単列市の国家税務局、地方税務局：
　最近、わが国の一部の外商投資企業及び外国企業は、単に国外の親会社の全体的な経営計画に基づき、製品の注文に従って製品の加工製造を行っているが、そのような企業で発生した損失に対して、税務部門はどのように確認をするべきかという照会が一部の地方からあった。単一の生産機能を担う外商投資企業及び外国企業に対する移転価格調査を規範化するため、検討の結果、以下のように明確にする。

　わが国に設立された外商投資企業及び外国企業が、国外の親会社の全体的な経営計画に基づき、製品の注文に従って加工製造を行い、単一の生産機能のみを担い、企業経営の戦略の決定、製品の研究開発、販売などの機能はすべて国外の親会社あるいはその他の関連会社が担っている場合、そのような企業は戦略の決定、市場開拓、販売などの機能を担わないため、企業グループの戦略の失敗、稼働率の不足、製品の滞留などを原因とするリスク及び損失も負うべきではない。移転価格の国際慣行の原則に従い、単一の生産機能のみを担う企業は通常、一定の利益水準を保つべきであり、原則として損失となってはならない。

　各地は管轄地域にある単一の生産機能を担う外商投資企業及び外国企業を真剣に調査し、損失あるいは僅少の利益しかない企業に対しては、「国家税務総局：＜関連企業間取引の税務管理規程＞の改正に関する通知」（国税函【2004】143号）の規定に基づき、経済分析を基礎として、適切な比較対象価格あるいは比較対象企業を選択し、企業の利益水準を確定するものとする。

13. 事前確認制度

　事前確認制度（Advance Pricing Agreement：APA）とは、納税者たる企業が、課税当局に対して事前に、自らが国外関連者間取引に適用する移転価格算定方法やその結果等について説明し、当該申請内容について課税当局が審査す

るものであり、課税当局が合意すれば、企業がその合意内容に基づき申告を行っている限り、移転価格の更正は行われないという制度である。

この制度は、1987年に日本ではじめて導入されて以降、米国、英国、カナダをはじめとする移転価格税制を導入する主要各国で採用された。また、事前確認制度には、関係する課税当局の一方にのみ合意もしくは確認を求める片務的（ユニラテラルAPA）な事前確認と関係する双方もしくは複数の課税当局に合意もしくは確認を求める二国間（バイラテラルAPA）、もしくは多国間事前確認とがある。

中国においては、1998年に国税函【1998】59号によって、はじめて事前確認制度が導入され、片務的事前確認については、同年に合意された第1号以来、150件以上の処理実績があるとされている。さらに、同じく国家税務総局による通達である2004年9月3日公布の国税函【2004】118号「関連企業間取引事前確認に関する実施細則（試行）」において、二国間事前確認制度についても定められ、これについても後述するように、導入以来、中国の課税当局と海外の課税当局との間に複数の合意実績が報告されている。

なお、現在では、中国における事前確認制度は、企業所得税法第42条及び実施条例第113条、さらには管理規程案第6章においてその詳細が規定されている。

中国における事前確認の申請は、設立後一定期間経過した年間の関連者間取引の金額が1億人民元以上の企業に認められているが、当該申請手続は、納税者たる企業による課税当局への意向書（事前確認を申請することを希望する旨を記述した書面）の提出により開始され、わが国では事前相談と呼ばれている予備会談、正式申請、審査、二国間事前確認の場合は相互協議を経て、合意に至る。

管理規程案第48条
　第48条　企業は税法第42条、同実施条例第113条及び徴収管理法実施細則第53条の規定に基づき、税務機関と自主、平等、信頼の原則に従って、事前確認協議を締結することができる。事前確認協議の交渉、締結及び実施

には通常、予備会談、正式申請、審査及び評価、協議、締結及び実施の監督の6つの段階がある。
　事前確認協議には一国、二国間及び多国間の3つの種類を含む。

　従来から事前確認の申請にあたっては、管理規程案第52条にも明記されているように納税者及び国外関連者の事業、関連者間取引、当該関連者間取引について納税者たる企業及びその国外関連者のそれぞれが果たしている事業上の機能と負っている事業上のリスク、さらにはこのような事実関係を前提とする経済分析等をその主な内容とする書類を添付する必要がある。

管理規程案第52条
　第52条　企業は、税務機関の正式交渉に関する通知を受け取った日から3ヶ月以内に、事前確認協議の正式な申請報告書を税務機関に提出しなければならない。二国間あるいは多国間事前確認協議に関わる場合、同時に国家税務総局にも提出しなければならない。
　(1) 事前確認協議の申請報告書には、以下の内容を含まなければならない。
　　1．関連するグループの組織、会社の内部組織、関連関係、関連取引の状況
　　2．企業の直近3年間の財務諸表、製品の機能及び資産（無形資産及び有形資産を含む）に関する資料
　　3．事前確認協議に関わる関連取引の種類及び納税年度
　　4．関連者間の機能及びリスクの分担状況（分担の根拠となる機構、人員、費用、資産等を含む）
　　5．事前確認協議に適用する価格決定原則及び計算方法、並びに当該原則及び方法を裏付ける機能リスク分析、比較可能性分析及び前提条件等
　　6．市場状況の説明（業界の発展趨勢及び競争環境を含む）
　　7．事前確認期間に係る年度の経営規模、経営業績予測及び経営計画等
　　8．協議に関わる関連取引、経営計画、及び財務結果に関する情報

9．二重課税等の問題が生じるか否か
　　10．国内及び国外の関連法律、租税条約等に関わる問題
(2)　以下のような特別な理由により、企業が期限までに申請報告書を提出することができない場合には、税務機関に書面による期限延長申請を提出することができる。
　　1．一部の資料を特別に準備する必要がある場合
　　2．資料に技術的な処理（例えば翻訳等）をする必要がある場合
　　3．その他の非主観的な理由
　　　主管税務機関は、企業から書面による期限延長申請を受け取った後15日以内に、期限延長申請に対して書面で回答しなければならない。期限を過ぎても回答しない場合、税務機関は企業の期限延長申請に同意したものとみなす。
(3)　上述の申請内容に関わる文書資料及び状況説明（適用する予定の価格決定原則及び計算方法を支持し、事前確認協議の条件に合うことを実証するすべての文書資料を含む）を、企業及び税務機関は適切に保管しなければならない。

　また、課税当局が、納税者たる企業から提出された資料の審査を実施するに当たっては、管理規程案第53条にも列挙されている各項目を重点的に審査することになる。

管理規程案第53条
　第53条　税務機関は、企業の事前確認協議に関する正式な申請書及び必要な文書、資料を受け取った日から5ヶ月以内に、審査と評価を行わなければならない。審査と評価の具体的な状況に基づいて企業に関連資料の補充を要求し、審査評価の結論を形成する。二国間あるいは多国間事前確認協議に対する審査評価の結論は逐次、国家税務総局まで報告して審査を受けるものとする。
　　特別な状況により、審査評価の期間を延長する必要がある場合には、税務機関は速やかに企業に書面で通知し、延長期間は3ヶ月を超えないものとする。
　　税務機関は、主に以下の内容を審査評価しなければならない。

(1) 過去の経営状況。企業の経営計画、発展趨勢、経営範囲等に関する文書資料を分析、評価し、フィージビリティスタディ、投資予（決）算、董事会決議等を重点的に審査する。経営業績を反映する情報及び資料（例えば財務諸表、監査報告書等）を総合的に分析する。
(2) 機能及びリスクの状況。企業と関連者の供給、生産、輸送、販売等の各段階及び無形資産の研究、開発等に関する各自の分担、果たす機能及び在庫、与信、為替、市場等に関して負うリスクを分析、評価する。
(3) 比較対象情報。企業の提出した国内、国外の比較対象価格情報を分析、評価し、比較対象企業と申請企業の実質的な差異を説明し、調整を行う。比較対象取引あるいは経営活動の合理性を確認できない場合は、適用する価格決定原則及び計算方法が審査対象である関連取引及び経営の現状を公正に反映していることを証明し、かつ財務及び経営等の資料の真実性を立証するために、企業がさらに提出すべき資料を明確にしなければならない。
(4) 前提条件。業界の利益獲得能力及びに企業の生産経営に対する影響要因及び影響度合を分析、評価して、事前確認協議に適用する前提条件を合理的に決定する。
(5) 価格決定原則及び計算方法。企業が事前確認協議において適用する価格決定原則及び計算方法が過去、現在及び将来年度の関連取引に運用されているか否か、どのように現実に運用されているか、また関連する財務、経営資料からみて、法律、法規の規定に合致しているかを分析、評価する。
(6) 予測される独立企業間価格あるいは利益の範囲。確定した比較対象価格、利益率、比較対象企業の取引等をさらに審査、評価し、税務機関と企業が受入可能な価格あるいは利益の範囲を算定する。

　事前確認申請は、本来的には、申請時にまだ終了していない将来年度、2ヶ年ないし5ヶ年に関して確認を得ることを目的とするものである。日米をはじめとする当該制度を導入している主要各国では、未だ移転価格調査の対象となっていない過年度についても、その対象とすることを認めている。従来の国税函【2004】118号では、原則としてこのような遡及適用は認められていなかったが、2008年度中の公布が予定されている管理規程案においては、過年度への

適用も認められるとされている。

> 管理規程案第50条
> 第50条　事前確認協議は、企業が正式申請を提出した年度の翌年度以降2年から5年の連続する年度における関連取引に適用される。
> 2　事前確認協議の締結は、企業が事前確認協議申請を提出した年度あるいはそれ以前の年度の関連取引に対する税務機関の移転価格調査に影響を与えない。申請年度あるいはそれ以前の年度の関連取引が、事前確認協議の適用年度と同じあるいは類似する場合、企業が申請し、税務機関の承認を得た上で、事前確認協議により確定された価格決定原則と計算方法を申請年度あるいはそれ以前の年度の関連取引の評価及び移転価格調整に適用することができる。

　なお、事前確認における納税者たる企業の申請内容についての課税当局による審査は、所轄税務局により実施されるが、管理規程案においては、当該手続は原則として5ヶ月以内に終了するものとしており、特別な事情によりこれが延長される場合も3ヶ月までとしている。

　中国において二国間事前確認制度が認められるようになった2004年から2008年までに、2005年には日本、2006年には米国、2007年には韓国、2008年には再び日本の課税当局との間に、毎年、1件ずつの合意実績があると聞いているが、わが国の課税当局の平成18事務年度1ヶ年の二国間事前確認合意件数である84件と比べると、中国においては未だ二国間事前確認制度が軌道に乗ってはいないと言わざるを得ない。

　これは、事前確認を受け付ける地方当局の当該制度についての知識が不十分で、地方税務当局が移転価格更正を行う場合のポジションに比して、事前確認申請における申請者たる納税者側のポジションが地方税務当局にとって不利であれば、そもそも申請以前に行われる予備会談さえも拒否される傾向があることもその要因の1つと考えられる。

14. コストシェアリング

　移転価格におけるコストシェアリングとは、無形資産の開発に係るコストを複数の関連者が共同で負担する仕組みであるが、各関連者が負担する開発コストは、各関連者に将来見込まれる便益によって割り当てられる。企業所得税法第41条第2項、実施条例第112条や管理規程案第7章は、コストシェアリングについて以下のように規定している。

企業所得税法第41条第2項
(2) 企業とその関連者が共同で開発したか、上場を受けた無形資産あるいは共同で提供したか、提供を受けた役務により発生した原価は、課税所得額を計算するに当たって、独立企業間原則に基づいて配賦をしなければならない。

　コストシェアリングの規定に基づいて、各関連者が開発コストを負担した結果として構築された無形資産に起因する各関連者の収益について、その割合が、各関連者が負担した開発コストの割合と対応関係にある限り、当該開発コストは損金として算入することができるとされている。

管理規程案第74条
　第74条　企業がその関連者とコストシェアリング協議を締結する際、以下の状況のいずれかがある場合、分担した原価を損金算入してはならない。
(1) コストシェアリング協議に事業目的がない。
(2) 独立企業間取引の原則に合致しない。
(3) 企業の分担した原価が収益と対応しない。
(4) 企業が本規程の関連規定に基づき、届け出、あるいは同時資料の準備、保存、提供をしない。
(5) 国家税務総局の承認を得ていない役務類のコストシェアリング協議
(6) 経営期間が20年未満の企業

一方で、これらの規定の下で受ける便益に対応した開発費を拠出したコストシェアリングの参加者やその関連者については、移転価格税制上の更正リスクを低減できるのみではなく、ロイヤルティに課せられる源泉税や営業税の負担を軽減することが可能となる。

15. 国内法上の救済手続及び相互協議

　中国においては、行政不服審査法、税収徴収管理法、税制徴収管理法実施細則、税務行政不服審査規則により、課税当局による更正処分が行われた場合、納税者は審査請求をすることができるとされている。

　更正についての審査請求は、当該処分を行った税務局の上部機関に対して行うことができるが、国家税務総局による決定について、納税者たる企業になおも不服がある場合は、人民法院への訴訟の提起もしくは国務院への審査請求を行うことができるとされている。

　移転価格税制を含む国際課税を規定する管理規程案第114条において、納税者たる企業が、課税当局による更正処分に対して不服がある場合、これらの国内法上の救済手続を利用することができるとされている。

管理規程案第114条
　第114条　企業は税務機関が特別納税調整によって追徴する税額、利息に異議がある場合、まず税務機関の調整決定に基づき税額、利息と滞納金を納付し、あるいは相応の担保を提供した後、法律により異議申立てをすることができる。異議申立ての決定に不服の場合は、法律により人民法院に提訴することができる。

　ただし、中国で事業活動に従事する多国籍企業が中国の課税当局による更正処分について不服審査の請求を行ったり、人民法院に対して訴訟を提起したり、国務院に対して審査請求をすることは皆無であると言っても過言ではない。そ

もそも中国において不服審査制度の整備が開始されたのは、1999年以降のことである上、審査請求先もわが国や米国のように、審査の対象となる処分を実施した税務局とは独立した、審判を専門とする機関に対してではなく、処分を実施した税務局と同じ中国の課税当局内の組織である上層の税務局とされているのも理由の1つである。

そこで、現行の中国の制度の下では、中国の課税当局と関係する海外の課税当局とが更正処分の妥当性について、二重課税の排除を目的として協議することとされる相互協議が中国において移転価格更正を受けた企業にとって最も有効な救済手続となるが、管理規程案第11章においても下記のような相互協議に係る規定が設けられている。相互協議とは、課税当局による更正処分について、二重課税の排除を目的として、課税当局と、当該更正処分と関係する相手国の課税当局とが協議を行うことを、納税者が求めることができる制度であり、納税者自らがこの協議に参加することはない。

管理規程案第101条
　第101条　関連者間取引の一方が移転価格調査、調整を受ける場合、二重課税を解消するために他方が対応的調整を行うことを認める。対応的調整が租税条約を締結している国（地域）における関連者に関わる場合、国家税務総局は租税条約の締結相手国と租税条約の相互協議手続の規定に基づき協議する。

この制度に基づく協議の結果として、両課税当局が合意に至った場合には、どちらか一方の課税当局あるいは双方の課税当局が還付を行うことになる。ただし、相互協議は、一般的に、課税当局に対して二重課税の回避義務が課せられている訳ではなく、二重課税回避についての努力義務が課せられているに過ぎないものであることから、当局間で合意に至らないことや部分的な合意に止まることもある。

当然のことならが、当該制度を利用するためには中国が締結している租税条

約において相互協議手続についての規程が盛り込まれている必要があり、日中租税条約にも第25条で相互協議手続が規定されている。

日中租税条約第25条
1　いずれか一方のまたは双方の締約国の措置によりこの協定の規程に適合しない課税を受けたことまたは受けることになると認められる者は、当該事案について、当該締約国の法令に定める救済手段とは別に、自己が居住者である締約国の権限のある当局に対してまたは当該事案が前条1の規程の適用に関するものである場合には自己が国民である締約国の権限のある当局に対して、申立てをすることができる。当該申立ては、この協定の規程に適合しない課税に係る当該措置の最初の通知の日から3年以内に、しなければならない。
2　権限のある当局は、1の申立てを正当と認めるが、満足すべき解決を与えることができない場合には、この協定の規程に適合しない課税を回避するため、他方の締約国の権限のある当局との合意によって当該事案を解決するように努める。成立したすべての合意は、両締約国の法令上のいかなる期間制限にもかかわらず、実施されなければならない。
3　両締約国の権限のある当局は、この協定の解釈または摘要に関して生ずる困難または疑義を合意によって解決するよう努める。両締約国の権限のある当局は、また、この協定に定めのない場合における二重課税を除外するため、相互に協議することができる。
4　両締約国の権限のある当局は、合意に達するために適当と認める場合には、口頭による意見の交換を行うため会合することができる。

ただし、管理規程案第104条においては、下に示したように、相互協議の結果のいかんにかかわらず、課税当局による更正の対象が関連者間の消費貸借利息、賃貸料、ロイヤルティ等に係るものである場合は、すでに納税された税額の還付は行われないと規定していることに留意を要する。

> 管理規程案第104条
> 第104条　本章の規定にかかわらず、税務機関の企業に対する移転価格調整が関連者の利息、賃貸料、ロイヤルティ等の課税収入あるいは所得額を減少させるものである場合、徴収済の税額は還付しない。

　このような規定により、中国の課税当局の利息、賃料、ロイヤルティに係る移転価格問題について還付することはない、という姿勢が予め明確にされている以上、これらが対象となる移転価格問題については、条約締結相手国としても、中国の課税当局との相互協議に応じない可能性もある。
　また、次に示されているように中国の国内規則となる管理規程案においても、先に掲げた日中租税条約第25条同様、企業が更正通知を受領した日から3年以内に課税当局に対して書面にて相互協議を申し立てることができるとされている。

> 管理規程案第103条
> 第103条　企業はその関連者が移転価格調整通知書を受け取った日から3年以内に対応的調整の申請を提出しなければならない。3年を超える場合、税務機関はこれを受理しない。

　なお、移転価格税制に係る日本企業が関連する更正について、これまでに複数の日本企業が相互協議を日中両課税当局に対して申し立てているが、当該制度の運用が開始されてから2008年までの間に、移転価格更正について日中両課税当局の間で合意された案件はわずかに3件程度しかないとのことであり、租税条約上の制度とはいえ、その有効性については疑問も残こる。

資　料

新企業所得税法・実施条例

なお、中国語原文には、「項」に該当する番号は入っていないが、読みやすくするために番号（第2項以下）を入れている。

	新企業所得税法	新企業所得税法実施条例
	第一章　総則	第一章　総則
課税対象者・納税義務者	第1条　中華人民共和国国内において、企業とその他の収入を取得する組織（以下「企業」と総称する）は企業所得税の納税者として、本法の規定に基づいて企業所得税を納付するものとする。 2　個人独資企業、パートナーシップ企業には本法を適用しない。	第1条　『中華人民共和国企業所得税法』（以下「法」と略称する）の規定に基づき、本条例を制定する。 第2条　法第1条にいう個人独資企業、パートナーシップ企業とは、中国の法律、行政法規の規定に基づき設立された個人独資企業、パートナーシップ企業を指す。
居住者企業と非居住者企業の定義	第2条　企業は、居住者企業と非居住者企業に区分する。 2　本法における居住者企業とは、法により中国国内に設立された、あるいは外国（地域）の法律により設立されたが、実際の管理機構が中国国内にある企業を指す。 3　本法における非居住者企業とは、外国（地域）の法律により設立され、実際の管理機構は中国国内にないが、中国国内に機構・場所を設立しているか、あるいは中国国内に機構・場所は設立していないが、中国国内源泉の所得がある企業を指す。	第3条　法第2条にいう法により中国国内に設立された企業には、中国の法律、行政法規に基づき中国国内に設立された企業、事業単位、社会団体並びに所得を得るその他の組織を含む。 2　法第2条にいう外国（地域）の法律により設立された企業には、外国（地域）の法律に基づき設立された企業及び所得を得るその他の組織を含む。 第4条　法第2条にいう実際の管理機構とは、企業の生産経営、人員、財務、財産等に対して実質的な全面管理及び支配を行う機構を指す。 第5条　法第2条第3項にいう機構・場所とは、中国国内において生産経営活動に従事する機構・場所を指し、以下を含む。 （1）　管理機構、営業機構、事務機構 （2）　工場、農場、天然資源採掘場所 （3）　役務提供の場所 （4）　建築、据付、組立、修理、探査等

資料 303

	新企業所得税法	新企業所得税法実施条例
		に従事する工事作業の場所 (5) その他の生産経営活動に従事する機構・場所 2 非居住者企業が営業代理人に委託して中国国内において生産経営活動に従事する場合（組織または個人に、経常的に代理で契約を締結すること、あるいは物品の保管、引渡しを行うことを委託する場合等を含む）、当該営業代理人は非居住者企業が中国国内に設立した機構、場所とみなされる。
課税所得	第3条 居住者企業はその中国国内、国外源泉の所得について企業所得税を納付しなければならない。 2 非居住者企業は中国国内に機構・場所を設立している場合、その機構・場所において取得した中国国内源泉の所得、及び中国国外で発生したが、その機構・場所と実質的に関連する所得について企業所得税を納付しなければならない。 3 非居住者企業が中国国内に機構・場所を設立していない場合、あるいは機構・場所を設立しているが、取得した所得がその機構・場所と実質的に関連しない場合、その中国国内に源泉のある所得について企業所得税を納付しなければならない。	第6条 法第3条にいう所得には、物品販売所得、役務提供所得、財産譲渡所得、株式利子と配当金等の権益性投資所得、利息所得、賃貸料所得、特許権使用料所得、受贈益所得及びその他の所得を含む。 第7条 法第3条にいう中国国内、国外源泉の所得は、以下の原則に従い確定する。 (1) 物品販売所得は、取引活動の発生地に基づき確定する。 (2) 役務提供所得は、役務の発生地に基づき確定する。 (3) 財産譲渡所得は、不動産の譲渡所得の場合は不動産の所在地に基づき確定し、動産の譲渡所得の場合には動産を譲渡する企業または機構・場所の所在地に基づき確定する。権益性投資資産の譲渡所得は、投資先企業の所在地に基づき確定する。 (4) 株式利子及び配当金等の権益性投資所得は、所得を分配する企業の所在地に基づき確定する。 (5) 利息所得、賃貸料所得、特許権使用料所得は、所得を負担あるいは支

	新企業所得税法	新企業所得税法実施条例
		払う企業または機構・場所の所在地、所得を負担あるいは支払う個人の住所所在地に基づき確定する。 (6) その他の所得は、国務院財政、税務所轄部門が確定する。
		第8条 法第3条にいう実質的に関連するとは、非居住者企業が中国国内に設立した機構、場所が所得を得るための持分、債権を所有するか、所得を得るための財産等を所有、管理、支配することを指す。
税率	第4条 企業所得税の税率は25％とする。 2 非居住者企業が本法第3条第3項に定める所得を取得した場合は20％の税率を適用する。	
	第二章 課税所得額	第二章 課税所得額
		第一節 一般規定
課税所得額の計算		第9条 企業の課税所得額の計算は、発生主義を原則とし、当期に帰属する収入及び費用は、代金を受払いしたか否かにかかわらず、すべて当期の収入及び費用としなければならない。当期に帰属しない収入及び費用は、当期に代金を受払いしたとしても、当期の収入及び費用としてはならない。本条例及び国務院財政、税務所轄部門が別途規定する場合を除く。
	第5条 企業は各納税年度の収入総額から、非課税収入、免税収入、各控除項目及び補填することが認められる過年度の損失額を控除した後の残額を課税所得額とする。	第10条 法第5条にいう損失とは、企業が企業所得税法及び本条例の規定に基づき各納税年度の収入総額から非課税収入、免税収入及び各控除項目を控除した後の残額が零を下回る金額を指す。

	新企業所得税法	新企業所得税法実施条例
清算所得		第11条　法第55条にいう清算所得とは、企業のすべての資産の正味実現可能価額あるいは取引価額から（清算直前の）純資産額、清算費用、関連税金費用等を控除した後の残額を指す。 2　投資者企業が清算企業から分配によって得た残余資産のうち、清算企業の未処分利益累計額と積立金累計額のうちの分配されるべき部分は、配当所得として認識しなければならない。残余資産から上述の配当所得を控除した後の残額が、投資原価を上回るあるいは下回る部分は、投資譲渡所得または損失として認識しなければならない。
		第二節　収入
収入の範囲	第6条　企業は貨幣形式または非貨幣形式により各種源泉から取得した収入を収入総額とする。以下の収入が含まれる。 　(1)　物品販売収入 　(2)　役務提供収入 　(3)　財産譲渡収入 　(4)　株式利子、配当金等の権益性投資収益 　(5)　利息収入 　(6)　賃貸料収入 　(7)　特許権使用料収入 　(8)　受贈益収入 　(9)　その他の収入	第12条　法第6条にいう企業が取得した貨幣形式による収入は、現金、銀行預金、売掛金、受取手形、期限が到来するまで保有する予定の債券投資及び債務免除等を含む。 2　法第6条にいう企業が取得した非貨幣形式による収入は、固定資産、生物資産、無形資産、持分投資、棚卸資産、期限到来まで保有する予定のない債券投資、役務及び関連の権益等を含む。 第13条　法第6条にいう企業が非貨幣形式により取得する収入は、公正価値に基づき収入額を確定しなければならない。 2　前項にいう公正価値とは、市場価値に基づき確定される価値を指す。 第14条　法第6条第1号にいう物品販売収入とは、企業が商品、製品、原材料、包装物、低額消耗品及びその他の棚卸資産を販売して取得した収入を指す。 第15条　法第6条第2号にいう役務提供収

新企業所得税法	新企業所得税法実施条例
	入とは、企業が建築据付、修繕、交通運輸、倉庫保管賃貸、金融保険、郵便通信、コンサルティング経営、文化体育、科学研究、技術サービス、教育研修、飲食宿泊、仲介代理、衛生保健、コミュニティサービス、旅行、娯楽、加工及びその他の役務サービス活動に従事して取得した収入を指す。
	第16条　法第6条第3号にいう財産譲渡収入とは、企業が固定資産、生物資産、無形資産、（出資）持分、債権等の財産を譲渡して取得した収入を指す。
	第17条　法第6条第4号にいう株式利子、配当金等の権益性投資収益とは、企業が権益性投資により被投資者から取得した所得を指す。 2　株式利子、配当金等の権益性投資収益は、国務院財政、税務所轄部門が別途規定する場合を除き、被投資者が利益分配を決定した時点を以って収入の実現を認識する。
	第18条　法第6条第5号にいう利息収入とは、企業が資金を他者の使用に供するが、権益性投資を構成しない(投資)、あるいは他者が本企業の資金を占用することで取得した収入を指し、預金利息、貸付金利息、債券利息、延払金利息等の収入を含む。 2　利息収入は、契約書に約定された債務者が利息を支払うべき日を以って収入の実現を認識する。
	第19条　法第6条第6号にいう賃貸料収入とは、企業が固定資産、包装物あるいはその他の有形資産の使用権を提供して取得した収入を指す。 2　賃貸料収入は、契約書に約定された

	新企業所得税法	新企業所得税法実施条例
		借手が賃貸料を支払うべき日を以って収入の実現を認識する。
		第20条　法第6条第7号にいう特許権使用料収入とは、企業が特許権、非特許技術、商標権、著作権及びその他の特許権の使用権を提供して取得した収入を指す。 2　特許権使用料収入は、契約書に約定された特許権の使用者が特許権使用料を支払うべき日を以って収入の実現を認識する。
		第21条　法第6条第8号にいう受贈益収入とは、企業が受け入れた、その他の企業、組織あるいは個人から無償提供された貨幣性資産、非貨幣性資産を指す。受贈益収入は、贈与資産を実際に受け取った時に収入の実現を認識する。
		第22条　法第6条第9号にいうその他の収入とは、企業が取得する、法第6条第1号から第8号に掲げる収入以外の収入を指し、企業の資産の棚卸差益収入、期限を過ぎても返却されない包装物の保証金収入、支払不要となった未払金項目、貸倒損失の処理を行った後に回収した売掛金、債務再編収入、補助金収入、違約金収入、為替差益等を含む。
割賦販売、建築工事、長期製造による収益の認識		第23条　企業の以下の生産経営業務は期を分けて収入の実現を認識することができる。 (1)　割賦方式により物品を販売した場合、契約書に約定された代金の受領日を以って収入の実現を認識する。 (2)　企業が大型機械設備、船舶、飛行機等の加工製造を受託した場合、並びに建築、据付、組立工事業務あるいは役務提供に従事する場合等で、

	新企業所得税法	新企業所得税法実施条例
		継続期間が12ヶ月を超える場合には、納税年度における工事進捗度あるいは完了した作業量に基づき収入の実現を認識する。
		第24条　製品分配方式を採用して取得した収入は、企業が製品を分配によって得た時に収入の実現を認識し、その収入額は製品の公正価値に基づき確定する。
		第25条　企業で非貨幣性資産の交換が発生した場合、及び物品、財産、役務を寄贈、債務返済、賛助、資金募集、広告、サンプル、従業員福利及び利益分配等の用途に用いる場合には、物品販売、財産譲渡及び役務提供とみなさなければならない。ただし、国務院財政、税務所轄部門が別途規定する場合を除く。
非課税収入	第7条　収入総額のうち以下の収入は非課税収入とする。 (1)　財政交付金 (2)　法に基づき受け取った財政管理に組み入れられる行政事業性料金、政府関係基金 (3)　国務院が規定するその他の非課税収入	第26条　法第7条第1号にいう財政交付金とは、各レベルの政府が予算管理に組み入れられた事業単位、社会団体等の組織に支払う財政資金を指す。ただし、国務院及び国務院財政、税務所轄部門が別途規定する場合を除く。 2　法第7条第2号にいう行政事業性料金とは、法律、法規等の関連規定に基づき、国務院が規定する手続に従って認可を受け、社会公共管理の実施、並びに公民、法人あるいはその他の組織に対する特定の公共サービスの提供の過程において、特定の対象から受け取り、かつ財政管理に組み入れられる費用を指す。 3　法第7条第2号にいう政府関係基金とは、企業が法律、行政法規等の規定に基づき、政府の代わりに受け取る専用用途をもつ財政資金を指す。

	新企業所得税法	新企業所得税法実施条例
		4　法第7条第3号にいう国務院が規定するその他の非課税収入とは、企業が取得する、国務院の認可を得た国務院財政、税務所轄部門が専用用途を規定する財政資金を指す。
		第三節　控除
控除項目	第8条　企業で実際に発生した、収入の取得に関連する、原価、費用、税金、損失及びその他の支出を含む合理的な支出は、課税所得額を計算するときに控除することができる。	第27条　法第8条にいう関連支出とは、収入の取得と直接関連する支出を指す。 2　法第8条にいう合理的な支出とは、生産経営活動の慣例に合う、当期損益あるいは関連資産の原価に計上すべき必要かつ正常な支出を指す。
収益性支出と資本性支出		第28条　企業で発生する支出は、収益性支出と資本性支出とに区分しなければならない。収益性支出は発生した期に直接控除する。資本性支出は分割して控除するか、あるいは関連する資産原価に計上し、発生した期に直接控除してはならない。 2　企業の非課税収入を支出に用いることによって形成される費用あるいは財産は、控除あるいは対応する減価償却費、償却費を計算し控除してはならない。 3　法及び本条例で別途規定する場合を除き、企業で実際に発生した原価、費用、税金、損失及びその他の支出は二重控除してはならない。
原価の範囲		第29条　法第8条にいう原価とは、企業の生産経営活動において発生した売上原価、販売原価、業務支出及びその他の支出を指す。
費用の範囲		第30条　法第8条にいう費用とは、企業の生産経営活動の過程において発生した販売費用、管理費用及び財務費用を指し、(資産の取得)原価に計上した関

	新企業所得税法	新企業所得税法実施条例
		連費用は除く。
税金の範囲		第31条　法第8条にいう税金とは、企業で発生した企業所得税及び控除が認められる増値税以外の各種税金及び附加を指す。
損失の範囲		第32条　法第8条にいう損失とは、企業の生産経営活動において発生した固定資産及び棚卸資産の棚卸差損、破損、除却損失、財産譲渡損失、貸倒損失、自然災害等の不可抗力による損失及びその他の損失を指す。 2　企業で発生した損失は、責任者の賠償金及び保険賠償金を差し引いた後の残額を、国務院財政、税務所轄部門の規定に基づき控除する。 3　企業が既に損失として処理した資産を、以後の納税年度において全部あるいは一部回収した時には、当期の収入に計上しなければならない。
その他の支出の範囲		第33条　法第8条にいうその他の支出とは、原価、費用、税金、損失以外の企業の生産経営活動において発生した関連性のある合理的な支出を指す。
賃金の範囲		第34条　企業において発生した合理的な賃金給与は、控除することができる。 2　前項にいう賃金給与とは、企業が各納税年度に、その企業において在職或いは雇用されている人員に支払うすべての現金或いは非現金形式による労働報酬を指し、基本給与、賞与、手当、補助金、年末臨時賞与、残業手当及び在職あるいは雇用に関連するその他の支出を含む。
福利（厚生）費の範囲		第35条　企業が国務院の関連所轄部門或いは省レベル人民政府が規定する範囲と基準に基づき、従業員のために納付す

	新企業所得税法	新企業所得税法実施条例
		る基本養老保険費、基本医療保険費、失業保険費、労災保険費、生育保険費等の基本社会保険費と住宅公積金は、控除することができる。 2　企業がその投資者あるいは従業員のために支払う補充養老保険費、補充医療保険費は、国務院財政、税務所轄部門が規定する範囲と基準を上限に控除することができる。
保険費の範囲		第36条　企業が国家の規定に基づき特殊職種の従業員のために支払う人身安全保険費及び国務院財政、税務所轄部門が控除可能と規定するその他の商業保険費を除き、企業がその投資者あるいは従業員のために支払う商業保険費は、控除してはならない。
支払利息の範囲		第37条　企業の生産経営活動において発生した合理的な、資本化の必要のない借入費用は、控除することができる。 2　企業が固定資産、無形資産及び12ヶ月以上の建造期間を経て予定された販売可能な状態に達する棚卸資産を購入、建造するために借入を行う場合は、関連資産の購入、建造期間に発生した合理的な借入費用を資本性支出として関連資産の原価に計上しなければならず、本条例の関連規定に基づき控除する。
		第38条　企業の生産経営活動において発生した以下の利息支出は、控除することができる。 (1)　非金融企業の金融企業からの借入金にかかる利息支出、金融企業の各種預金利息支出とコールローン利息支出、企業が認可を得て発行した債券の利息支出

	新企業所得税法	新企業所得税法実施条例
		(2) 非金融企業の非金融企業からの借入金にかかる利息支出のうち、金融企業の同期間における同種の貸付金利率に基づき計算した金額を上回らない部分
為替差損		第39条 企業の貨幣取引、及び納税年度終了時に人民元以外の貨幣性資産・負債を期末の人民元為替レートの仲値により人民元に換算することにより発生した為替差損は、すでに関連資産の原価に計上した部分及び所有者に対する利益分配に関連する部分を除き、控除することができる。
福利（厚生）費		第40条 企業において発生した従業員福利厚生費支出のうち、賃金給与総額の14％を超えない部分は控除することができる。
労働組合費		第41条 企業が支払う従業員労働組合費のうち、賃金給与総額の2％を超えない部分は控除することができる。
従業員教育費		第42条 国務院財政、税務所轄部門が別途規定する場合を除き、企業において発生した従業員教育費支出は、賃金給与総額の2.5％を超えない部分を控除することができ、超える部分は以後の年度に繰り越して控除することができる。
交際費		第43条 企業において発生した生産経営活動と関連する交際費は、発生額の60％を控除することができるが、当年度の売上（営業）高の0.5％を超えてはならない。
広告費及び業務宣伝費		第44条 企業において発生した条件に合致する広告費及び業務宣伝費は、国務院財政、税務所轄部門が別途規定する場合を除き、当年度の売上（営業）高の

	新企業所得税法	新企業所得税法実施条例
		15％を超えない部分を控除することができ、超える部分は以後の年度に繰り越して控除することができる。
専用資金		第45条　企業が法律、行政法規の関連規定に基づき計上した環境保護、生態回復等に用いる専用資金は控除することができる。上述の専用資金を計上した後に用途を変更した場合は、控除してはならない。
財産保険料		第46条　企業が財産保険に加入し、規約に基づき納めた保険料は控除することができる。
リース費用		第47条　企業が生産経営活動の必要に基づき固定資産を賃借し、支払うリース費用は、以下の方法により控除する。 (1) オペレーティングリース方式により賃借した固定資産のリース費用は、リース期間に亘り均等に控除する。 (2) ファイナンスリース方式により賃借した固定資産のリース費用は、規定に基づきファイナンスリース固定資産の価値を構成する部分について、減価償却費を計上し、各期において控除しなければならない。
労働保護費		第48条　企業において発生した合理的な労働保護費は控除することができる。
管理費等		第49条　企業間で支払った管理費、企業内部の営業機構間で支払った賃貸料、特許権使用料、並びに非銀行企業内部の営業機構間で支払った利息は、控除してはならない。
国外本社の配賦経費		第50条　非居住者企業が中国国内に設立した機構・場所について、その中国国外の総機構において発生した当該機構・場所の生産経営に関連する費用は、総機構が発行する費用の集計範囲、基準、

	新企業所得税法	新企業所得税法実施条例
		分配の根拠と方法等の証明書類を提供でき、かつ合理的に分担額を計算できる場合、控除することができる。
公益性の寄附金	第9条　企業で発生した公益性寄附金支出は、年度利益総額の12％以内の部分を、課税所得額を計算するときに控除することができる。	第51条　法第9条にいう公益性寄附金とは、企業が公益性社会団体あるいは県レベル以上の人民政府及びその部門を通じて支出する、「中華人民共和国公益事業寄附金法」に規定する公益事業に用いる寄附金を指す。
		第53条　企業において発生した公益性寄付金支出は、年度利益総額の12％を超えない部分を控除することができる。 2　年度利益総額とは、企業が国家の統一会計制度の規定に基づいて計算した年度会計利益を指す。
公益性社会団体の定義		第52条　本条例第51条にいう公益性社会団体とは、以下の条件を同時に満たす基金会、慈善組織等の社会団体を指す。 (1)　法に基づき登記され、法人資格を有すること (2)　公益事業の発展を趣旨とし、営利を目的としていないこと (3)　すべての資産及びその付加価値をその法人が所有していること (4)　収益及び運営上の余剰金を主に当該法人の設立目的に合う事業のために用いること (5)　終止後の残余財産がいかなる個人または営利組織にも帰属しないこと (6)　その設立目的と関連のない業務の経営を行っていないこと (7)　健全な財務会計制度を有していること (8)　寄附者がいかなる形式によっても当該社会団体の財産分配に参与しないこと

	新企業所得税法	新企業所得税法実施条例
		(9) 国務院財政、税務所轄部門が国務院民政所轄部門等の登記管理部門と共同で規定するその他の条件
損金不算入項目	第10条 課税所得額を計算するとき、以下の支出を控除することはできない。 (1) 投資者に支払った株式利子、配当金等の権益性投資収益 (2) 企業所得税税額 (3) 税収滞納金 (4) 罰金、科料及び財産の没収による損失 (5) 本法第9条に規定する以外の寄附金支出 (6) 賛助支出 (7) 未承認の引当金支出 (8) 収入の取得に関連しないその他の支出	第54条 法第10条第6号にいう賛助支出とは、企業において発生した生産経営活動と関連のない各種の非広告性の支出を指す。 第55条 法第10条第7号にいう未承認の引当金支出とは、国務院財政、税務所轄部門の規定に合致しない各種資産の減損引当金、リスク引当金等の引当金支出を指す。
		第四節　資産の税務処理
資産の範囲		第56条 企業の固定資産、生物資産、無形資産、長期前払費用、投資資産、棚卸資産等を含む各種資産は、取得原価を税務上の帳簿価額とする。 2　前項にいう取得原価とは、企業が当該資産を取得した際に実際に発生した支出を指す。 3　企業が各種資産を所有する期間に生じる資産価値の増加あるいは減少は、国務院財政、税務所轄部門が損益を認識できると規定する場合を除き、当該資産の税務上の帳簿価額を調整してはならない。
固定資産の定義、税務上の帳簿価額、減	第11条 課税所得額を計算するとき、企業が規定に基づき計算した固定資産の減価償	第57条 法第11条にいう固定資産とは、企業が製品の生産、役務の提供、リース或いは経営管理のために所有し、使用

	新企業所得税法	新企業所得税法実施条例
価償却方法	却費は控除することができる。 2　以下の固定資産は減価償却費を計算し控除してはならない。 (1)　建物、構築物以外の使用に供していない固定資産 (2)　オペレーティングリース方式で賃借した固定資産 (3)　ファイナンスリース方式で賃貸した固定資産 (4)　すでに減価償却済みであるが継続して使用する固定資産 (5)　経営活動と関係のない固定資産 (6)　単独で価額を見積り、固定資産として記帳する土地 (7)　その他の減価償却費を計上し控除してはならない固定資産	期間が12ヶ月を超える非貨幣性資産を指し、建物、構築物、機器、機械、運輸工具及びその他の生産経営活動に関連する設備、器具、工具等を含む。 第58条　固定資産は以下の方法により税務上の帳簿価額を確定する。 (1)　外部より購入した固定資産は、購入価額と支払った関連税金費用及び当該固定資産が予定した用途に用いることができるようになるまでに発生したその他の支出を税務上の帳簿価額とする。 (2)　自ら建造した固定資産は、竣工決算前に発生した支出を税務上の帳簿価額とする。 (3)　ファイナンスリースにより賃借した固定資産は、リース契約に約定された支払総額及び借り手がリース契約を締結する過程で発生した関連費用を税務上の帳簿価額とする。リース契約に支払総額を約定していない場合、当該資産の公正価値及び借り手がリース契約を締結する過程で発生した関連費用を税務上の帳簿価額とする。 (4)　(陳腐化、破損等により) 価値が減少した固定資産は、同種の固定資産の再調達価額を税務上の帳簿価額とする。 (5)　贈与、投資、非貨幣性資産の交換、債務再編等の方式で取得した固定資産は、当該資産の公正価値と支払った関連税金費用を税務上の帳簿価額とする。 (6)　改良を行った固定資産は、法第13条第1号、第2号に規定するものを

資料　317

	新企業所得税法	新企業所得税法実施条例
		除き、改良の過程で発生した改良支出を税務上の帳簿価額に加える。
		第59条　定額法により計算した固定資産の減価償却費は控除することができる。 2　企業は固定資産の使用を開始した月の翌月から減価償却費を計算しなければならない。使用を停止した固定資産は、使用を停止した月の翌月から減価償却費の計算を停止しなければならない。 3　企業は固定資産の性質と使用状況に基づき、固定資産の見積残存価額を合理的に確定しなければならない。固定資産の見積残存価額は一旦確定したら、変更してはならない。
減価償却期間・耐用年数		第60条　国務院財政、税務所轄部門が別途規定する場合を除き、固定資産の減価償却計算の最短耐用年数は以下のとおりとする。 (1)　建物、構築物は20年とする。 (2)　航空機、列車、船舶、機器、機械及びその他の生産設備は10年とする。 (3)　生産経営に関連する器具、工具、家具等は5年とする。 (4)　航空機、列車、船舶以外の運輸工具は4年とする。 (5)　電子設備は3年とする。
特殊産業における固定資産の減価償却方法		第61条　石油、天然ガス等の鉱産資源の採掘に従事する企業の、商業生産を開始する前に発生する費用及び関連する固定資産の減耗、減価償却方法については、国務院財政、税務所轄部門が別途規定する。
生産性生物資産の範囲と税		第62条　生産性生物資産は以下の方法により税務上の帳簿価額を確定する。

	新企業所得税法	新企業所得税法実施条例
務上の帳簿価額		(1) 外部より購入した生産性生物資産は、購入価額と支払った関連税金費用を税務上の帳簿価額とする。 (2) 贈与、投資、非貨幣性資産の交換、債務再編等の方式で取得した生産性生物資産は、当該資産の公正価値と支払った関連税金費用を税務上の帳簿価額とする。 2　前項にいう生産性生物資産とは、企業が農産物の生産、役務の提供、あるいはリース等の目的で所有する生物資産を指し、経済林、薪炭林、産畜と役畜等を含む。
生産性生物資産の減価償却方法		第63条　定額法により計算した生産性生物資産の減価償却費は、控除することができる。 2　企業は、生産性生物資産の使用を開始した月の翌月から減価償却費を計算しなければならない。使用を停止した生産性生物資産は、使用を停止した月の翌月から減価償却費の計算を停止しなければならない。 3　企業は生産性生物資産の性質と使用状況に基づき、生産性生物資産の見積残存価額を合理的に確定しなければならない。生産性生物資産の見積残存価額は一旦確定したら、変更してはならない。 第64条　生産性生物資産の減価償却計算の最短耐用年数は、以下のとおりとする。 (1) 林木類の生産性生物資産は10年とする。 (2) 畜類の生産性生物資産は3年とする。
無形資産の定義、税務上の	第12条　課税所得額を計算するとき、企業が規定に基づき	第65条　法第12条にいう無形資産とは、企業が製品の生産、役務の提供、リース

	新企業所得税法	新企業所得税法実施条例
帳簿価額	計算した無形資産の償却費は控除することができる。 2　以下の無形資産は償却費を計算し控除してはならない。 (1)　自ら開発した、支出を既に課税所得額の計算時に控除した無形資産 (2)　自ら創造した暖簾 (3)　経営活動に関係のない無形資産 (4)　その他の償却費を計上し控除してはならない無形資産	あるいは経営管理のために所有する、実物形態をもたない非貨幣性の長期資産を指し、特許権、商標権、著作権、土地使用権、非特許技術、暖簾等を含む。 第66条　無形資産は、以下の方法により税務上の帳簿価額を確定する。 (1)　外部より購入した無形資産は、購入価額、支払った関連税金費用及び当該資産が予定した用途に用いることができるようになるまでに発生したその他の支出を税務上の帳簿価額とする。 (2)　自ら開発した無形資産は、開発過程において資本化の条件を満たしてから予定した用途に用いることができるようになるまでに発生した支出を税務上の帳簿価額とする。 (3)　贈与、投資、非貨幣性資産の交換、債務再編等の方式で取得した無形資産は、当該資産の公正価値と支払った関連税金費用を税務上の帳簿価額とする。
無形資産の償却方法		第67条　定額法により計算した無形資産の償却費は控除することができる。 2　無形資産の償却年数は10年を下回ってはならない。 3　投資されたあるいは譲渡を受けた無形資産は、使用年数が関連の法律に規定されているかあるいは契約に約定されている場合、規定あるいは約定された使用年数により償却することができる。 4　外部より購入した暖簾の支出は、企業全体を譲渡あるいは清算する際に控除することができる。
長期繰延資産	第13条　課税所得額を計算する	第68条　法第13条第１号及び第２号にいう

	新企業所得税法	新企業所得税法実施条例
	とき、企業で発生した以下の支出で、長期前払費用として規定に基づき償却するものは控除することができる。 (1) すでに減価償却済みの固定資産の改良支出 (2) リース固定資産の改良支出 (3) 固定資産の大修理支出 (4) その他の長期前払費用とすべき支出	固定資産の改良支出とは、建物、構築物の構造の変更、耐用年数の延長等のために発生する支出を指す。 2　法第13条第1号に規定する支出は、固定資産の見積残存耐用年数に基づき償却する。第2号に規定する支出は、契約に約定された残存リース期間に基づき償却する。 3　改良により固定資産の耐用年数が延長された場合、法第13条第1号及び第2号に規定するものを除き、減価償却年数を適切に延長しなければならない。
		第69条　法第13条第3号にいう固定資産の大修理支出とは、以下の条件を同時に満たす支出を指す。 (1) 修理支出が、固定資産を取得した時の税務上の帳簿価額の50％以上に達する場合 (2) 修理後の固定資産の耐用年数が2年以上延長される場合 2　法第13条第3号に規定する支出は、固定資産の残存耐用年数に基づき償却する。
		第70条　法第13条第4号にいうその他の長期前払費用とすべき支出は、支出が発生した月の翌月から償却し、償却年数は3年を下回ってはならない。
投資資産	第14条　企業の対外投資期間において、投資資産の原価は課税所得額の計算時に控除してはならない。	第71条　法第14条にいう投資資産とは、企業の対外的な権益性投資及び債権性投資により形成される資産を指す。 2　企業が投資資産を譲渡あるいは処分する際に、投資資産の原価を控除することができる。 3　投資資産は、以下の方法により原価を確定する。

	新企業所得税法	新企業所得税法実施条例
		(1) 現金支払の方式により取得した投資資産は、購入価額を原価とする。 (2) 現金支払以外の方式により取得した投資資産は、当該資産の公正価値と支払った関連税金費用を原価とする。
棚卸資産	第15条　企業が棚卸資産を使用あるいは販売する場合、規定に基づき計算した棚卸資産原価は課税所得額の計算時に控除することができる。	第72条　法第15条にいう棚卸資産とは、企業が販売のために所有する製品または商品、生産過程の仕掛品、生産あるいは役務提供の過程において消費する材料及び物資等を指す。 2　棚卸資産は、以下の方法により原価を確定する。 (1) 現金支払の方式により取得した棚卸資産は、購入価額と支払った関連税金費用を原価とする。 (2) 現金支払以外の方式により取得した棚卸資産は、当該棚卸資産の公正価値と支払った関連税金費用を原価とする。 (3) 生産性生物資産から収穫した農産物は、生産あるいは収穫の過程で発生した材料費、人件費及び配賦すべき間接費等の必要支出を原価とする。
		第73条　企業が使用あるいは販売する棚卸資産の原価計算方法は、先入先出法、総平均法、個別法の中からいずれか１つを選択する。計算方法を一旦選択したら、みだりに変更してはならない。
資産譲渡所得の納税	第16条　企業が資産を譲渡する場合、当該資産の簿価は課税所得額の計算時に控除することができる。	第74条　法第16条にいう資産の簿価及び第19条にいう財産の簿価とは、関連する資産、財産の税務上の取得価額から、規定に基づき控除した減価償却費、減耗償却費、(損金算入された)引当金等を差し引いた後の残額を指す。
企業再編にお		第75条　国務院財政、税務所轄部門が別途

	新企業所得税法	新企業所得税法実施条例
ける損益		規定する場合を除き、企業は再編の過程において、取引が発生した時に関連資産の譲渡所得あるいは損失を認識し、関連資産は取引価額に基づき改めて税務上の帳簿価額を確定しなければならない。
国外営業機構の欠損	第17条　企業が企業所得税を一括計算し、納付する場合に、その国外にある営業機構の欠損を国内にある営業機構の利益と相殺してはならない。	
繰越欠損金の損金算入	第18条　企業で納税年度に発生した欠損は、以後の年度へ繰り越し、以後の年度の所得をもって補填することができる。ただし、繰越期間は最長5年を超えてはならない。	
非居住者企業の課税所得額の計算	第19条　非居住者企業が本法第3条第3項に規定する所得を取得した場合、以下の方法に基づきその課税所得額を計算する。 (1) 株式利子、配当金等の権益性投資収益及び利息、賃貸料、特許権使用料所得は、総収入額をもって課税所得額とする。 (2) 財産譲渡所得は、総収入額から財産の簿価を控除した後の残額をもって課税所得額とする。 (3) その他の所得は、前2項に規定する方法を参照し、課税所得額を計算す	

資料　323

	新企業所得税法	新企業所得税法実施条例
	る。	
収入、控除の具体的な範囲、基準及び資産の税務処理の具体的な方法	第20条　本章に規定する収入、控除の具体的な範囲、基準及び資産の税務処理の具体的な方法は国務院財政、税務所轄部門が規定する。	
企業の財務、会計処理方法が税法の規定と一致しない場合の取扱い	第21条　課税所得額を計算するとき、企業の財務、会計処理方法が税収法律、行政法規の規定と一致しない場合は、税収法律、行政法規の規定に基づき計算しなければならない。	
	第三章　納付税額	第三章　納付税額
納付税額の計算	第22条　企業の課税所得額に適用税率を乗じて、本法の税収優遇措置に関する規定によって減免または控除される税額を減算した後の残額を、納付税額とする。	第76条　法第22条に規定する納付税額の計算公式は、以下のとおりとする。 　納付税額＝課税所得額×適用税率－減免税額－控除税額 2　公式中の減免税額及び控除税額とは、法または国務院の税収優遇規定に基づき軽減、免除、控除される納付税額を指す。
外国税額控除	第23条　企業の取得した以下の所得について既に国外で納付した所得税額は、当期の納付税額から控除することができるが、控除限度額は当該所得について本法の規定に基づいて計算した納付税額とする。控除限度額を超過した部分は、翌年度以降の5ヶ年度内に、各年度の控除限度額から当期の控除税額を控除した後の残額	第77条　法第23条にいう既に国外で納付した所得税額とは、企業の中国国外源泉所得について、中国国外の税収法律及び関連規定に基づき納付すべきであり、かつ実際に納付済みの企業所得税の性質をもつ税金を指す。
		第78条　法第23条にいう控除限度額とは、企業の中国国外源泉所得について、法と本条例の規定に基づき計算した納付税額を指す。当該控除限度額は、国務院財政、税務所轄部門が別途規定する場合を除き、国（地域）ごとに（所得）項目を分けずに計算するものとし、そ

	新企業所得税法	新企業所得税法実施条例
	から追加控除できる。 (1) 居住者企業の中国国外源泉の課税所得 (2) 非居住者企業の中国国内に設立した機構・場所が取得した、中国国外で発生したが、当該機構・場所に実質的に関連する課税所得	の計算公式は以下のとおりとする。 　控除限度額＝法及び本条例に基づき計算される中国国内及び国外所得の総納付税額×某国（地域）に源泉を有する課税所得額÷中国国内及び国外課税所得総額 第79条　法第23条にいう5ヶ年度とは、企業が取得した中国国外源泉所得について、すでに中国国外で納付した企業所得税の性質を有する税額が控除限度額を超過した年度の翌年から起算し、連続する5納税年度を指す。
	第24条　居住者企業が直接あるいは間接的に支配する外国企業から取得した中国国外源泉の株式利子、配当金等の権益性投資収益について、外国企業が国外で実際に納付した所得税額のうち当該所得が負担する部分は、当該居住者企業の控除可能な国外所得税額として、本法第23条に規定する控除限度額の範囲内で控除することができる。	第80条　法第24条にいう直接的に支配するとは、居住者企業が直接的に外国企業の20％以上の持分を保有することを指す。 2　法第24条にいう間接的に支配するとは、居住者企業が間接的持分保有の形式により外国企業の20％以上の持分を保有することを指し、具体的な認定方法は国務院財政、税務所轄部門が別途規定する。 第81条　企業が法第23条、第24条の規定に基づき企業所得税額を控除する場合、中国国外の税務機関が発行した税額の帰属年度の納税証憑を提供しなければならない。
	第四章　税収優遇措置	第四章　税収優遇措置
優遇措置の付与	第25条　国家は重点的に支援及び発展を奨励する産業とプロジェクトに対し、企業所得税の優遇措置を与える。	
免税収入	第26条　企業の以下の収入は、免税収入とする。 (1) 国債利息収入 (2) 条件に合致する居住者	第82条　法第26条第1号にいう国債利息収入とは、企業が国務院財政部門の発行した国債を保有することにより取得した利息収入を指す。

	新企業所得税法	新企業所得税法実施条例
	企業間の株式利子、配当金等の権益性投資収益 (3) 中国国内に機構・場所を設立している非居住者企業が居住者企業から取得した、当該機構・場所と実質的に関連する株式利子、配当金等の権益性投資収益 (4) 条件に合致する非営利組織の収入	第83条　法第26条第2号にいう条件に合致する居住者企業間の株式利子、配当金等の権益性投資収益とは、居住者企業が他の居住者企業に直接投資することにより取得した投資収益を指す。第2号及び第3号にいう株式利子、配当金等の権益性投資収益には、居住者企業が公開発行し、かつ上場され流通する株式を連続12ヶ月未満保有し、取得した投資収益を含まない。 第84条　法第26条第4号にいう条件に合致する非営利組織とは、以下の条件を同時に満たす組織を指す。 (1) 法に基づき非営利組織の登記手続を履行していること (2) 公益あるいは非営利の活動に従事していること (3) 取得した収入は、当該組織に関連する合理的な支出に用いる以外、全額を登記されたあるいは定款に規定された公益あるいは非営利事業に用いること (4) 財産及びその収益を分配に用いないこと (5) 登記あるいは定款の規定に基づき、当該組織の登記抹消後の残余財産を公益あるいは非営利の目的に用いるか、あるいは登記管理機関が当該組織と性質、趣旨を同じくする組織に贈与し、かつ社会に公告すること (6) 投資者が当該組織に投入した財産に対していかなる財産権も留保あるいは保有しないこと (7) 業務人員の給与福利支出が規定の割合の範囲内に統制され、形を変え

	新企業所得税法	新企業所得税法実施条例
		て当該組織の財産を分配しないこと 2　前項に規定する非営利組織の認定管理弁法は、国務院財政、税務所轄部門が国務院の関連部門と共同で制定する。
		第85条　法第26条第4号にいう条件に合致する非営利組織の収入には、非営利組織が営利活動に従事して取得した収入を含まない。ただし、国務院財政、税務所轄部門が別途規定する場合を除く。
優遇措置の適用対象となる所得	第27条　企業の以下の所得に対し、企業所得税を免除、軽減することができる。 (1)　農、林、牧、漁業に従事して得る所得 (2)　国家が重点的に支援するインフラストラクチャープロジェクトの投資経営に従事して得る所得 (3)　条件に合致する環境保護、省エネルギー、節水プロジェクトに従事して得る所得 (4)　条件に合致する技術譲渡による所得 (5)　本法第3条第3項に規定する所得	第86条　法第27条第1号に規定する農、林、牧、漁業に従事して得る所得に対し、企業所得税を免除、軽減するとは、以下のことを指すものとする。 (1)　企業が以下の事業に従事して得る所得に対し、企業所得税を免除する。 　1．野菜、穀物、イモ類、油料、豆類、綿花、麻類、糖料、果物、堅果の栽培 　2．農作物の新品種の選択育成 　3．漢方薬材の栽培 　4．林木の育成と栽培 　5．家畜、家禽の飼育 　6．林産品の採集 　7．灌漑、農産品の初期加工、獣医、農業技術の普及、農機作業及び補修等の農、林、牧、漁業サービス業 　8．遠洋漁業 (2)　企業が以下の項目に従事して得る所得に対し、企業所得税を半減して徴収する。 　1．草花、茶及びその他の飲料作物、香料作物の栽培 　2．海水養殖、内陸養殖 2　国家が発展を禁止、制限する項目は、

新企業所得税法	新企業所得税法実施条例
	本条に規定する税収優遇を享受してはならない。
	第87条　法第27条第2号にいう、国家が重点的に支援するインフラストラクチャープロジェクトとは、「インフラストラクチャープロジェクト企業所得税優遇目録」に規定する港湾埠頭、空港、鉄道、道路、都市公共交通、電力、水利等のプロジェクトを指す。
	2　企業が前項に規定する国家が重点的に支援するインフラストラクチャープロジェクトの投資経営に従事して得る所得に対し、プロジェクトの最初の生産経営収入を取得した納税年度から起算して、第1年度から第3年度までは企業所得税を免除し、第4年度から第6年度までは企業所得税を半減して徴収する。
	3　企業が本条に規定するプロジェクトを請負経営、請負建設及び内部で自己建設、自己使用する場合には、本条に規定する企業所得税優遇を享受してはならない。
	第88条　法第27条第3号にいう条件に合致する環境保護、省エネルギー、節水プロジェクトには、公共汚水処理、公共ごみ処理、メタンガスの総合開発利用、省エネルギー・排出削減のための技術改造、海水淡化等を含む。プロジェクトの具体的な条件と範囲については国務院財政、税務所轄部門が国務院の関連部門と共同で制定し、国務院の認可を得た後に公布し施行する。
	2　企業が前項に規定する条件に合致する環境保護、省エネルギー、節水プロジェクトに従事して得る所得に対し、プロジェクトの最初の生産経営収入を

	新企業所得税法	新企業所得税法実施条例
		取得した納税年度から起算して、第1年度から第3年度までは企業所得税を免除し、第4年度から第6年度までは企業所得税を半減して徴収する。
		第89条　本条例第87条及び第88条の規定に基づき減免優遇措置が適用されるプロジェクトを、減免期間が満了する前に譲渡する場合、譲受者は譲渡を受けた日から、残りの期間において規定の減免優遇措置を享受することができる。減免期間の満了後に譲渡する場合、譲受者は当該プロジェクトについて再度、減免優遇措置を享受してはならない。
		第90条　法第27条第4号にいう条件に合致する技術譲渡による所得に対し、企業所得税を免除、軽減するとは、一納税年度内における居住者企業の技術譲渡による所得が500万元以下の部分の企業所得税を免除し、500万元を超える部分の企業所得税を半減して徴収することを指す。
非居住者企業の所得に対する減免措置		第91条　非居住者企業が法第27条第5号に規定する所得を取得した場合、10％の軽減税率により企業所得税を徴収し、以下の所得については企業所得税を免除することができる。 (1)　外国政府が中国政府への融資により取得した利子所得 (2)　国際金融組織が中国政府及び居住者企業への融資により取得した利子所得 (3)　国務院が認可するその他の所得
小規模薄利企業とハイテク企業の定期及	第28条　条件に合致する小規模低利益企業は20％の軽減税率により企業所得税を徴収	第92条　法第28条第1項にいう条件に合致する小規模低利益企業とは、国家の非制限、非禁止業種に従事し、かつ以下

	新企業所得税法	新企業所得税法実施条例
び適用される軽減税率	する。 2　国家が重点的に支援する必要のあるハイテク企業は15％の軽減税率により企業所得税を徴収する。	の条件を満たす企業を指す。 (1)　工業企業の場合、年度課税所得額が30万元以下、従業員数が100人以下、資産総額が3,000万元以下であること (2)　その他の企業の場合、年度課税所得額が30万元以下、従業員数が80人以下、資産総額が1,000万元以下であること
		第93条　法第28条第2項にいう国家が重点的に支援する必要のあるハイテク企業とは、コアとなる自主知的財産権を保有し、かつ以下の条件を同時に満たす企業を指す。 (1)　製品・サービスが「国家が重点的に支援するハイテク分野」に規定する範囲に属すること (2)　研究開発費用の売上高に占める割合が規定の比率を下回らないこと (3)　ハイテク製品・サービスの収入が企業の収入総額に占める割合が規定の比率を下回らないこと (4)　科学技術者の企業の総従業員数に占める割合が規定の比率を下回らないこと (5)　ハイテク企業の認定管理弁法が規定するその他の条件 2　「国家が重点的に支援するハイテク分野」及びハイテク企業の認定管理弁法は、国務院科学技術、財政、税務所轄部門が国務院の関連部門と共同で制定し、国務院の認可を得た後に公布し、施行する。
民族自治地方に対する優遇措置	第29条　民族自治地方の自治機関は、本民族自治地方の企業が納付すべき企業所得税のうち地方に帰属する部分	第94条　法第29条にいう民族自治地方とは、「中華人民共和国民族区域自治法」の規定に基づいて民族の区域自治を実施する自治区、自治州、自治県を指す。

	新企業所得税法	新企業所得税法実施条例
	について、軽減あるいは免除を決定することができる。自治州、自治県が軽減あるいは免除を決定する場合は、省、自治区、直轄市人民政府の認可を得なければならない。	2　民族自治地方内にある国家が制限または禁止する業種の企業に対しては、企業所得税を軽減あるいは免除してはならない。
研究開発費と障がい者への給与支払いに対する追加控除	第30条　企業の以下の支出は、課税所得額の計算時に追加控除することができる。 (1) 新技術、新製品、新工程の開発により生じる研究開発費 (2) 障害者及び国家が雇用を奨励するその他の従業員を雇用し、支給する給与	第95条　法第30条第1号にいう研究開発費の追加控除とは、企業の新技術、新製品、新工程の開発のために発生する研究開発費について、無形資産を形成せず、当期損益に計上する場合には、規定に従い実際発生額を控除した上で、研究開発費の50％を追加控除すること、無形資産を形成する場合には、無形資産原価の150％を償却することを指す。
		第96条　法第30条第2号にいう企業が障害者を雇用し、支給する給与の追加控除とは、企業が障害者を雇用した場合、障害者従業員に対して支給した給与の実際発生額を控除した上で、上述する従業員に対して支給した給与の100％を追加控除することを指す。障害者の範囲については、「中華人民共和国障害者保障法」の関連規定を適用するものとする。 2　法第30条第2号にいう国家が雇用を奨励するその他の従業員を企業が雇用し、支給する給与の追加控除の方法については、国務院が別途規定する。
ベンチャー投資企業に対する優遇措置	第31条　ベンチャー投資企業が、国家が重点的に支援、奨励する必要のあるベンチャー投資に従事する場合、投資額の一定割合を課	第97条　法第31条にいう課税所得額からの控除とは、ベンチャー投資企業が、持分投資の方式で未上場の中小ハイテク企業に対し2年以上投資する場合に、その投資額の70％を持分保有が満2年

	新企業所得税法	新企業所得税法実施条例
	税所得額から控除することができる。	になった年度に当該ベンチャー投資企業の課税所得額から控除することを指す。当年度に控除しきれない場合、以後の納税年度に繰り越して控除することができる。
減価償却期間の短縮と加速度償却	第32条　企業の固定資産について、技術の進歩等の理由により、加速度償却を行う必要がある場合、減価償却期間を短縮し、あるいは加速度償却の方法を採用することができる。	第98条　法第32条に規定する減価償却期間の短縮あるいは加速度償却の方法を採用できる固定資産には、以下を含むものとする。 (1)　技術の進歩により、製品のモデルチェンジが速い固定資産 (2)　常に振動が強く、腐食しやすい状態に置かれている固定資産 2　減価償却期間を短縮する方法を採用する場合、最短減価償却期間は本条例第60条に規定する償却期間の60％を下回ってはならない。加速度償却方法を採用する場合は、200％定率法あるいは年数総和法（級数法）を採用することができる。
資源の総合利用に対する優遇措置	第33条　企業が資源を総合的に利用し、国家産業政策の規定に合致する製品を生産することにより取得した収入は、課税所得額の計算時に収入を減額することができる。	第99条　法第33条にいう収入の減額とは、企業が「資源総合利用企業所得税優遇目録」に規定する資源を主要原材料として、国家が制限及び禁止をしておらず、かつ国家及び業界の関連基準に合致する製品の生産により取得した収入を、90％に減額して収入総額に計上することを指す。 2　前項にいう原材料が生産製品の材料に占める割合は「資源総合利用企業所得税優遇目録」に規定する基準を下回ってはならない。
税額控除優遇措置の対象	第34条　企業が購入した環境保護、省エネルギー、節水、安全生産等の専用設備の投資額は、その一定割合を税	第100条　法第34条にいう税額からの控除とは、「環境保護専用設備企業所得税優遇目録」、「省エネルギー、節水専用設備企業所得税優遇目録」及び「安全

	新企業所得税法	新企業所得税法実施条例
	額から控除することができる。	生産専用設備企業所得税優遇目録」に規定する環境保護、省エネルギー、節水、安全生産等の専用設備を企業が購入し、かつ実際に使用する場合に、その設備の投資額の10％を企業の当年度の納付税額から控除できることを指す。当年度に控除しきれない場合、翌期以降の5納税年度内に繰り越して控除することができる。 2　前項に規定する企業所得税の優遇を享受する企業は、前項に規定する専用設備を実際に購入し、かつ自ら実際に使用しなければならない。企業が上述の設備を購入してから5年以内に譲渡、リースした場合、本条に規定する企業所得税の優遇政策の適用を停止し、かつ既に控除した企業所得税額を追加納付しなければならない。
優遇措置の制定	第35条　本法に規定する税収優遇措置の具体的な方法は、国務院が規定する。	
特別優遇措置の制定	第36条　国民経済と社会発展の必要に基づき、あるいは突発的な事件等の原因により企業の経営活動に重大な影響を与える場合、国務院は企業所得税の特別優遇措置を制定することができ、全国人民代表大会常務委員会に届け出るものとする。	
優遇目録の制定		第101条　本章第87条、第99条、第100条に規定する企業所得税の優遇目録は、国務院財政、税務所轄部門が関連部門と共同で制定し、国務院の認可を得た後に公布し、施行する。
優遇プロジェ		第102条　企業が同時に異なる企業所得税

	新企業所得税法	新企業所得税法実施条例
クトの課税所得額の計算		待遇の適用を受けるプロジェクトに従事する場合、その優遇プロジェクトは課税所得額を単独で計算し、かつ企業の期間費用を合理的に配賦しなければならない。課税所得額を単独で計算していない場合は、企業所得税の優遇を享受してはならない。
	第五章　源泉徴収	第五章　源泉徴収
源泉徴収の対象となる課税所得額の計算		第103条　法に基づき、非居住者企業が納付すべき企業所得税に対して源泉徴収を実行する場合、法第19条の規定に従い課税所得額を計算しなければならない。 2　法第19条にいう総収入額とは、企業が支払者から受け取るすべての代金及び価額外費用（の対価）を指す。
源泉徴収義務者、源泉徴収のタイミング	第37条　非居住者企業が取得する本法第３条第３項に規定する所得の納付すべき所得税に対しては、源泉徴収を実行し、支払者を源泉徴収義務者とする。税金は源泉徴収義務者が毎回の支払時あるいは支払期限の到来時に、支払額もしくは支払うべき金額から源泉徴収する。	第104条　法第37条にいう支払者とは、関連の法律規定または契約の約定に従い、非居住者企業に対して関連金額の支払義務を直接負う組織または個人を指す。
		第105条　法第37条にいう支払いとは、現金支払、相殺、口座振替及び権益交換等の貨幣及び非貨幣による支払いを指す。 2　法第37条にいう支払期限の到来時に支払うべき金額とは、支払者が発生主義の原則に従い関連の原価、費用に計上すべき未払金額を指す。
税務当局による源泉徴収義務者の指定	第38条　非居住者企業が中国国内で取得する工事作業と役務所得に関して納付すべき所得税に対しては、税務機関が工事代金あるいは役務報酬の支払者を源泉徴収義務者に指定することができる。	第106条　法第38条に規定する源泉徴収義務者を指定することができる状況には、以下を含むものとする。 (1)　見積った工事作業または役務提供期間が一納税年度に満たず、かつ納税義務の不履行を示す証拠が存在する場合 (2)　税務登記または臨時税務登記を行っておらず、かつ中国国内の代理

	新企業所得税法	新企業所得税法実施条例
		人に納税義務の履行を委託していない場合 (3) 規定された期限に従い企業所得税の納税申告または仮納付申告を行っていない場合 2 前項に規定する源泉徴収義務者は、県レベル以上の税務機関が指定し、同時に源泉徴収義務者に対して徴収額の計算根拠、計算方法、源泉徴収期限及び源泉徴収方式を通知しなければならない。
税務機関の追徴権限	第39条 本法第37条、第38条の規定に基づき源泉徴収すべき所得税について、源泉徴収義務者が法に基づき源泉徴収していないか、あるいは源泉徴収義務を履行できない場合は、納税者が当該所得の発生地で納付する。納税者が法に基づき納付しない場合、税務機関は当該納税者の中国国内におけるその他の収入項目の支払者が支払うべき金額の中から、当該納税者が納付すべき税金を追徴することができる。	第107条 法第39条にいう所得の発生地とは、本条例第7条に規定する原則に従い確定した所得の発生地を指す。中国国内において複数の所得の発生地が存在する場合、納税者はいずれか1つの地点を選択して企業所得税の申告、納税を行う。 第108条 法第39条にいう納税者の中国国内におけるその他の収入とは、当該納税者が中国国内において取得したその他の各種源泉による収入を指す。 2 税務機関が当該納税者の納税額を追徴する際には、追徴課税の理由、追徴額、納付期限及び納付方式等を当該納税者に通知しなければならない。
源泉徴収の期限	第40条 源泉徴収義務者が毎回源泉徴収する税金は、源泉徴収日から7日以内に国庫に納付するとともに、所在地の税務機関へ企業所得税源泉徴収報告表を提出しなければならない。	
	第六章 特別納税調整	第六章 特別納税調整
関連企業の定	第41条 企業とその関連企業の	第109条 法第41条にいう関連企業とは、

	新企業所得税法	新企業所得税法実施条例
義	間の取引が独立取引の原則に従っておらず、企業あるいは関連企業の課税収入または所得額を減少させた場合、税務機関は合理的な方法により調整を行う権限を有する。 2　企業とその関連者が共同で開発したか、譲渡を受けた無形資産、あるいは共同で提供したか、提供を受けた役務により発生した原価は、課税所得額を計算するときに、独立取引の原則に基づいて分担しなければならない。	企業と以下の関連関係のいずれか1つを有する企業、その他の組織あるいは個人を指す。 (1)　資金、経営、売買等の面において、直接または間接的な支配関係が存在する場合 (2)　直接または間接的に同一の第三者による支配を受けている場合 (3)　利益上の関連を有するその他の関係 第110条　法第41条にいう独立取引の原則とは、関連関係にない取引双方が公正取引価額及び商習慣に基づき取引を行う場合に遵守すべき原則を指す。
関連企業取引価額の評価方法		第111条　法第41条にいう合理的な方法には、以下の方法を含むものとする。 (1)　独立価額比準法：関連関係にない取引双方が同じまたは類似の取引を行うときの価額に基づき価額を決定する方法 (2)　再販売価額基準法：関連企業から仕入れた商品を関連関係にない相手方へ再販売するときの価額から、同じまたは類似の取引の売上総利益を差し引くことにより価額を決定する方法 (3)　原価基準法：原価に合理的な費用と利益を加えることにより価額を決定する方法 (4)　取引単位営業利益法：関連関係にない取引双方が同じまたは類似の取引を行う際に得る純利益の水準に基づき利益を確定する方法 (5)　利益分割法：企業と関連企業の合算利益または損失を、各者の間に合理的な基準を用いて配賦する方法

	新企業所得税法	新企業所得税法実施条例
		(6) その他の独立取引の原則に合致する方法
コストシェアリング		第112条　企業は法第41条第2項の規定に基づき、独立取引の原則に基づき、関連企業と共通発生原価を分担し、コストシェアリング協議を締結することができる。 2　企業と関連企業が原価を分担するときは、原価と予測収益対応の原則に基づき分担し、税務機関が規定する期限までに、税務機関の要求に従って関連資料を提出しなければならない。 3　企業と関連企業が原価を分担する際に本条第1項、第2項の規定に違反した場合、自ら分担する原価を課税所得額の計算時に控除してはならない。
事前確認協議	第42条　企業は税務機関にその関連企業との取引に関する価額決定原則と計算方法を提出し、税務機関と企業が協議し、確認を行った後、事前確認協議を締結することができる。	第113条　法第42条にいう事前確認協議とは、企業が将来年度の関連企業間取引の価額決定原則及び計算方法について、税務機関に申請を提出し、税務機関と独立取引の原則に従って協議し、確認を行った後に合意した取決めを指す。
関連企業間取引報告表の提出	第43条　企業は税務機関に年度企業所得税申告表を提出するとき、その関連企業との取引について、年度関連企業間取引報告表を合わせて提出しなければならない。 2　税務機関が関連企業間取引の調査を行うとき、企業及びその関連企業並びに関連企業間取引の調査に関わるその他の企業は、規定に従い関連資料を提出しなければならない。	第114条　法第43条にいう関連資料には、以下を含むものとする。 (1) 関連企業間取引に関わる価額、費用の決定基準、計算方法及び説明等の同期資料 (2) 関連企業間取引に関わる財産、財産使用権、役務等の再販売（譲渡）価額または最終販売（譲渡）価額に関する資料 (3) 関連企業間取引の調査に関わるその他の企業が提出しなければならない調査対象企業と比較可能な製品価額、価額決定方法及び利益水準等の資料

	新企業所得税法	新企業所得税法実施条例
		(4) その他の関連企業間取引に関する資料 2 法第43条にいう関連企業間取引の調査に関わるその他の企業とは、経営内容や方式が調査対象企業と類似する企業を指す。 3 企業は税務機関が規定する期限までに関連企業間取引に関わる価額、費用の決定基準、計算方法及び説明等の資料を提出しなければならない。関連企業及び関連企業間取引の調査に関わるその他の企業は、税務機関と約定した期限までに関連資料を提出しなければならない。
関連企業間取引に対する課税所得額の査定	第44条 企業がその関連企業との取引に関する資料を提出せず、あるいは虚偽、不完全な資料を提出し、その関連企業間取引の状況を真実に反映していない場合、税務機関は法に基づき、その課税所得額を査定する権限を有する。	第115条 税務機関が法第44条の規定に基づき企業の課税所得額を査定する際には、以下の方法を採用することができる。 (1) 同種または類似する企業の利益率水準を参照して査定する方法 (2) 企業の原価に合理的な費用及び利益を加える方法に基づき査定する方法 (3) 関連企業グループの全体利益の合理的な割合に基づき査定する方法 (4) その他の合理的な方法に基づく査定 2 企業は税務機関が前項に規定する方法に基づき査定した課税所得額に対して異議がある場合、関連の証拠を提出しなければならず、税務機関が認定した後に、査定した課税所得額を調整する。
タックスヘイブン対策税制	第45条 居住者企業、あるいは居住者企業と中国居住者が支配する、実際の税負担が本法第4条第1項に規定す	第116条 法第45条にいう中国居住者とは、「中華人民共和国個人所得税法」の規定に基づき、中国国内及び国外で取得した所得につき中国で個人所得税を納

	新企業所得税法	新企業所得税法実施条例
	る税率の水準より明らかに低い国家（地域）に設立された企業が、合理的な経営上の必要によらずに利益配当を行わないか、あるいは利益配当を減額した場合には、上述の利益のうち当該居住者企業に帰属する部分を、当該居住者企業の当期の収入に計上しなければならない。	付する個人を指す。
		第117条　法第45条にいう支配とは、以下を含むものとする。 (1)　居住者企業または中国居住者が直接または間接的に外国企業の議決権のある株式を単独で10％以上保有し、かつ当該外国企業の持分を共同で50％以上保有する場合 (2)　居住者企業、あるいは居住者企業と中国居住者の持分割合は前号に規定する基準に満たないが、株式、資金、経営、売買等の面において、当該外国企業に対する実質支配を構成する場合
		第118条　法第45条にいう実際の税負担が法第4条第1項に規定する税率の水準より明らかに低いとは、法第4条第1項に規定する税率の50％を下回ることを指す。
過小資本対策税制	第46条　企業がその関連企業から受入れた債権性投資及び権益性投資の割合が規定の基準を上回ることにより発生した利息支出は、課税所得額を計算するときに控除してはならない。	第119条　法第46条にいう債権性投資とは、企業が直接または間接的に関連企業から得る、元本の償還と利息の支払いまたはその他の利息の支払いの性質を有する方式による補償を必要とする融資を指す。 2　企業が間接的に関連企業から得る債権性投資には、以下を含むものとする。 (1)　関連企業が非関連の第三者を通じて提供する債権性投資 (2)　非関連の第三者が提供する、関連企業が保証し、かつ連帯責任を負う債権性投資 (3)　その他の間接的に関連企業から得る負債の実質を有する債権性投資 3　法第46条にいう権益性投資とは、企業が受け入れた元本及び利息を償還す

	新企業所得税法	新企業所得税法実施条例
税務機関の調整権限、加算利息、更正期間		る必要のない、投資者が企業の純資産に対して所有権を有する投資を指す。 4　法第46条にいう基準は、国務院財政、税務所轄部門が別途規定する。
	第47条　企業がその他の合理的な事業目的のない取引を実施し、課税収入あるいは所得額を減少させた場合、税務機関は合理的な方法により調整を行う権限を有する。	第120条　法第47条にいう合理的な事業目的がないとは、税額の減少、免除、あるいは納付の遅延を主な目的とすることを指す。
	第48条　税務機関が本章の規定に基づき納税調整を行い、税金を追徴する必要がある場合、税金を追徴するとともに、国務院の規定に基づき利息を徴収しなければならない。	第121条　税務機関は税収法律、行政法規の規定に基づき、企業に対して納税調整を行う場合、追徴する税額に対し、税額の帰属する納税年度の翌年6月1日から追加納税日までの期間につき、日ごとに利息を加算しなければならない。 2　前項に規定する利息は、課税所得額の計算時に控除してはならない。
		第122条　法第48条にいう利息は、税額の帰属する納税年度に中国人民銀行が公布する税額追徴期間と同期間の人民元貸付基準利率に5％を加えて計算する。 2　企業が法第43条及び本条例の規定に従って関連資料を提出できる場合、前項に規定する人民元貸付基準利率によって利息を計算することができる。
		第123条　企業とその関連企業の間の取引が、独立取引の原則に従っておらず、或いは企業がその他の合理的な事業目的のない取引を実施した場合、税務機関は当該取引が発生した納税年度から10年以内に納税調整を行う権限を有する。

	新企業所得税法	新企業所得税法実施条例
	第七章　徴収管理	第七章　徴収管理
徴収管理	第49条　企業所得税の徴収管理は、本法の規定のほか、「中華人民共和国税収徴収管理法」の規定に従うものとする。	
納税地	第50条　税収法律、行政法規に別途規定がある場合を除き、居住者企業は企業の登録地を納税地とする。ただし、登録地が国外である場合、実際の管理機構の所在地を納税地とする。 2　居住者企業が中国国内に法人格を有しない営業機構を設立する場合は、企業所得税を一括で計算し、納付しなければならない。	第124条　法第50条にいう企業の登録地とは、企業が国家の関連規定に基づき登録した住所所在地を指す。 第125条　企業が企業所得税を合算納税する場合には、課税所得税額を統一的に計算しなければならない。具体的な方法は、国務院財政、税務所轄部門が別途制定する。
	第51条　非居住者企業が本法第3条第2項に定める所得を取得した場合、機構・場所の所在地を納税地とする。非居住者企業が中国国内に2ヶ所以上の機構・場所を設立している場合、税務機関の審査認可を経て、主たる機構・場所が企業所得税を一括納付することを選択できる。 2　非居住者企業が本法第3条第3項に定める所得を取得した場合、源泉徴収義務者の所在地を納税地とする。	第126条　法第51条にいう主たる機構・場所は、以下の条件を同時に満たさなければならない。 (1)　その他の各機構・場所の生産経営活動に対する監督管理責任を負うこと (2)　帳簿、証憑を完備し、各機構・場所の収入、原価、費用及び損益の状況を正確に反映することができること 第127条　法第51条にいう税務機関の審査認可とは、各機構・場所の所在地の税務機関に共通する上級税務機関による審査認可を指す。 2　非居住者企業が認可を得て企業所得税を一括納付した後に、機構・場所の増設、合併、移転、停止、閉鎖が必要になった場合、企業所得税の一括申告

	新企業所得税法	新企業所得税法実施条例
		納付に責任を負う主たる機構・場所が事前に所在地の税務機関に報告しなければならない。企業所得税の一括納付を行う主たる機構・場所の変更が必要な場合には、前項の規定に基づき処理する。
合算納税	第52条　国務院が別途規定する場合を除き、企業間で企業所得税を合算納付してはならない。	
納税年度	第53条　企業所得税は納税年度ごとに計算する。納税年度は西暦の1月1日から12月31日までとする。 2　企業が一納税年度の途中で開業、あるいは経営活動を終了させ、当該納税年度の実際の経営期間が12ヶ月に満たない場合は、実際の経営期間を一納税年度としなければならない。 3　企業が法に基づき清算するときは、清算期間を1納税年度としなければならない。	
企業所得税申告納税	第54条　企業所得税は月ごと或いは四半期ごとに仮納付する。 2　企業は月あるいは四半期の終了日から15日以内に、税務機関に企業所得税仮納付納税申告書を提出し、税金を仮納付しなければならない。 3　企業は年度終了日から5ヶ月以内に、税務機関に年	第128条　企業所得税の月ごとまたは四半期ごとの仮納付については、税務機関が具体的な査定を行う。 2　企業が法第54条の規定に基づき月ごとまたは四半期ごとに企業所得税を仮納付する際には、月次または四半期の実際の利益額に基づき仮納付しなければならない。月次または四半期に実際の利益額に基づく仮納付が困難な場合、前納税年度の課税所得額の月次または四半期の平均額、あるいは税務機

	新企業所得税法	新企業所得税法実施条例
	度企業所得税納税申告書を提出し、確定申告を行い、納付すべき税額、還付すべき税額を精算しなければならない。 4　企業は企業所得税納税申告書を提出する際に、規定に基づき、財務会計報告及びその他の関連資料を合わせて提出しなければならない。	関の認めるその他の方法により仮納付を行うことができる。仮納付の方法は一旦確定したら、当該納税年度内においてみだりに変更してはならない。 第129条　企業は納税年度において利益であるか損失であるかにかかわらず、企業所得税法第54条に規定する期限までに、税務機関に企業所得税仮納付納税申告書、年度企業所得税納税申告書、財務会計報告及び税務機関が提出を規定するその他の関連資料を提出しなければならない。
清算の際の企業所得税申告納税	第55条　企業が年度の途中で経営活動を終了する場合、実際の経営終了日から60日以内に、税務機関で当期の企業所得税の確定申告を行わなければならない。 2　企業は抹消登記手続を行う前に、その清算所得を税務機関に申告し、かつ法に基づき企業所得税を納付しなければならない。	
外貨建取引の為替換算	第56条　本法に基づき納付する企業所得税は、人民元をもって計算する。所得を人民元以外の通貨で計算する場合、人民元に換算して税金を計算し納付しなければならない。	第130条　企業の所得が人民元以外の通貨である場合には、企業所得税を仮納付する際、月次または四半期の最終日の人民元為替レートの仲値により人民元に換算して課税所得額を計算しなければならない。年度終了後の確定申告時には、月次または四半期に仮納付した税額について再換算は行わず、当該納税年度における未納付の部分についてのみ納税年度の最終日の人民元為替レートの仲値により人民元に換算して課税所得額を計算する。 2　税務機関の検査により、企業の前項

	新企業所得税法	新企業所得税法実施条例
		に規定する所得が過少納付あるいは過大納付されていることが確認された場合、検査により税金の追納あるいは還付が確認された時の前月の最終日の人民元為替レートの仲値により、過少納付あるいは過大納付した人民元以外の通貨による所得を人民元に換算して課税所得額を計算し、追納あるいは還付すべき税額を再計算しなければならない。
	第八章　附則	第八章　附則
優遇措置の経過措置	第57条　本法の公布前までに設立を認可された企業が、当時の税収法律、行政法規の規定に基づいて軽減税率の優遇措置の適用を受ける場合は、国務院の規定に基づき、本法施行後5年以内に、段階的に本法の規定する税率に移行することができる。期間減免税の優遇措置の適用を受ける場合は、国務院の規定に基づき、本法施行後も引き続き期間満了まで優遇措置の適用を受けることができる。ただし、未だ利益がなく優遇措置の適用を受けていない場合には、優遇措置の期間は本法の施行年度から計算するものとする。 2　法律により設置された対外経済協力と技術交流を発展させるための特定地域、及び国務院がすでに上述の地域の特別政策を適用することを規定した地域内に新	第131条　法第57条第1項にいう本法の発布前までに設立を認可された企業とは、企業所得税法の発布前までに登録登記を完了した企業を指す。

資料　343

	新企業所得税法	新企業所得税法実施条例
	たに設立された、国家が重点的に支援する必要のあるハイテク企業は、過渡的な優遇措置の適用を受けることができ、具体的な方法は国務院が規定する。 3　国家が既に決定したその他の奨励類企業は、国務院の規定に基づき減免税の優遇措置の適用を受けることができる。	
中国香港特別行政区、マカオ特別行政区及び台湾地域に設立された企業		第132条　中国香港特別行政区、マカオ特別行政区及び台湾地域に設立された企業は、法第2条第2項、第3項の関連規定を参照して処理する。
外国政府との租税条約に対する優先適用	第58条　中華人民共和国政府と外国政府が締結した租税に関する協定に本法と異なる規定がある場合は、協定の規定に基づき処理する。	
実施条例の制定	第59条　国務院は本法に基づき実施条例を制定する。	
施行日	第60条　本法は2008年1月1日より施行する。1991年4月9日に第7回全国人民代表大会第4次会議で採択された「中華人民共和国外商投資企業及び外国企業所得税法」と1993年12月13日に国務院が発布した「中華人民共和国企業所得税暫定条例」は同時に廃止する。	第133条　本条例は2008年1月1日より施行する。 2　1991年6月30日に国務院が発布した「中華人民共和国外商投資企業及び外国企業所得税法実施細則」及び1994年2月4日に財政部が発布した「中華人民共和国企業所得税暫定条例実施細則」は同時に廃止する。

中国が締結している租税条約一覧表

番号	国家	締結日	実効日	執行日
1	日本	1983.9.6	1984.6.26	1985.1.1
2	アメリカ	1984.4.30	1986.11.21	1987.1.1
3	フランス	1984.5.30	1985.2.21	1986.1.1
4	イギリス	1984.7.26	1984.12.23	1985.1.1
5	ベルギー	1985.4.18	1987.9.11	1988.1.1
6	ドイツ	1985.6.10	1986.5.14	1985.1.1/7.1
7	マレーシア	1985.11.23	1986.9.14	1987.1.1
8	ノルウェー	1986.2.25	1986.12.21	1987.1.1
9	デンマーク	1986.3.26.	1986.10.22	1987.1.1
10	フィンランド	1986.5.12	1987.12.18	1988.1.1
11	カナダ	1986.5.12	1986.12.29	1987.1.1
12	スウェーデン	1986.5.16	1987.1.3	1987.1.1
13	ニュージーランド	1986.9.16	1986.12.17	1987.1.1
14	タイ	1986.10.27	1986.12.29	1987.1.1
15	イタリア	1986.10.31	1989.11.14	1990.1.1
16	オランダ	1987.5.13	1988.3.5	1989.1.1
17	チェコスロバキア	1987.6.11	1987.12.23	1988.1.1
18	ポーランド	1988.6.7	1989.1.7	1990.1.1
19	オーストラリア	1988.11.17	1990.12.28	1991.1.1
20	ブルガリア	1989.11.6	1990.5.25	1991.1.1
21	パキスタン	1989.11.15	1989.12.27	1989.1.1/7.1
22	クウェート	1989.12.25	1990.7.20	1989.1.1
23	スイス	1990.7.6	1991.9.27	1990.1.1
24	キプロス	1990.10.25	1991.10.5	1992.1.1
25	スペイン	1990.11.22	1992.5.20	1993.1.1
26	ルーマニア	1991.1.16	1992.3.5	1993.1.1
27	オーストリア	1991.4.10	1992.11.1	1993.1.1
28	ブラジル	1991.8.5	1993.1.6	1994.1.1
29	モンゴル	1991.8.26	1992.6.23	1993.1.1
30	ハンガリー	1992.6.17	1994.12.31	1995.1.1
31	マルタ	1993.2.2	1994.3.20	1995.1.1
32	アラブ首長国連邦	1993.7.1	1994.7.14	1995.1.1
33	ルクセンブルク	1994.3.12	1995.7.28	1996.1.1
34	韓国	1994.3.28	1994.9.27	1995.1.1

346　資料

番号	国家	締結日	実効日	執行日
35	ロシア	1994.5.27	1997.4.10	1998.1.1
36	パプアニューギニア	1994.7.14	1995.8.16	1996.1.1
37	インド	1994.7.18	1994.11.19	1995.1.1
38	モーリシャス	1994.8.1	1995.5.4	1996.1.1
39	クロアチア	1995.1.9	2001.5.18	2002.1.1
40	ベラルーシ	1995.1.17	1996.10.3	1997.1.1
41	スロベニア	1995.2.13	1995.12.27	1996.1.1
42	イスラエル	1995.4.8	1995.12.22	1996.1.1
43	ベトナム	1995.5.17	1996.10.18	1997.1.1
44	トルコ	1995.5.23	1997.1.20	1998.1.1
45	ウクライナ	1995.12.4	1996.10.18	(注1)
46	アルメニア	1996.5.5	1996.11.28	1997.1.1
47	ジャマイカ	1996.6.3	1997.3.15	1998.1.1
48	アイスランド	1996.6.3	1997.2.5	1998.1.1
49	リトアニア	1996.6.3	1996.10.18	1997.1.1
50	ラトビア	1996.6.7	1997.1.27	1998.1.1
51	ウズベキスタン	1996.7.3	1996.7.3	1997.1.1
52	バングラデシュ	1996.9.12	1997.4.10	(注2)
53	ユーゴスラビア	1997.3.21	1998.1.1	1998.1.1
54	スーダン	1997.5.30	1999.2.9	2000.1.1
55	マケドニア	1997.6.9	1997.11.29	1998.1.1
56	エジプト	1997.8.13	1999.3.24	2000.1.1
57	ポルトガル	1998.4.21	2000.6.7	2001.1.1
58	エストニア	1998.5.12	1999.1.8	2000.1.1
59	ラオス	1999.1.25	1999.6.22	2000.1.1
60	セイシェル	1999.8.26	1999.12.17	2000.1.1
61	フィリピン	1999.11.18	2001.3.23	2002.1.1
62	アイルランド	2000.4.19	2000.12.29	(注3)
63	南アフリカ	2000.4.25	2001.1.7	2002.1.1
64	バルバドス	2000.5.15	2000.10.27	2001.1.1
65	モルドバ	2000.6.7	2001.5.26	2002.1.1
66	キューバ	2001.4.13	2003.10.17	2004.1.1
67	ベネズエラ	2001.4.17	2004.12.23	2005.1.1
68	カザフスタン	2001.9.12	2003.7.27	2004.1.1
69	インドネシア	2001.11.7	2003.8.25	2004.1.1
70	オマーン	2002.3.25	2002.7.20	2003.1.1
71	チュニス	2002.4.16	2003.9.23	2004.1.1

番号	国家	締結日	実効日	執行日
72	イラン	2002.4.20	2003.8.14	2004.1.1
73	バーレーン	2002.5.16	2002.8.8	2003.1.1
74	ギリシャ	2002.6.3	2005.11.1	2006.1.1
75	キルギス	2002.6.24	2003.3.29	2004.1.1
76	モロッコ	2002.8.27	2006.8.16	2007.1.1
77	スリランカ	2003.8.11	2005.5.22	2006.1.1
78	トリニダードトバゴ	2003.9.18	2005.5.22	（注4）
79	アルジェリア	2004.9.13	2005.7.28	2006.1.1
80	ブルネイ	2004.9.21	2006.12.29	2007.1.1
81	アゼルバイジャン	2005.3.17	2005.8.17	2006.1.1
82	グルジア	2005.6.22	2005.11.10	2006.1.1
83	メキシコ	2005.9.12	2006.3.1	2007.1.1
84	サウジアラビア	2006.1.23	2006.9.1	2007.1.1
85	アルジェリア	2006.11.6	2007.7.27	2008.1.1
86	シンガポール	2007.7.11	2007.9.18	2008.1.1

香港特別行政区（HKSAR）とマカオ特別行政区（MCSAR）との協定

番号	地区	締結日	実効日	執行日
1	香港	2006.8.21	2006.12.8	（注5）
2	マカオ	2003.12.27	2003.12.30	2004.1.1

（注1） 中国は1997.1.1より執行、ウクライナは配当、利息、特許権費及び個人所得税が1996.12.17より執行；法人税は1997.1.1より執行。
（注2） 中国は1998.1.1より執行、バングラデシュは1998.7.1より執行。
（注3） 中国は2001.1.1より執行、アイルランドは2001.4.6より執行。
（注4） 所得項目によりそれぞれ2005.6.1と2006.1.1から執行。
（注5） 内陸は2007.1.1より執行、香港は2007.4.1より執行。

国家税務総局

租税条約に規定されている配当税率の状況一覧表に関する通知

国税函【2008】112号
各省、自治区、直轄市及び独立計画都市の国家税務局、地方税務局:

「中国企業所得税法」およびその実施条例の規定に基づき、2008年1月1日より、非居住者企業は居住者企業から取得する配当について、10%の税率で源泉所得税が課される。但し、中国政府は外国政府との間に締結した、「所得に対する租税に関する二重課税の回避及び脱税の防止のための条約」及び、内陸と香港の間に締結した協定（以下は"租税条約"とする）において、国内税法と異なる規定がある場合、租税条約に準じて処理することとする。「租税条約に規定される配当税率の状況一覧表」を以下の通りに通知する:

一、表中に規定されている税率が中国の法律規定で定めている税率より高い場合、国内法律規定に準じる。
二、納税者は租税条約上の税率に適用申請を行う場合、租税条約待遇を享受するための申請表を提出しなければならない。
三、各地の税務当局は租税条約待遇の申請について厳格に審査を行い、租税条約の不正利用を防止しなければならない。

付属文書：租税条約配当税率状況一覧表

租税条約配当税率状況一覧表

税率	以下の国（地域）と締結した租税条約
0％	グルジア（配当を支払う法人の持分を50％以上所有し、かつ当該法人への投資が200万ユーロに達している場合）
5％	クウェート、モンゴル、モーリシャス、スロベニア、ジャマイカ、ユーゴスラビア、スーダン、ラオス、南アフリカ、クロアチア、マケドニア、セイシェル、バルバドス、オマーン、バーレーン、サウジアラビア、ブルネイ、メキシコ
5％（配当を支払う法人への直接持分比率が10％以上である場合）	ベネズエラ、グルジア（かつ当該法人への投資が10万ユーロに達している場合） （上記国家との租税条約に規定される配当を支払う法人への直接持分比率が10％未満の場合、税率は10％となる）
5％（配当を支払う法人への直接持分比率が25％以上である場合）	ルクセンブルク、韓国、ウクライナ、アルメニア、アイスランド、リトアニア、ラトビア、エストニア、アイルランド、モルドバ、キューバ、トリニダードトバゴ、香港、シンガポール （上記国家との租税条約に規定される配当を支払う法人への直接持分比率が25％未満の場合、税率は10％とさる）
7％	アラブ首長国連邦
7％（配当を支払う法人への直接持分比率が25％以上である場合）	オーストリア （上記国家との租税条約に規定される配当を支払う法人への直接持分比率が25％未満の場合、税率は10％となる）
8％	エジプト、チュニス、メキシコ
10％	日本、アメリカ、フランス、イギリス、ベルギー、ドイツ、マレーシア、デンマーク、フィンランド、スウェーデン、イタリア、オランダ、チェコスロバキア、ポーランド、ブルガリア、パキスタン、スイス、キプロス、スペイン、ルーマニア、オーストリア、ハンガリー、マルタ、ロシア、インド、ベラルーシ、イスラエル、ベトナム、トルコ、ウズベキスタン、ポルトガル、バングラディシュ、カザフスタン、インドネシア、イラン、キルギス、スリランカ、アルジェリア、アゼルバイジャン、モロッコ、マカオ
10％（配当を支払う法人への直接持分比率が10％以上である場合）	カナダ、フィリピン （上記国家との租税条約に規定される配当を支払う法人への直接持分比率が10％未満の場合、税率は15％となる）
15％	ノルウェー、ニュージーランド、ブラジル、パプアニューギニア
15％（配当を支払う法人への直接持分比率が25％以上である場合）	タイ （上記国家との租税条約に規定される配当を支払う法人への直接持分比率が25％未満の場合、税率は20％となる）

中国企業所得税法（索引）

【ア行】

IC 設計企業減免措置（新法） ……………86
後入先出法………………………………60
移転価格税制 …………………………254
移動平均法………………………………61
インフラ整備事業減免措置（新法）……85
営業権……………………………………66
営業税
　　定義……………………………………38
役務提供収入
　　定義……………………………………47
　　所得源泉地…………………………46, 168
延滞金（延滞税）………………………158

【カ行】

外貨換算…………………………………69
　　税額計算……………………………154
会計制度（中国）………………………42
外国税額控除 …………………………116
　　控除限度額 …………………………122
　　直接外国税額控除 …………………119
　　間接外国税額控除 …………………120
　　　同（日中租税条約の特例） ………221
　　外国税額の定義 ……………………120
　　支配の定義 …………………………125
　　みなし外国税額控除（中国）………122
　　　同（日本）……………………221, 224
確定申告
　　確定申告期限 ………………………148
　　大型企業（財予【2008】10 号）……139
傘型企業…………………………………35
　　被支配外国企業の影響……………210
過少資本規定 …………………………172
過少資本税制 …………………………172

課税所得額
　　算定方法の原則………………………41
　　非居住者企業の課税対象所得額………46
　　所得源泉地…………………………46, 168
合算納税 ………………………………133
合併 ……………………………………233
　　手続き ……………………………233
　　損益の算定（旧法）………………239
割賦販売…………………………………51
株式利子・配当金
　　定義……………………………………48
　　収益の認識時期………………………51
　　非課税措置（居住者企業） ………48, 75
　　　同（非居住者企業－PE 帰属）…75, 78
　　非居住者企業（源泉徴収課税） ……162
　　所得源泉地…………………………46, 168
貨幣制収入………………………………49
環境保護事業減免措置（新法）…………86
環境保護等に係わる費用・支出 ……100, 101
管理費の損金不算入……………………58
関連者の定義
　　過少資本税制 ………………………185
　　移転価格税制 ………………………255
　　被支配外国企業（CFC ルール）………195
企業買収（中国国内企業の買収）
　　手続 ………………………………235
技術譲渡所得（減免措置）………………81
救済措置（移転価格）…………………296
寄与度利益分割法（移転価格） ………266
教育訓練費の取扱い……………………57
業務宣伝費の取扱い……………………58
居住者企業
　　定義……………………………………36
繰延資産…………………………………67
　　課税対象所得額………………………46

欠損金の繰越················68
権益性投資·········48, 172, 177
権益性融資················182
原価基準法（移転価格）······263
減価償却
 有形固定資産············63
 非償却資産··············62
 加速償却············64, 97
 無形資産················66
 生産性生物資産··········66
源泉徴収課税··············161
 課税対象額の算定·······162
 源泉徴収義務者·········164
 源泉徴収税額の納付時期··169
 源泉徴収報告書·····169, 171
 税率（原則）···········215
 3条3項所得············82
 日中租税条約税率···215, 216, 218
建築工事··················51
公益性寄付金の取扱い·······59
公益性社会団体の定義·······59
恒久的施設
 定義····················37
 日中租税条約における定義··37
広告宣伝費の取扱い··········58
交際費の取扱い··············57
更正······················155
国際会計基準···············42
個人納税義務者の分類······193
コストシェアリング（移転価格）····296
固定資産···················61
 取得原価················61
 減価償却············62, 97

【サ行】

債権性投資············172, 175
債権性融資················182
財産譲渡収入
 定義····················47
 所得源泉地··········46, 168
 源泉徴収課税··········162

組織再編·················241
最短償却年数···耐用年数参照
再販売価格基準法（移転価格）·····262
産業廃棄物利用の製造·······99
3条3項所得（軽減源泉徴収税率所得）
 課税対象所得額と税率····83
3条2項所得（PE帰属所得）···78
賛助支出の損金不算入······53, 58
残存価額（固定資産）········63
残余利益分割法（移転価格）···266
3免3減措置（新法）········84
CFCルール···被支配外国企業参照
試験研究費（割増し損金算入）···93
事前確認制度（移転価格）····290
慈善寄附金の取扱い·········59
支払利息··················55
 資産原価への算入········56
 過少資本規制··········172
 源泉徴収課税···········83
 みなし配当（過少資本税制）·····183, 204
障害者に対する給与・賃金（割増し損金算入）
·························95
修繕費・改良費············64
収入（収益）
 範囲····················47
 源泉地··················46
 認識基準················50
受贈益収入················51
 定義····················48
 収益の認識時期··········51
進料加工（移転価格）······288
推定課税·················155
清算（企業の解散理由）····234
清算所得·················152
税務時効·················156
 合理的事業目的のない取引··157
 移転価格··············157
税務調査権限·············156
税率
 原則····················41
 ハイテク企業············88

索引　353

小規模低利益企業……………………87
３条３項所得（軽減源泉徴収税率）……82
源泉徴収税率（原則）…………83, 215
　　同（日中租税条約税率）…215, 216, 218
接待交際費の取扱い……………………57
増値税
　　定義………………………………38
相互協議（移転価格）………………297
組織再編税制…………………………232
　　課税関係の検討用草稿……………245
租税条約………………………………212
　　条約優先主義……………………212
　　中国が締結した条約……………344
ソフトウェア生産企業減免措置（新法）……86

【タ行】

耐用年数
　　有形固定資産（固定資産）………63
　　中古資産…………………………64
　　償却期間の短縮………………64, 97
　　改良された資産…………………64
　　無形資産…………………………66
　　生産性生物資産…………………67
棚卸資産………………………………60
　　取得原価…………………………60
　　評価方法…………………………60
　　後入先出法………………………60
　　移動平均法………………………61
　　評価損失引当金…………………61
長期製造………………………………51
賃金・給与
　　定義………………………………54
　　割増し損金算入…………………94
賃貸料収入
　　定義………………………………48
　　収益の認識時期…………………51
　　所得源泉地…………………46, 168
同時資料
　　過少資本税制……………………184
　　移転価格税制……………………271
投資総額（外商投資企業）…………177

登録資本金（外商投資企業）………177
独立価格比準法（移転価格）………260
独立企業間原則（移転価格）………258
特許権使用料収入
　　定義………………………………48
　　所得源泉地…………………46, 168
　　収益の認識時期…………………51
取引単位営業利益法（移転価格）…264

【ナ行】

日中租税条約…………………………213
２免３減措置
　　旧法上の措置……………………71
　　経過措置の適用……………104, 107
納税地…………………………………133
納税年度………………………………141

【ハ行】

ハイテク企業減免措置（新法）………88
罰則規定………………………………158
非営利組織
　　定義………………………………79
　　課税上の取扱い…………………79
非課税収入……………………………49
非貨幣性収入…………………………49
被支配外国企業………………………190
　　支配の定義……………………196
　　日本企業への影響………………208
非居住者企業
　　定義………………………………37
　　課税対象所得額………………46, 162
　　源泉徴収課税……………………161
　　所得源泉地…………………46, 168
非償却資産
　　有形固定資産……………………62
　　営業権……………………………66
費用（損金）
　　認識時期…………………………52
　　損金となるための要件…………52
　　損金不算入項目…………………53
福利（厚生）費の取扱い……………57

物品販売収入
 定義··47
 所得源泉地·································46, 168
分割
 手続き···233
 損益の算定······································240
ベリー比（移転価格）·····························269
ベンチャー投資企業（投資額の費用処理）···96
保険料
 法定福利費··54
 商業保険料（従業員）·······················55
 財産保険（損害保険）料···················55

【マ行】

マネージメントフィー（損金不算入）·········58
みなし配当（過少資本税制）··········183, 204
みなし販売···51
無形資産···65
 取得原価··65
 減価償却··66
免税収入···75, 76
持分譲渡
 手続き···232

損益の算定（旧法）·······························237

【ヤ行】

有形固定資産···固定資産参照
有償原資··179
予定納税··135
 大型企業（財予【2008】10号）·····135
 非居住者企業（PE帰属所得）·········140
 非大型企業······································143
 予定納税の期限·························137, 143
四分位範囲（移転価格）·························271

【ラ行】

来料加工
 被支配外国企業の影響····················209
 移転価格··288
利益水準指標（移転価格）·····················268
利益分割法（移転価格）·························265
利息収入
 定義··48
 収益の認識時期·································51
リース資産改良費·····································67

【監修者】
劉　佐（Liu Zuo）
　　国家税務総局税収科学研究所所長。中国財政学会、中国税務学会常務理事。
　　1984年　中国人民大学財政学科卒業後、一貫して税務関連部局に勤務。財政部税務総局長秘書、国家税務総局長秘書を経て1988年より財政部税務総局弁公室、国家税務局弁公室、国家税務総局弁公室　副主任を歴任。多くの税収法規、通達の起案に参画する。
　　著作：「中国税制50年」「中国税制概覧」「中国渉外税務指南」。

須田　徹（すだ　とおる）
　　税理士法人トーマツ理事長。1969年関西学院大学商学部卒業、同年4月等松・青木監査法人（現監査法人トーマツ）入社。5年半のニューヨーク駐在を経て、現在に至る。事業再生実務家協会常務理事、㈱整理回収機構の企業再生委員、公認会計士試験試験委員（租税法）等の各種委員を歴任。
　　著書：『アメリカの税法』、『米国のパートナーシップ』（いずれも中央経済社刊）、『LLPの法務と税務・会計』（共著、清文社刊）などがある。公認会計士・税理士。

【著者】
板谷　圭一（いたや　けいいち）
　　デロイト トウシュ トーマツ広州事務所税務部ディレクター、日系企業税務サービス担当。1991年早稲田大学法学部卒業。都市銀行勤務を経て東京都庁、財務省関東財務局にて金融検査監督業務に従事。その後、四大会計事務所の中国深圳オフィスにて税務アドバイス業務を行う。2006月2月税理士法人トーマツ入所、同年3月より中国広州オフィスに赴任、華南地区日系税務サービス統括。中国滞在歴7年。
　　著作：中国の投資会計税務Q&A（共著、監査法人トーマツ編、中央経済社）。米国公認会計士。

鄭　林根（Zheng Lingen）
　　監査法人トーマツ中国室インバウンド・サービス・グループディレクター。1986年北京大学大学院、1998年日本横浜国立大学大学院修了。中国財政部入省後1990年から1991年まで　監査法人トーマツ研修生。1998年監査法人トーマツ東京事務所中国室入所、現在に至る。
　　著作：「財政法教程」、「新税法教程」（共著、中国政法大学出版社）、「中日・日中　会計・税務・投資用語辞典」（共著、中央経済社）他　翻訳：「租税法」（東京大学教授金子宏、弘文堂。共訳、中国法律出版社）。中国弁護士。

藤森　康一郎（ふじもり　こういちろう）
　　税理士法人トーマツ東京事務所移転価格コンサルティング部門パートナー。1991年一橋大学法学部卒、1993年一橋大学大学院法学研究科修士課程終了。勝島敏明税理士事務所

（現税理士法人トーマツ東京事務所）の移転価格チーム（現部門）発足以来、様々な多国籍企業の移転価格関連案件を担当。2001年から約2年半、米国のDeloitte & Touche LLP Washington DC National Officeにおいて勤務の後、東京事務所に復帰、現在に至る。
著作：「Transfer Pricing Manual」（BNA International）他。

安田 和子 （やすだ　かずこ）
税理士法人トーマツ東京事務所中国税務室シニアマネージャー。神戸市外国語大学外国語学部中国学科卒業。旧中央青山監査法人に入所後、2002年から北京事務所に6年間駐在する。北京駐在時には、日系企業向けに中国税務を中心としたアドバイス業務に携わる。また、2005年より大連事務所税務部門も兼務する。日本に帰任後、2008年3月より現職にて中国税務サービスに従事し、現在に至る。米国公認会計士。

【執筆協力者】
呉　旦丹（Wu Dandan）
税理士法人トーマツ東京事務所中国税務室　マネージャー

甘　小月（Gan Xiaoyue）
税理士法人トーマツ東京事務所中国税務室　シニアスタッフ

税理士法人トーマツ

税理士法人トーマツは、国内外の企業に税務コンサルティングサービスを提供する、全国規模の税理士法人です。国内14都市に事務所を有し、一人ひとりの卓越したプロフェッショナル約500名がその連携により、大きな専門家集団を形成しています。また、全世界140カ国、約165,000人から成る国際的会計事務所の連合体であるデロイト トウシュ トーマツの主要構成事務所としてその運営に参画し、世界水準の高品質なプロフェッショナルサービスの提供をしています。詳細は税理士法人トーマツWebサイト（www.tax.tohmatsu.co.jp）をご覧ください。

中国における日系企業サービスグループ
(Japanese Services Group : JSG)

デロイト トウシュ トーマツ（DTT）中国は中国の日系企業の皆様に対する専門家サービスを行っています。私共は全世界ベースで165,000人の人員を140カ国に抱える国際的な組織です。

私共は、1917年に、国際会計事務所として最初の上海事務所を設立しました。今日、当事務所は中国本土、香港特別行政区、マカオ特別行政区における専門家サービスのリーディング・ファームの一つであり、10都市に7,000名以上の人員を擁しています。会計監査、税務、マネジメントコンサルティング及びファイナンシャル・アドバイザリーなどのトータル的なサービスを提供しています。

中国の日系企業サービスグループはDTTのグローバルな組織であるGlobal JSGの一部であり、北京、上海、広州、大連、天津、深圳、杭州、南京、香港の9都市に150名以上の日本語バイリンガルを擁する形で皆様のニーズに沿ったサービス提供を行っています。この人員と共に経験豊富な日本人会計士・税理士を日本のリーディングプロフェッショナルファームであるトーマツより駐在させ、トーマツグループと連携を取る形でサービスを行っています。

中国新企業所得税制の実務

2008年11月10日　発行

監　修　劉　佐・須田　徹
編著者　税理士法人トーマツ©
発行者　小泉　定裕

|発行所 株式会社 清文社 | 東京都千代田区神田司町2―8―4吹田屋ビル5F　〒101-0048　電話03(5289)9931　FAX03(5289)9917　大阪市北区天神橋2丁目北2―6（大和南森町ビル）〒530-0041　電話06(6135)4050　FAX06(6135)4059　URL：http://www.skattsei.co.jp/ |

■本書の内容に関する御質問はファクシミリ（03(5289)9887）でお願いします。　亜細亜印刷株式会社
■著作権法により無断復写複製は禁止されています。落丁本・乱丁本はお取り替えいたします。

ISBN978-4-433-32628-9 C2034